DELPHINE.

TOME III.

DE L'IMPRIMERIE DE CRAPELET.

DELPHINE,

PAR

Mme LA BARONNE DE STAËL;

ÉDITION REVUE ET CORRIGÉE,

TERMINÉE PAR UN NOUVEAU DÉNOUEMENT, ET PRÉCÉDÉE
DE RÉFLEXIONS SUR LE BUT MORAL DE L'OUVRAGE.

Un homme doit savoir braver l'opinion,
une femme s'y soumettre.
MÉLANGES, de Mme Necker.

TOME TROISIÈME.

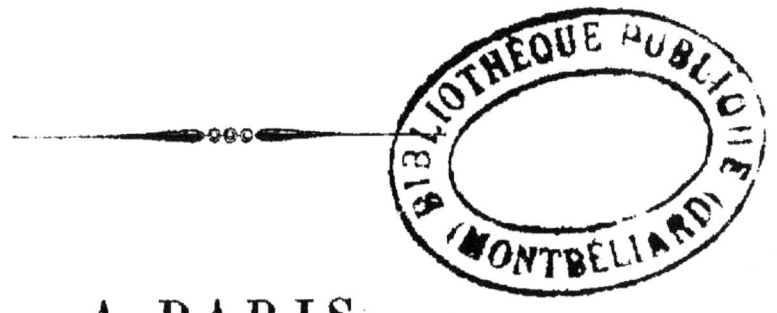

A PARIS,

Chez TREUTTEL et WÜRTZ, Libraires,

RUE DE BOURBON, N° 17;

A Strasbourg et à Londres, même Maison de commerce.

1820.

DELPHINE.

CINQUIÈME PARTIE.

FRAGMENS
DE QUELQUES FEUILLES ÉCRITES PAR DELPHINE, PENDANT SON VOYAGE.

PREMIER FRAGMENT.

Ce 7 décembre 1791.

Je suis seule, sans appui, sans consolateur; parcourant au hasard des pays inconnus, ne voyant que des visages étrangers, n'ayant pas même conservé mon nom, qui pourroit servir de guide à mes amis pour me retrouver! C'est à moi seule que je parle de ma douleur : ah! pour qui fut aimé, quel triste confident que la réflexion solitaire!

J'ai fait trente lieues de plus aujourd'hui : je suis de trente lieues plus éloignée de Léonce! Comme les chevaux alloient vite! les arbres, les rivières, les montagnes, tout s'enfuyoit derrière moi; et les dernières ombres du bonheur passé disparoissoient sans retour. Inflexible nature! je te l'ai redemandé, et tu ne m'as point offert ses traits; pourquoi donc, avec un des nuages que le vent agite, n'as-tu pas dessiné dans l'air cette forme céleste? Son image étoit digne du ciel, et mes yeux, fixés sur elle, ne se seroient plus baissés vers la terre!

Le malheur m'accable, et cependant je sens en moi des élans d'enthousiasme, qui m'élèvent jusqu'au souverain Créateur; il est là, dans l'immensité de l'espace; mais aimer, fait arriver jusqu'à lui. Aimer!... O mon Dieu! dans l'infortune même où je suis plongée, je te remercie de m'avoir donné quelques jours de vie que j'ai consacrés à Léonce.

Isore dort là, devant moi, et sa mère a tant souffert! et moi aussi, qui me suis chargée d'elle, j'ai déjà versé tant de pleurs! Cher enfant, que t'arrivera-t-il? quel sera ton sort un jour? que ne peux-tu repousser la vie! et loin de la craindre, tu vas au-devant d'elle avec tant de joie.... Ah! comme elle t'en punira. Pauvre nature humaine, quelle pitié profonde je me sens pour elle! Dans la jeunesse, les peines de l'amour, et pour un autre âge que de douleurs encore! Deux vieillards se sont approchés ce soir de ma voiture, pour implorer ma pitié; ils avoient aussi leur cruelle part des maux de la vie, mais leur âme ne souffroit pas; un rayon du soleil leur causoit un plaisir assez vif, et moi, qui suis poursuivie par un chagrin amer, je n'éprouve aucune de ces sensations simples que la nature destine également à tous. Je suis jeune cependant; ne pourrois-je pas parcourir la terre, regarder le ciel, prendre possession de l'existence, qui m'offre encore tant d'avenir? Non, les affections du cœur me tuent. Quel est-il ce souvenir déchirant qui ne me laisse pas respirer? sur quelle hauteur, dans quel abîme le fuir?

Ah! qu'elle est cruelle, la fixité de la douleur! n'obtiendrai-je pas une distraction, pas une idée, quelque passagère qu'elle soit, qui rafraîchisse mon sang pendant au moins quelques minutes: dans mon enfance, sans que rien fût changé autour de moi, la peine que j'éprouvois cessoit tout à coup d'elle-même; je ne sais quelle joie sans motif effaçoit les traces de ma douleur, et je me sentois consolée! Maintenant je n'ai plus de ressort en moi-même, je reste abattue, je ne puis me relever; je succombe à cette pensée terrible: — mon bonheur est fini!

Que ne donnerois-je pas pour retrouver les impressions qui répandent tout à coup tant de charme et de sérénité dans le cœur! la puissance de la raison, que peut-elle nous inspirer? Le courage, la résignation, la patience; sentimens de deuil! cortége de l'infortune! le plus léger espoir fait plus de bien que vous!

FRAGMENT II.

Le réveil! le réveil! quel moment pour les malheureux! Lorsque les images confuses de votre situation vous reviennent, on essaie de retenir le sommeil, on retarde le retour à l'existence; mais bientôt les efforts sont vains, et votre destinée tout entière vous apparoît de nouveau; fantôme menaçant! plus redoutable encore dans les premiers momens du jour, avant que quelques heures de mouvement et d'action vous habituent, pour ainsi dire, à porter le fardeau de vos peines.

Ce jour, qui ne peut rien changer à mon sort, puisqu'il est impossible que je voie Léonce; ces froides heures qui m'attendent, et que je dois lentement traverser pour arriver jusqu'à la nuit, m'effraient encore plus d'avance que pendant qu'elles s'écoulent. La nature nous a donné un immense pouvoir de souffrir. Où s'arrête ce pouvoir? pourquoi ne connoissons-nous pas le degré de douleur que l'homme n'a jamais passé? L'imagination verroit un terme à son effroi.... Que d'idées, que de regrets, que de combats, que de remords ont occupé mon cœur depuis quelques jours! Le génie de la douleur est le plus fécond de tous.

Quel chagrin amer j'éprouve en me retraçant les mots les plus simples, les moindres regards de Léonce! Ah! qu'il y a de charmes dans ce qu'on aime! quelle mystérieuse intelligence entre les qualités du cœur et les séductions de la figure! quelles paroles ont jamais exprimé les sentimens qu'une physionomie touchante et noble vous inspire! Comme sa voix se brisoit, quand il vouloit contenir l'émotion qu'il éprouvoit! quelle grâce dans sa démarche, dans son repos, dans chacun de ses mouvemens! Que ne donnerois-je pas pour le voir encore passer sans qu'il me parlât, sans qu'il me connût! Ce monde, cet espace vide qui m'entoure s'animeroit tout à coup; il traverseroit l'air que je respire, et pendant ce moment je cesserois de souffrir! O Léonce! quelle est ta pensée maintenant? Nos âmes se rencontrent-elles? tes yeux contemplent-ils le même point du ciel que moi? Quelles bizarres circonstances font un crime du plus pur, du plus noble des sentimens! Suis-je moins bonne et moins vraie, ai-je moins de fierté, moins d'élévation dans l'âme, parce que l'amour règne sur mon cœur? Non, jamais la vertu ne m'étoit plus chère que lorsque je l'avois vu; mais loin de lui, que suis-je? que peut être une femme chargée d'elle-même, et devant seule guider son existence sans but, son existence secondaire, que le ciel n'a créée que pour faire un dernier présent à l'homme? Ah! quel sacrifice le devoir exige de moi! que j'étois heureuse dans les premiers temps de mon séjour à Bellerive! je ne sentois plus aucune de ces contrariétés, aucune de ces craintes qui rendent la vie difficile. Le temps m'entraînoit, comme s'il m'eût emportée sur une route rapide et unie, dans un climat ravissant; toutes les occupations habituelles réveilloient en moi les pensées les plus douces: je sentois au fond de mon cœur une source vive d'affections tendres, je ne regardois jamais la nature, sans m'élever jusqu'aux pensées religieuses qui nous lient à ses majestueuses beautés; jamais je ne pouvois entendre un mot touchant, une plainte, un regret, sans que la sympathie ne m'inspirât les paroles qui pouvoient le mieux consoler la douleur. Mon âme constamment émue me transportoit hors de la vie réelle, quoique les objets extérieurs produisissent sur moi des impressions toujours vives; chacune de ces impressions me paroissoit un bienfait du ciel, et l'enchantement de mon cœur me faisoit croire à quelque chose de merveilleux dans tout ce qui m'environnoit.

Hélas! d'où sont-ils revenus dans mon esprit, ces souvenirs, ces tableaux de bonheur? M'ont-ils fait illusion un instant?... Non, la souffrance restoit au fond de mon âme, sa cruelle serre ne lâchoit pas prise; les souvenirs de la vertu font jouir encore le cœur qui se les retrace, les souvenirs des passions ne renouvellent que la douleur.

FRAGMENT III.

Je suis bien foible, je me fais pitié! tant d'hommes, tant de femmes même marchent d'un pas assuré dans la route qui leur est tracée, et savent se contenter de ces jours réguliers et monotones, de ces jours tels que la nature en prodigue à qui les veut; et moi, je les traîne seconde après seconde, épuisant mon esprit à trouver l'art d'éviter le sentiment de la vie, à me préserver des retours sur moi-même, comme si j'étois coupable, et que le remords m'attendît au fond du cœur.

J'ai voulu lire; j'ai cherché les tragédies, les romans que j'aime : je trouvois autrefois du charme dans l'émotion causée par ces ouvrages; je ne connoissois de la douleur que les tableaux tracés par l'imagination, et l'attendrissement qu'ils me faisoient éprouver étoit une de mes jouissances les plus douces : maintenant je ne puis lire un seul de ces mots, mis au hasard peut-être par celui qui les écrit, je ne le puis sans une impression cruelle. Le malheur n'est plus à mes yeux la touchante parure de l'amour et de la beauté, c'est une sensation brûlante, aride; c'est le destructeur de la nature, séchant tous les germes d'espérance qui se développent dans notre sein.

Combien il est peu d'écrits qui vous disent de la souffrance tout ce qu'il en faut redouter! Oh! que l'homme auroit peur, s'il existoit un livre qui dévoilât véritablement le malheur; un livre qui fît connoître ce que l'on a toujours craint de représenter, les foiblesses, les misères, qui se traînent après les grands revers; les ennuis dont le désespoir ne guérit pas; le dégoût que n'amortit point l'âpreté de la souffrance; les petitesses à côté des plus nobles douleurs; et tous ces contrastes, et toutes ces inconséquences, qui ne s'accordent que pour faire du mal, et déchirent à la fois un même cœur par tous les genres de peines! Dans les ouvrages dramatiques, vous ne voyez l'être malheureux que sous un seul aspect, sous un noble point de vue, toujours intéressant, toujours fier, toujours sensible; et moi, j'éprouve que dans la fatigue d'une longue douleur, il est des momens où l'âme se lasse de l'exaltation, et va chercher encore du poison dans quelques souvenirs minutieux, dans quelques détails inaperçus, dont il semble qu'un grand revers devroit au moins affranchir.

Ah! j'ai perdu trop tôt le bonheur! je suis trop jeune encore, mon âme n'a pas eu le temps de se préparer à souffrir. Une année, une seule heureuse année! Est-ce donc assez? O mon Dieu! les désirs de l'homme dépassent toujours les dons que vous lui faites; cependant je ne conçois rien, dans mon enthousiasme, par-delà les félicités que j'ai goûtées; je ne pressens rien au-dessus de l'amour! Rendez-le moi.... malheureuse!.... Une telle prière n'est-elle pas impie? Ne dois-je pas la retirer, avant qu'elle soit montée jusqu'au ciel?

FRAGMENT IV.

Je me suis remise à donner exactement des leçons à mon Isore ; j'avois tort envers elle ; je n'ai pas assez cherché à tirer des consolations de cette pauvre petite ; elle m'aime, cette affection me reste encore ; pourquoi n'essayerois-je pas d'y trouver quelques soulagemens ? Hélas ! l'enfance fait peu de bien à la jeunesse ; on éprouve comme une sorte de honte d'être dévoré par les passions violentes, à côté de cet âge innocent et calme ; il s'étonne de vos peines, et ne peut comprendre les orages nés au fond du cœur, quand rien autour de vous ne fait connoître la cause de vos souffrances.

Pauvre Isore ! que ferai-je pour la préserver de ce que j'ai souffert ? que lui dirai-je pour la fortifier contre la destinée ? me résoudrai-je à ne pas l'initier aux nobles sentimens, qui nous placent comme dans une région supérieure, et nous préparent, long-temps d'avance, pour le ciel, pour notre dernier asile ?

To be or not to be; that is the question, (1) disoit Hamlet, lorsqu'il délibéroit entre la

---

(1) Être ou n'être pas, voilà quelle est la question.

mort et la vie ; mais développer son âme ou l'étouffer, l'exalter par des sentimens généreux, ou la courber sous de froids calculs, n'est-ce pas une alternative presque semblable?

Cependant, quel sera le destin d'Isore? souffrira-t-elle autant que moi? Non, elle ne rencontrera pas Léonce ; elle ne sera pas séparée de lui : insensée que je suis!.... Le malheur s'arrêtera-t-il à moi? d'autres peines ne saisiront-elles pas les enfans qui vont nous succéder! Les êtres distingués voudroient adapter le sort commun à leurs désirs ; ils tourmentent la destinée humaine, pour la forcer à répondre à leurs vœux ardens ; mais elle trompe leurs vains essais. O Dieu! que voulez-vous faire de ces âmes de feu qui se dévorent elles-mêmes? A quelle pompe de la nature les destinez-vous pour victimes? Quelle vérité, quelle leçon doivent-elles servir à consacrer? dites-leur un peu de votre secret, un mot de plus, seulement un mot de plus! pour prendre courage, et pour arriver au terme sans avoir douté de la vertu. Mon Dieu! que dans le fond du cœur, un rayon de votre lumière éclaire encore celle qui a tout perdu dans ce monde!

FRAGMENT V.

Ce jour m'a été plus pénible encore que tous les autres; j'ai traversé les montagnes qui séparent la France de la Suisse, elles étoient presque en entier couvertes de frimas; des sapins noirs interrompoient de distance en distance l'éclatante blancheur de la neige, et les torrens grossis se faisoient entendre dans le fond des précipices. La solitude, en hiver, ne consiste pas seulement dans l'absence des hommes, mais aussi dans le silence de la nature. Pendant les autres saisons de l'année, le chant des oiseaux, l'activité de la végétation animent la campagne, lors même qu'on n'y voit pas d'habitans; mais quand les arbres sont dépouillés, les eaux glacées, immobiles, comme les rochers dont elles pendent; quand les brouillards confondent le ciel avec le sommet des montagnes, tout rappelle l'empire de la mort; vous marchez en frémissant au milieu de ce triste monde, qui subsiste sans le secours de la vie, et semble opposer à vos douleurs son impassible repos.

Arrivée sur la hauteur d'une des rapides montagnes du Jura, et m'avançant à travers un bois de sapins sur le bord d'un précipice, je me laissois aller à considérer son immense profondeur. Un sentiment toujours plus sombre s'emparoit de moi ; de quel foible mouvement, me disois-je, j'aurois besoin pour mourir ! un pas, et c'en est fait. Si je vis, à quel avenir je m'expose ! un pressentiment qui ne m'a jamais trompée, me dit que de nouveaux malheurs me menacent encore. Chaque jour ne m'effacera-t-il pas du souvenir de Léonce, tandis que moi, solitaire, je vais conserver dans mon sein toute la véhémence des sentimens et des douleurs! — Je me livrois à ces réflexions, penchée sur le précipice, et ne m'appuyant plus que sur une branche que j'étois prête à laisser échapper.

Dans ce moment des paysans passèrent, ils me virent vêtue de blanc au milieu de ces arbres noirs; mes cheveux détachés, et que le vent agitoit, attirèrent leur attention dans ce désert ; et je les entendis vanter ma beauté dans leur langage : faut-il avouer ma foiblesse ? L'admiration qu'ils exprimèrent m'inspira tout à coup une sorte de pitié pour moi-même. Je plaignis ma jeunesse, et, m'éloignant de la mort que je bravois il y avoit peu d'instans, je continuai ma route.

Quelque temps après, les postillons arrêtèrent ma voiture, pour me montrer, de la hauteur de Saint-Cergues, l'aspect du lac de Genève et du pays de Vaud ; il faisoit un beau soleil ; la vue de tant d'habitations, et des plaines encore vertes qui les entouroient, me causa quelques momens de plaisir; mais bientôt je remarquai que j'avois passé la borne qui sépare la Suisse de la France ; je marchois pour la première fois de ma vie sur une terre étrangère.

O France ! ma patrie, la sienne, séjour délicieux que je ne devois jamais quitter; France ! dont le seul nom émeut si profondément tous ceux qui, dès leur enfance, ont respiré ton air si doux, et contemplé ton ciel serein ! je te perds avec lui, tu es déjà plus loin que mon horizon, et comme l'infortunée Marie Stuart, il ne me reste plus qu'à invoquer *les nuages que le vent chasse vers la France, pour leur demander de porter à ce que j'aime et mes regrets et mes adieux....*

Me voici jetée dans un pays où je n'ai pas un soutien, pas un asile naturel ; un pays, dont ma fortune seule peut m'ouvrir les chemins, et que je parcours en entier de mes regards, sans pouvoir me dire : là-bas, dans ce long espace, j'aperçois du moins encore la demeure d'un ami. Eh bien ! je l'ai voulu, j'ai choisi cette contrée où je n'avois aucune relation ; je n'ai pas cherché ceux qui m'aiment, ils auroient pu me demander d'être heureuse : heureuse ! juste ciel !...

Léonce, Léonce ! elle est seule dans l'univers, celle qui t'a quitté ; mais toi, les liens de la société, les liens de famille te restent, et bientôt Matilde aura sur ton cœur les droits les plus chers. Infortunée que je suis ! si j'avois été unie à toi, j'aurois connu tout le bonheur des sermens les plus passionnés et les plus purs, ton enfant eût été le mien ; ah ! le ciel est sur la terre ! on peut épouser ce qu'on aime ; ce sort devoit être le mien, et je l'ai perdu....

FRAGMENT VI.

Me voici à Lausanne, je suis dans une ville ; oh ! que je m'y sens seule, moi qui n'ai plus que la nature pour société ! Impatiente de la revoir, hier je me promenois sur une hauteur, d'où je découvrois d'un côté l'entrée du Valais, et vers l'autre extrémité, la ville de Genève ; il y avoit dans ces tableaux une grandeur imposante qui soulageoit ma douleur ; je respirois plus facilement, je demandois un consolateur à ce vaste monde, qui me sembloit paisible et fier ; je l'appelois, ce consolateur céleste, par mes regards et mes prières ; je croyois éprouver un calme qui venoit de lui. Mais tout à coup j'ai entendu sonner sept heures ; ce moment, jadis si doux pour moi, ce moment, qui m'annonçoit sa présence, passe maintenant comme tous les autres, sans espoir et sans avenir ; à cette idée, les sentimens pénibles de mon cœur se sont ranimés plus vivement que jamais, et j'ai hâté ma marche, ne pouvant plus supporter le repos.

Je suis descendue vers le lac ; un vent impétueux l'agitoit, les vagues avançoient vers le bord, comme une puissance ennemie prête à vous engloutir ; j'aimois cette fureur de la nature qui sembloit dirigée contre l'homme. Je me plaisois dans la tempête ; le bruit terrible des ondes et du ciel, me prouvoit que le monde physique n'étoit pas plus en paix que mon âme. — Dans ce trouble universel, me disois-je, une force inconnue dispose de moi ; livrons-lui mon misérable cœur, qu'elle le déchire ; mais que je sois dispensée de combattre contre elle, et que la fatalité m'entraîne comme ces feuilles détachées, que je vois s'élever en tourbillon dans les airs.

Vers le soir l'orage cessa, je remontai silencieusement vers la ville; j'entendois de toutes parts en revenant le chant des ouvriers qui retournoient dans leur ménage: je voyois des hommes, des femmes de diverses classes se hâter de se réunir en société; et si j'en jugeois d'après l'extérieur, partout il y avoit un intérêt, un mouvement, un plaisir d'exister qui sembloit accuser mon profond abattement. Peut-être qu'en effet ma raison est troublée; un caractère enthousiaste et passionné ne seroit-il qu'un premier pas vers la folie? Elle a son secret aussi, la folie, mais personne ne le devine, et chacun la tourne en dérision.

Non, mes plaintes sont injustes; non, je veux en vain me le dissimuler, ce n'est pas pour mes vertus que je souffre, c'est pour mes torts; ai-je respecté la morale et mes devoirs dans toute leur étendue? Il n'y avoit rien de vil dans mon cœur, mais n'y avoit-il rien de coupable? Devois-je revoir Léonce chaque jour, l'écouter, lui répondre, absorber pour moi seule toutes les affections de son cœur; n'étoit-il pas l'époux de Matilde; m'étoit-il permis de l'aimer? Ah Dieu! mais tant d'êtres mille fois plus condamnables vivent heureux et tranquilles; et moi, la douleur ne me laisse pas respirer un seul instant; l'ai-je donc mérité? —

L'Être suprême mesure peut-être la conduite de chaque homme d'après sa conscience! l'âme qui étoit plus délicate et plus pure, est punie pour de moindres fautes, parce qu'elle en avoit le sentiment et qu'elle l'a combattu, parce qu'elle a sacrifié sa morale à ses passions, tandis que ceux qui ne sont point avertis par leur propre cœur, vivent sans réfléchir et se dégradent sans remords. Oui, je m'arrête à cette dernière pensée, mes chagrins sont un châtiment du ciel! j'expie mon amour dans cette vie; ô mon Dieu! quand aurai-je assez souffert, quand sentirai-je au fond du cœur que je suis pardonnée?

Une idée m'a poursuivie depuis deux jours, comme dans le délire de la fièvre; mille fois j'ai cru sentir que je n'étois plus aimée de Léonce. Je me suis rappelée toutes les calomnies qui avoient été répandues sur moi, pendant les derniers temps que j'ai passés à Paris, et une rougeur brûlante m'a couvert le front, quand je me représentois Léonce entendant ces indignes accusations. Oh! que la calomnie est une puissance terrible! je me repens de l'avoir bravée. — Léonce, Léonce! maintenant que je suis séparée de vous, défendez-moi dans votre propre cœur. —

Combien de momens de ma vie, que je trouvois douloureux, se présentent maintenant à moi comme des jours de délices! Pourquoi me suis-je plainte, tant que Léonce habitoit près de moi? Ah! si je retournois vers lui, si je me rendois encore un moment de bonheur! j'en suis sûre, son premier mouvement, en me revoyant, seroit de me serrer dans ses bras, et mon cœur a tant besoin qu'une main chérie le soulage! Je sens dans mes veines un froid qui passeroit à l'instant même où ma tête seroit appuyée sur son sein : si je sais mourir, pourquoi ne pas le revoir? Auroit-il le temps de blâmer celle qui tomberoit sans vie à ses pieds? Quand je ne serois plus, il ne verroit en moi que mes qualités : la mort justifie toujours les âmes sensibles; l'être qui fut bon trouve, quand il a cessé de vivre, des défenseurs parmi ceux même qui l'accusoient. Et Léonce, lui qui m'a tant aimée, me regretteroit profondément; mais dois-je troubler encore son sort et celui de sa femme? non, il faut rester où je suis.

Ces cruelles incertitudes renaîtront sans cesse dans mon cœur, si je n'élève pas entre l'espérance et moi une barrière insurmontable. Suivrai-je le dessein que j'ai confié à madame d'Ervins; en aurai-je la force ? et puis-je me croire permis de recourir à cet état, sans les opinions ni la foi qu'il suppose?

LETTRE PREMIÈRE.

Madame d'Ervins à Delphine.

Du couvent de Sainte-Marie, à Chaillot,
ce 8 décembre 1791.

Partout où vous emmenerez Isore avec vous, ma chère Delphine, je me croirai certaine de son bonheur ; je vous l'ai donnée, je la suis de mes vœux ; dites-lui de penser à moi comme à une mère qui n'est plus, mais dont les prières implorent la protection du Tout-Puissant pour sa fille.

Vous me dites que vos chagrins vous ont inspiré le désir d'embrasser le même état que moi ; je m'applaudis chaque jour du parti que j'ai pris, et je ne puis m'empêcher de désirer que vous suiviez mon exemple. Vous craignez, me dites-vous, que votre manière de penser ne s'accorde mal avec les dispositions qu'il faut apporter dans notre saint asile ? Vos opinions changeront, ma chère amie : au milieu du monde, tous les raisonnemens qu'on entend égarent les meilleurs esprits ; quand vous serez entourée de personnes respectables, toutes pénétrées de la même foi, vous perdrez chaque jour davantage le besoin et le goût d'examiner ce qu'il faut admettre de confiance pour vivre en paix avec soi-même et avec les autres. Je serois fâchée que des motifs purement humains vous décidassent à prononcer des vœux qui doivent être inspirés par la ferveur de la dévotion ; cependant je vous dirai que le genre de vie que je mène me seroit doux, indépendamment même des grandes idées qui en sont le but.

La régularité des occupations, le calme profond qui règne autour de nous, la ressemblance parfaite de tous les jours entre eux, cause d'abord quelque ennui ; mais à la longue l'âme finit par prendre des habitudes, les mêmes idées reviennent aux mêmes heures, les souvenirs douloureux s'effacent, parce que rien de nouveau ne réveille le cœur ; il s'endort sous un poids égal, sous une tristesse continue, qui ne fait plus souffrir. Une pensée, d'abord cruelle, fortifie la raison avec le temps ; c'est la certitude que la situation où l'on se trouve est irrévocable, qu'il n'y a plus rien à faire pour soi, que l'irrésolution n'a plus d'objet, que la nécessité se charge de tout. Vous éprouveriez comme moi ce qu'il peut y avoir de bon dans cette situation, qui, selon l'heureuse expression d'une femme, *apaise la vie, quand il n'est plus temps d'en jouir.*

Je juge de votre cœur par le mien : nous n'avons plus rien à espérer ; alors, mon amie, il vaut mieux s'entourer d'objets plus sombres encore que son propre cœur ; quand il faut porter de la tristesse au milieu des gens heureux, ce contraste peut inspirer une sorte d'âpreté dans les sentimens, qui finit par altérer le caractère. Je me permets de vous présenter ces considérations purement temporelles, parce je suis bien sûre que vous n'auriez pas passé un an dans un couvent, sans embrasser avec conviction la religion qu'on y professe.

Si les excès dont on nous menace en France finissent par rendre impossible d'y vivre en communauté, je me retirerai dans les pays étrangers ; peut-être pourrai-je vous rejoindre, retrouver ma fille avec vous ! Non, je serois trop heureuse, je n'expierois pas ainsi mes fautes ! mais qu'on a de peine à repousser les affections ! elles rentrent dans le cœur avec tant de force !

THÉRÈSE.

SEPTIÈME ET DERNIER FRAGMENT

DES FEUILLES ÉCRITES PAR DELPHINE.

Thérèse, que m'écrivez-vous ? — Je voudrois lui répondre ; mais non, je ne pourrois lui dire ce que je pense, ce seroit la troubler ; qu'y a-t-il de plus à ménager au monde qu'une âme sensible qui a retrouvé la paix ? Jamais, lui aurois-je dit, jamais je ne croirai qu'on plaise à l'Être suprême en s'arrachant à tous les devoirs de la vie, pour se consacrer à la stérile contemplation de dogmes mystiques, sans aucun rapport avec la morale ! Si je m'enferme dans un couvent, ce sont les sentimens les plus profanes, c'est l'amour qui m'y conduira ! Je veux qu'il sache que, condamnée à ne plus le voir, je n'ai pu supporter la vie ! Je veux l'attendrir profondément par mon malheur, et qu'il lui soit impossible d'oublier celle qui souffrira toujours. Les années, qui refroidissent l'amour, laissent subsister la pitié ; et dût-il me revoir encore quand le temps aura flétri mon visage, le voile noir dont il sera couvert, les images sombres qui m'environneront, m'offriront à ses yeux comme l'ombre de moi-même, et non comme un objet moins digne d'être aimé.

Thérèse, est-ce avec de telles pensées qu'il faut entrer dans votre sanctuaire? Je n'ai pas vos opinions, mais je les respecte assez pour répugner à les braver, pour craindre surtout de tromper ceux qui croient, en ayant l'air d'adopter des sentimens que je ne partage pas. Mais si M. de Valorbe me poursuivoit, si je craignois qu'il n'excitât encore la jalousie de Léonce, ou qu'il ne voulût menacer sa vie, je ne sais quel parti je prendrois ; ma raison n'a bientôt plus aucune force, j'ai peur d'un nouveau malheur; je crains son impression sur moi; la folie, les vœux irrévocables, la mort, tout est possible à l'état où je suis quelquefois, à l'état plus cruel encore où les peines qui me menacent pourroient me jeter.

J'espérois trouver à Lausanne des lettres de ma sœur, je lui avois dit de m'oublier; mais devroit-elle m'en croire! Ah! qu'il est facile de disparoître du monde, et de mourir pour tout ce qui nous aimoit! Quels sont les liens qu'on ne parvient pas à déchirer? quels sont ceux qu'un effort de plus ne briseroit pas? Ma sœur ne savoit-elle pas que je n'espérois que d'elle quelques mots sur Léonce? Hélas! veut-elle me cacher que mon départ l'a détaché de moi? Quelle cruelle manière de ménager, que le silence! Abandonner le malheureux à son imagination, est-ce donc avoir pitié de lui?

LETTRE II.

Mademoiselle d'Albémar à Delphine.

Montpellier, ce 17 décembre.

Je n'ai pas cru devoir vous cacher cette lettre, il ne faut rien dissimuler à une âme telle que la vôtre, il ne faut pas lui surprendre un sacrifice dont elle ignoreroit l'étendue.

Madame de Lebensei à mademoiselle d'Albémar.

Hélas! que me demandez-vous, mademoiselle! Vous voulez que je vous entretienne de l'état de Léonce; je ne l'ai pas vu dans les premiers momens de sa douleur. M. Barton, qui s'étoit chargé de lui apprendre le départ de Delphine, m'a dit qu'il avoit, pendant quelques jours, presque désespéré de sa raison : son ressentiment contre elle prit d'abord le caractère le plus sombre, et néanmoins il formoit, pour la rejoindre, les projets les plus insensés, les plus contraires aux principes qui servent habituellement de règle à sa conduite ; enfin, il a consenti à rester auprès de sa femme jusqu'à ce qu'elle fût accouchée ; c'est tout ce qu'il a promis.

La première fois que je l'ai vu, il y avoit encore un trouble effrayant dans ses regards et dans ses expressions ; il vouloit savoir en quel lieu Delphine s'étoit retirée, c'étoit le seul intérêt qui l'occupât, et cependant il s'arrêtoit au milieu de ses questions pour se parler à lui-même. Ce qu'il disoit alors étoit plein d'égarement et d'éloquence, il faisoit éprouver, tout à la fois, de la pitié et de la terreur ! On auroit pu croire souvent que l'infortuné se rappeloit quelques-unes des paroles de Delphine, et qu'il aimoit à se les prononcer ; car sa manière habituelle étoit changée, et ressembloit davantage au touchant enthousiasme de son amie, qu'au langage ferme et contenu qui le caractérise. Il me conjuroit de lui apprendre où il pourroit retrouver Delphine ; il vouloit paroître calme, dans l'espoir de mieux obtenir de moi ce qu'il désiroit ; mais quand je l'assurois que je l'ignorois, il retomboit dans ses rêveries.

— Cette nuit, disoit-il, la rivière grossie menaçoit de nous submerger ; en traversant le pont, j'entendois les flots qui mugissoient ;

ils se brisoient avec violence contre les arches : s'ils avoient pu les enlever, je serois tombé dans l'abîme, et l'on n'auroit plus eu qu'un dernier mot à dire de moi à celle qui m'a quitté ; mais les dangers s'éloignent du malheureux, ils laissent tout à faire à sa volonté ; je suis rentré chez moi ; l'on n'entendoit plus aucun bruit, le silence étoit profond ; c'est dans une nuit aussi tranquille qu'on dit que *même les mères qui ont perdu leur enfant cèdent enfin au sommeil.* Et moi, je ne pouvois dormir ! je veillois et m'indignois de mon sort ! je reprenois quelquefois contre elle ces momens de fureur les plus amers de tous, puisqu'ils irritent contre ce qu'on aime ; mais ce n'est pas elle qu'il faut accuser. — Léonce alors me reprochoit amèrement de lui avoir caché les résolutions de Delphine.

— Si j'avois su d'avance son dessein, me répétoit-il, jamais elle ne l'auroit accompli ! Delphine, l'amie de mon cœur, n'auroit pas résisté à mon désespoir ! Il vous a fallu, je le pense, de cruels efforts pour la décider à me causer une telle douleur ! Que lui avez-vous donc dit qui pût la persuader ? — Je voulois me justifier, mais il ne m'écoutoit pas ; et, reprenant l'idée qui le dominoit, il s'écrioit :

phine a choisie, vous le savez, et vous vous taisez! Quel cœur avez-vous reçu du ciel pour refuser de me le confier? C'est à elle aussi, je vous le jure, c'est à votre amie que vous faites du mal, en me cachant ce que je vous demande : pouvez-vous croire, disoit-il en me serrant les mains avec une ardeur inexprimable, pouvez-vous croire que si elle me revoyoit, elle n'en seroit pas heureuse? Je le sens, j'en suis sûr, dans quelque lieu du monde qu'elle soit, elle m'appelle par ses regrets; si j'arrivois, je n'étonnerois pas son cœur, je répondrois peut-être à ses désirs secrets, à ceux qu'elle combat, mais qu'elle éprouve! En nous précipitant l'un vers l'autre, nos âmes seroient plus d'accord que jamais; vous nous déchirez tous les deux : à qui faites-vous du bien par votre inflexibilité? Parlez, au nom de l'amour qui vous rend heureuse! parlez! — Il m'eût été bien difficile, mademoiselle, de garder le silence, si j'avois su le secret qu'il vouloit découvrir; mais M. de Lebensei ayant assuré que je l'ignorois, Léonce le crut enfin : à l'instant où cette conviction l'atteignit, il retomba dans le silence, et peu d'instans après il partit.

Il est revenu depuis assez souvent, mais pour quelques minutes, et sans presque m'adresser la parole : seulement ses regards, en entrant dans ma chambre, m'interrogeoient; et si mes premières paroles portoient sur des sujets indifférens, certain que je n'avois rien à lui apprendre, il retomboit dans son accablement accoutumé. Hier cependant, j'obtins un peu plus de sa confiance, et, s'y laissant aller, il me dit avec une tristesse qui m'a déchiré le cœur : — Vous voulez que je me console, apprenez-moi donc ce que je puis faire qui n'aigrisse pas ma douleur; j'ai voulu partager avec madame de Mondoville ses occupations bienfaisantes; ce matin je suis entré dans l'église des Invalides, je les ai vus en prière; la vieillesse, les maladies, les blessures, tous les désastres de l'humanité étoient rassemblés sous mes yeux. Eh bien! il y avoit sur ces visages défigurés plus de calme que mon cœur n'en goûtera jamais. Où faut-il aller ? Le spectacle du bonheur m'offense; et, quand je soulage le malheur, je suis poursuivi par l'idée amère que parmi les maux dont j'ai pitié, il n'en est point d'aussi cruels que les miens.

— Essayez, lui dis-je encore, des distractions du monde, recherchez la société. — Ah! me répondit-il vivement avec une sorte d'orgueil qui le ranimoit, qui pourroit-on écouter après avoir connu Delphine ? Dans la plupart des liaisons, l'esprit des hommes est à peine compris par l'objet de leur amour, souvent aussi leur âme est seule dans ses sentimens les plus élevés; mais l'heureux ami de Delphine n'avoit pas une pensée qu'il ne partageât avec elle, et la voix la plus douce et la plus tendre mêloit ses sons enchanteurs aux conversations les plus sérieuses. Ah! madame, continua Léonce en s'abandonnant toujours plus à son émotion, où voulez-vous que je fuie son souvenir? Toutes les heures de ma vie me rappellent ses soins pour mon bonheur : si je veux me livrer à l'étude, je me souviens de ses conseils, de l'intérêt éclairé qu'elle savoit prendre aux progrès de mon esprit; elle s'unissoit à tout, et tout maintenant me fait sentir son absence. Oh! son accent, son regard seulement, si je le rencontrois dans une autre femme, il me semble que je ne serois plus complétement malheureux ; mais rien, rien ne ressemble à Delphine ; je plains tous ceux que je vois, comme s'ils devoient s'affliger d'être séparés d'elle; et moi, le plus malheureux des hommes! je me plains aussi, car je sais ce qu'il me faut de courage pour paroître encore ce que je suis à vos yeux, pour ne pas succomber, pour ne pas pousser des cris de désespoir, pour ne pas invoquer au hasard la commisération de celui qui me parle, comme si tous les cœurs devoient avoir pitié de mon isolement. La douleur m'a dompté comme un misérable enfant. — A peine pus-je entendre ces derniers mots, que les sanglots étouffèrent. En ce moment je blâmai le sacrifice de Delphine, et Matilde ne m'inspiroit aucune pitié.

Cependant elle est devenue plus intéressante depuis le départ de madame d'Albémar; sa tendresse pour Léonce a donné de la douceur à son caractère; elle ne parloit pas autrefois à M. de Lebensei, maintenant elle consent assez souvent à le voir chez elle. Il y a deux jours que, l'entendant nommer madame d'Albémar, elle s'est approchée de lui, et lui a dit avec vivacité : — C'est une personne très-généreuse, que madame d'Albémar. — Ces mots signifioient beaucoup dans la manière habituelle de Matilde.

Quelques paroles échappées à Léonce, me font craindre qu'il ne cède une fois à l'impulsion donnée à la noblesse françoise, pour sortir de France et porter les armes contre son pays; il n'est malheureusement que trop dans le caractère de M. de Mondoville, d'être sensible au déshonneur factice qu'on veut attacher à rester en France. M. de Lebensei combat cette idée de toute la force de sa raison ; mais son moyen le plus puissant, c'est d'invoquer l'autorité de Delphine. Léonce se tait à ce nom : ce qui me paroît certain pour le moment, sans pouvoir répondre de l'avenir, c'est que M. de Mondoville ne quittera point sa femme pendant sa grossesse ; ainsi nous avons du temps pour prévenir de nouveaux malheurs.

Voilà, mademoiselle, tout ce que j'ai recueilli qui puisse intéresser notre amie ; c'est à vous à juger de ce qu'il faut lui dire ou lui cacher ; parlez-lui du moins de l'inaltérable attachement que M. de Lebensei et moi lui avons consacré, et daignez agréer aussi, mademoiselle, l'hommage de nos sentimens.

Élise de Lebensei.

Je partage du fond de mon cœur, mon amie, l'émotion que cette lettre vous aura causée ; mais je vous en conjure, ne vous laissez pas ébranler dans vos généreuses résolutions : puisque vous avez pu partir, attendez que le temps ait changé la nature de vos sentimens ; un jour Léonce sera votre ami, votre meilleur ami, et l'estime même que votre conduite lui aura inspirée consacrera son attachement pour vous.

J'ai regretté d'abord vivement que vous

eussiez pris le parti de ne pas me rejoindre, mais à présent je l'approuve ; Léonce seroit venu certainement ici, s'il avoit su que vous y fussiez, et M. de Valorbe n'auroit pas perdu un moment pour se rapprocher de vous, et vous persécuter peut-être d'une manière cruelle. Dérobez-vous donc dans ce moment aux dangereux sentimens que vos charmes ont inspirés ; mais songez que vous devez un jour vous réunir à moi, et qu'il ne vous est pas permis de vous séparer de celle qui n'a d'autre intérêt dans ce monde, que son attachement pour vous.

LETTRE III.

Delphine à mademoiselle d'Albémar.

Lausanne, ce 24 décembre.

Que de larmes j'ai versées en lisant la lettre de madame de Lebensei ! cependant, ma chère Louise, elle m'a fait du bien, je suis plus calme qu'avant de l'avoir reçue ; j'ai été profondément touchée de cette ressemblance, de cette harmonie de sentimens et d'expressions que la même douleur a fait naître entre Léonce et moi. Ah ! nos âmes avoient été créées l'une pour l'autre : si nous différions quelquefois au milieu de la société, les fortes affections de l'âme, les cruelles peines du cœur font sur nous deux des impressions presque les mêmes.

Enfin, il se soumet à ses devoirs; le temps adoucira ses regrets, sans m'effacer entièrement de son souvenir; Matilde est heureuse : ces pensées doivent être douces, une fois peut-être elles me rendront le repos, si M. de Valorbe ne s'acharne point à me le ravir; l'inquiétude la plus vive qui me reste, c'est que Léonce ne cède au désir de se mêler de la guerre, si elle est déclarée; mais comme il ne quittera sûrement pas sa femme pendant sa grossesse, ne peut-on pas espérer que d'ici à quelques mois, il arrivera des événemens qui détourneront les malheurs dont la France est menacée ?

Je veux m'établir dans un lieu moins habité que celui-ci, où le cruel amour de M. de Valorbe ne puisse pas me découvrir : il faut se résigner, les convulsions de la douleur doivent cesser, je ne serai jamais heureuse, jamais !.... Eh bien ! quand cette certitude est une fois envisagée, pourquoi ne donneroit-elle pas du calme ?

Hier au soir, cependant; j'ai été bien foible encore; j'avois été moi-même à la poste pour chercher votre lettre, que j'attendois déjà le courrier précédent : on me la remit; je m'approchai, pour la lire, d'un réverbère qui est sur la place; mon émotion fut telle, que je fus prête à perdre connoissance ; je m'appuyai contre la muraille pour me soutenir, et quand mes forces revinrent, je vis quelques personnes qui s'étoient arrêtées pour me regarder. Si j'étois tombée morte à leurs pieds, qui d'entre elles en eût été troublée ? qui m'auroit regrettée, qui se seroit donné la peine d'examiner pendant quelques instans si j'avois en effet perdu la vie ? Ah ! que l'intérêt des autres est nécessaire, et que leur haine est redoutable ! où les fuir, où les retrouver ? Comment supporter leur malveillance ? comment renoncer à leurs secours ? Que le monde fait de mal ! que la solitude est pesante ! que l'existence morale enfin est difficile à traîner jusqu'à son terme !

Je revins chez moi ; Isore jouoit de la harpe : jusqu'à ce jour je l'avois priée de ne pas faire de la musique devant moi ; mon âme n'étoit pas en état de la supporter ; elle rappelle trop vivement tous les souvenirs ; mais votre lettre, ma sœur, me permit d'y trouver quelques charmes ; j'écoutois mon Isore, je lui donnai des leçons avec soin, et quand elle fut couchée, je me mis à jouer moi-même ; je me livrai pendant plus de la moitié de la nuit à toutes les impressions que la musique m'inspiroit, je m'exaltois dans mes propres pensées, je suffisois à mon enthousiasme; cependant je m'arrêtai, comme fatiguée de cet état dont il n'est pas permis à notre âme de jouir trop long-temps ; j'ouvris ma fenêtre, et considérant le silence de cette ville, si animée il y avoit quelques heures, je réfléchis sur le premier don de la nature, le sommeil ; il enseigne la mort à l'homme, et semble fait pour le familiariser doucement avec elle. Quelle égalité règne dans l'univers pendant la nuit! les puissans sont sans force, les foibles sans maîtres, la plupart des êtres sans douleur! Veiller pour souffrir est terrible, mais veiller pour penser est assez doux; dans le jour, il vous semble que les témoins, que les juges assistent à vos plus secrètes réflexions ; mais dans la solitude de la nuit, vous vous sentez indépendant; la haine dort, et des malheureux comme vous pourroient seuls encore vous entendre !

Léonce, Léonce! m'écriai-je plusieurs fois en regardant le ciel, le repos est-il descendu sur toi, ou ton cœur agité cherche-t-il aussi quelques idées, quelques sentimens qui fassent supporter la perte de l'espérance? l'invincible sort s'en va flétrissant toutes les jouissances passionnées, faut-il leur survivre? Léonce! Léonce! je me plaisois à dire son nom, à le prononcer dans les airs, pour qu'il me revînt d'en haut, comme si le ciel l'avoit répété.

Tout à coup j'entendis des gémissemens dans une maison vis-à-vis de la mienne, la fenêtre en étoit ouverte, et les plaintes arrivoient jusqu'à moi, qui, seule éveillée dans la ville, pouvois seule les entendre. Ces accens de la douleur me touchèrent profondément; il me sembloit que pour la première fois dans ces lieux, il existoit un être qui ne m'étoit plus étranger, puisqu'il pouvoit avoir besoin de ma pitié; j'élevai deux ou trois fois la voix pour offrir mes secours, on ne me répondit pas, et les gémissemens cessèrent; je demandai le matin qui demeuroit dans la maison d'où j'avois entendu partir des plaintes? et j'appris qu'elle étoit habitée par une femme âgée et malade, qui souffroit pendant la nuit, mais trouvoit assez de soulagement pendant le jour, dans les derniers plaisirs de l'existence physique qu'elle pouvoit encore supporter. Voilà donc, me dis-je alors, quelle est la perspective de la destinée humaine! quand les douleurs morales finiront, les douleurs physiques s'empareront de notre âme affoiblie! et la mort s'annoncera d'avance par la dégradation de notre être. Oh! la vie! la vie! que de fois, depuis que j'ai quitté Léonce, j'ai répété cette invocation! mais on l'interroge en vain, en vain on lui demande son secret et son but, elle passe sans répondre, sans que les cris ni les pleurs, la raison ni le courage, puissent jamais hâter ni retarder son cours.

Louise, pardon de vous fatiguer ainsi de mon imagination égarée; mes réflexions me ramènent sans cesse vers les mêmes idées; je voudrois entendre souvent des paroles de mort, je voudrois être environnée de solennités sombres et terribles; ce que je redoute le plus, c'est que ma douleur ne devienne un état habituel, une existence comme toutes les autres, un mal que je porterai dans mon sein, et que les hommes me diront de supporter en silence. — Adieu; je croyois avoir repris des forces, et je suis retombée; allons, à demain.

Berne, ce 25 décembre.

P. S. Je n'avois pas fermé cette lettre, lorsqu'un accident cruel a failli rendre mon sort encore plus misérable : j'ai appris, par un de mes gens, que M. de Valorbe venoit d'arriver à Lausanne; heureusement il n'a pas su que j'y étois; mais il pourroit le découvrir d'un moment à l'autre, et la frayeur que j'en ai ressentie ne m'a pas permis d'y rester plus long-temps. Je suis partie à onze heures du soir, j'ai voyagé toute la nuit, et je ne me suis arrêtée qu'ici; se peut-il qu'une destinée sans espoir soit encore poursuivie par tant de craintes!

Je vais à Zurich, j'y serai dans deux jours; écrivez-moi directement chez MM. de C., négocians; je leur suis recommandée sous un nom emprunté; adieu, ma sœur; je fuis de malheurs en malheurs, sans jamais trouver de repos.

LETTRE VI.

M. de Valorbe à M. de Montalte.

Lausanne, ce 25 décembre 1791.

Depuis long-temps je ne t'ai point écrit, Montalte. A quoi bon écrire? J'ai besoin cependant de parler une fois encore de moi; j'ai besoin d'en parler à quelqu'un qui m'ait connu, qui se rappelle ce que j'étois avant mon irréparable chute.

Tu m'as défendu, je le sais, avec générosité, avec courage; mais que peux-tu, que pouvons-nous l'un et l'autre contre la honte que j'ai acceptée par le plus indigne amour? Madame d'Albémar m'a perdu. Ma réconciliation avec M. de Mondoville est une tache *que toutes les eaux de l'Océan ne peuvent laver*. Je me suis battu trois fois avec des officiers de mon régiment; tout a été vain. Je fuis, je quitte la France, repoussé de mon corps, ruiné, flétri, sans espoir, sans avenir. Les lois contre les émigrés vont m'atteindre; mes biens seront saisis, moi-même exilé, poursuivi par des créanciers avides, n'ayant plus de patrie, peut-être bientôt plus d'asile. Et pourquoi tant de malheurs! parce que les larmes d'une femme m'ont attendri, parce que ce caractère si dur, me dit-on, si personnel, si haineux, n'a pu résister à la douleur de Delphine. Et cette douleur, elle venoit de sa passion pour un autre! C'est mon rival que j'ai épargné, c'est mon rival dont j'ai soigné le bonheur. Et cet heureux Léonce, et cette Delphine, qui étoit naguère à mes pieds, marchent aujourd'hui tous deux, insoucians de ma destinée. Sans moi, leur amour étoit connu, sans moi, l'opinion s'élevoit contre eux; et parce que j'ai été bon, parce que j'ai été sensible, c'est contre moi qu'elle s'élève! Justice des hommes! c'est par des vertus que je péris. Si j'avois su être dur, inflexible, inexorable, l'estime m'environneroit encore; et ce seroit Léonce, ce seroit Delphine, qui gémiroient dans le malheur.

Montalte, je ne te demande plus qu'un service. Je ne sais ce que les nouvelles lois ordonneront sur ma fortune. Je remets entre tes mains ce que tu pourras en sauver. Si je meurs, dispose de ces débris comme de ton bien. Malgré l'exemple général de l'ingratitude, il m'est encore doux d'être reconnoissant envers toi. Je veux découvrir madame d'Albémar, on dit qu'elle a quitté la France. Je la suis, je la cherche, je la trouverai. Si de ton côté tu en apprenois quelque chose, hâte-toi de me le mander.

Si j'arrive enfin jusqu'à cette Delphine que j'ai tant aimée, que j'aime encore, elle décidera de mon sort et du sien; elle verra l'abîme dans lequel elle m'a précipité; ma santé détruite, chacun de mes jours marqué par de nouvelles douleurs, mes blessures me faisant éprouver encore des souffrances aiguës, toute carrière fermée devant moi, et mon nom déshonoré. J'apprendrai si cette femme d'une sensibilité si vantée, si ce caractère si doux, cette bienveillance si générale, rempliront les devoirs de la plus simple reconnoissance.

Certes, quelle est la femme qui se croiroit

permis d'hésiter, si elle voyoit devant elle l'infortuné qui a sauvé celui dont elle tient toute son existence, l'infortuné qui, par un sacrifice inouï, lui a immolé jusqu'à son honneur même ; l'homme qu'elle auroit réduit à fuir son pays, à renoncer à sa fortune, à braver toute la rigueur des lois et toutes les souffrances de l'exil ; si elle le voyoit à ses genoux, lui offrant un cœur que tant de peines n'ont pas aliéné, ne lui reprochant rien, n'écoutant encore que l'amour qui l'a perdu, la suppliant de céder à cet amour, de partager son sort, de colorer les dernières heures de sa destinée ; je ne sais quelle âme il faudroit avoir pour repousser cette dernière prière.

Madame d'Albémar la repoussera cependant, je le prévois. Des expressions douces, de la pitié, des protestations compatissantes, c'est là tout ce que j'obtiendrai d'elle. Et grâce à cette douceur de manières, à cette pitié qui n'oblige à rien, lorsqu'elle aura causé ma mort, c'est moi que l'on accusera ; c'est moi dont on blâmera la violence, dont on noircira le caractère ; et tous ces hommes qui m'ont sacrifié, qui ont disposé de moi par calcul et sans scrupule, comme d'un accessoire dans leur vie, comme d'un être insignifiant et subalterne, ces hommes me condamneront.

Non, Montalte, il ne sera pas dit que ma vie aura toujours été la misérable conquête de quiconque aura voulu s'en emparer. Il ne sera pas dit que le sentiment irritable, mais profond, mais souvent généreux, qui me consume, aura toujours été habilement employé et constamment méconnu. Je la vaincrai, cette foiblesse, cette timidité douloureuse, qui me jette à la merci même de ceux que je n'aime pas, et qui, devant celle que j'aime, a fait taire jusqu'à mon amour.

Je veux que Delphine soit ma femme, je le veux à tout prix. Elle s'est servie de mon caractère, elle m'a trompé par son silence, elle m'a subjugué par sa douleur; mais, quand il s'est agi de Léonce et de moi, elle n'a pas même daigné me compter. Elle croit sans doute que la même générosité, la même foiblesse, me rendront toujours impossible de résister à ses larmes.

Je mourrai peut-être : tout me l'annonce. La vie m'est à charge; mais avant de mourir, je ferai revenir Delphine de l'idée qu'elle s'est faite de son ascendant sur moi. Quand je serai ce que les hommes se sont plu toujours à me supposer, quand je pourrai braver leurs souffrances, fermer l'oreille à leurs prières, ils sentiront le prix des qualités dont ils usoient avec insolence, sans les reconnoître ou m'en savoir gré.

Sans doute il seroit plus commode de déplorer un instant ma perte, pour m'oublier ensuite à jamais. Delphine trouveroit doux de verser quelques larmes sur ma tombe, de se montrer bonne en me plaignant, quand elle n'auroit plus à me craindre. Mais je ne puis me résoudre à mourir, aussi facilement que mes amis se résigneroient à me pleurer.

Delphine m'appartiendra. Crime ou vertu, haine ou amour, sympathie ou cruauté, tous les moyens me sont égaux. Je tirerai parti de ses fautes, je profiterai de ses imprudences, j'encouragerai l'opinion qui déjà menace son nom trop souvent répété, et qui, comme toujours, s'arme contre elle de ce qu'elle a de meilleur et de plus noble dans le caractère. Je l'entourerai de mes ruses, je l'épouvanterai par mes fureurs.... Dans l'état où l'on m'a réduit, quel scrupule pourroit me rester encore? Les scrupules ne conviennent qu'aux heureux.

Mon dessein d'ailleurs est-il si coupable? Je veux l'obtenir, mais c'est pour lui consacrer ma vie : je veux m'emparer de son existence, mais son empire sur moi n'a-t-il pas détruit la mienne? Si je puis l'attendrir, le bonheur m'est encore ouvert : si elle est inflexible, je veux la punir, je veux me venger.

Cependant, Montalte, crois-moi, je ne suis pas encore l'homme féroce que cette lettre semble annoncer. Oh! si je retrouve un cœur qui me réponde, si l'estime d'un être sensible vient relever mon âme flétrie, si quelque ombre de justice envers mon malheureux caractère, me donne l'espérance qu'on n'en profitera pas toujours pour l'opprimer en le calomniant; si Delphine, touchée de mon sort, s'accusant de mes maux, consent à s'unir à moi, je puis renaître à la vie, je puis reprendre aux sentimens doux, je puis être heureux sur cette terre. Cet ange de paix, de grâce et de bonté, me consolera de tous les revers.

Adieu, Montalte; pardonne-moi ce long délire et ces contradictions sans nombre, et les mouvemens opposés qui m'agitent et qui me déchirent. Tu m'as connu, tu sais si la nature m'avoit fait dur ou barbare. Pourquoi les hommes m'ont-ils irrité? pourquoi n'ont-ils jamais voulu me connoître? pourquoi n'ai-je trouvé nulle part un seul être qui m'appréciât ce que je vaux! Ne m'as-tu pas vu capable de dévouement, d'élévation, de tendresse et de sacrifice? Mais lorsque dans tout le cours de sa vie on se voit puni de ce qu'on a fait de bon, lorsqu'il est démontré que, dans chaque événement, c'est un mouvement généreux qui a donné prise à l'injustice; qui peut répondre de soi? quel caractère ne s'aigriroit pas? quelle morale résisteroit à cette funeste expérience?

Quoi qu'il arrive, garde le silence à jamais sur moi. Je ne veux pas que les hommes s'intéressent à ma destinée; je ne veux pas me soumettre à ces juges plus personnels, plus égoïstes, plus coupables cent fois que celui qu'ils osent juger. Sois heureux, si tu peux l'être, arme-toi contre la société, contre l'opinion, contre ta propre pitié surtout. Tout ce que la nature nous donne de délicat ou de sensible, sont des endroits foibles où les hommes se hâtent de nous frapper.

LETTRE V.

Delphine à mademoiselle d'Albémar.

Zurich, ce 28 décembre.

JE crois avoir trouvé enfin l'asile qui me convient. A six lieues de Zurich, sur une rivière qui se jette dans le Rhin, il y a un couvent de chanoinesses religieuses, appelé l'abbaye du Paradis, où l'on reçoit des femmes comme pensionnaires; leur conduite est soumise à l'inspection de l'abbesse, elles ne peuvent sortir sans son consentement, quoiqu'elles ne fassent point de vœux (1). La manière de vivre dans ce couvent est régulière sans être pénible; il y a moins de sévérité dans les statuts de cette maison que dans la plupart de celles du même genre; mais on est difficile sur le choix des personnes qui peuvent y être admises, et c'est une retraite très-honorable pour les femmes qui y sont reçues; je dois y aller demain matin, et je vous manderai si je puis m'y établir.

J'éprouve une impatience singulière de trouver enfin une demeure fixe, une existence uniforme; chaque objet nouveau réveille en moi le même souvenir et la même douleur.

Ce 29.

Louise, l'auriez-vous prévu? L'abbesse de ce couvent, c'est madame de Ternan, la sœur de madame de Mondoville, la tante de Léonce; elle s'appelle Léontine, c'est d'elle qu'il tient son nom; elle lui ressemble, quoiqu'elle ait cinquante ans : il y a eu des momens, pendant notre longue conversation, où ces rapports de figure et de voix m'ont frappée jus-

---

(1) Ces sortes de pensionnaires s'appellent des *données*.

qu'au point d'en tressaillir; elle a, dans sa manière de parler, cet accent un peu espagnol qui donne, vous le savez, tant de grâce et de noblesse au langage de Léonce; je ne pouvois me résoudre à m'éloigner d'elle, j'essayois mille sujets différens, dans l'espoir d'en découvrir un qui pût animer assez madame de Ternan, pour donner à ses mouvemens plus de jeunesse, plus de ressemblance avec ceux de Léonce. Je n'ai point cherché à connoître le caractère de madame de Ternan: ses gestes, ses regards m'occupoient uniquement. Je lui ai témoigné le plus grand désir de me fixer dans sa maison, sans que rien en elle m'ait fortement attiré, si ce n'est les traits de son visage et les accens de sa voix, qui rappellent Léonce.

Elle a consenti à ce que je désirois; elle m'a promis le secret sur mon véritable nom, et m'a accueillie très-poliment, quoique avec un mélange de hauteur qui rappeloit ce qu'on m'a dit du caractère de sa sœur; elle m'a paru avoir de l'esprit, mais celui d'une femme qui a été très-jolie, et dont les manières se composent de la confiance qu'elle avoit autrefois dans sa figure, et de l'humeur qu'elle a maintenant de l'avoir perdue. Rien en elle ne peut expliquer pourquoi elle s'est faite religieuse, et quand elle cause, elle a l'air de l'oublier tout-à-fait; on m'a dit cependant qu'elle étoit très-sévère pour la manière de vivre des pensionnaires qu'elle admettoit chez elle, et que toute sa communauté avoit en général un grand esprit de rigueur. Quoi qu'il en soit, je veux m'établir dans ce couvent : que m'importe plus ou moins d'exigence! je n'ai rien à faire qu'à me dérober, s'il est possible, aux sentimens douloureux qui me poursuivent. Madame de Ternan obtiendra de moi ce qu'elle voudra, elle ne se doute pas de l'empire qu'elle a sur ma volonté; j'irois au bout du monde pour la voir habituellement.

J'apprendrai, en vivant avec elle, tous les mots qu'elle prononce comme Léonce, toutes les impressions qui fortifient les traces de sa ressemblance avec lui, et je chercherai à faire reparoître plus souvent ces traces chéries. — O Léonce! me voilà un intérêt dans la vie : j'aimerai cette femme, quels que soient ses défauts; je la soignerai, pour qu'elle écrive une fois à votre mère que j'étois digne de vous. — Je ne serai pas séparée tout-à-fait de ce que j'aime : un rapport, quelque indirect qu'il soit, me restera encore avec lui; et quand, dans quelques années, je pourrai lui faire connoître ma retraite, lui raconter les jours que j'y ai passés, il sera touché des sentimens qui m'auront tout entière occupée.

Ma sœur, votre dernière lettre m'a profondément attendrie; ne vous affligez pas tant de ma situation; elle vaut mieux depuis que j'ai choisi une retraite, depuis que j'ai pu, loin de Léonce, retrouver encore quelques liens avec lui.

LETTRE VI.

Delphine à mademoiselle d'Albémar.

Zurich, ce 31 décembre.

JE viens d'éprouver une émotion très-vive, ma chère Louise, et je ne sais si je me suis bien ou mal conduite, dans une situation où des sentimens très-opposés m'agitoient. La maison que j'habite ici est près de celle de madame de Cerlebe, femme que tout le monde vante à Zurich, et qui m'a paru en effet très-aimable; j'étois recommandée par des négocians de Lausanne à son mari; je l'ai vue tous les jours, elle m'a montré plusieurs fois l'empressement le plus aimable, et vouloit m'emmener avec elle à la campagne, où elle demeure presque toute l'année, avec son père et ses enfans. Hier, j'allai la remercier et prendre congé d'elle; une impression d'inquiétude altéroit la sérénité habituelle de son visage : — J'ai chez moi, me dit-elle, depuis quatre jours, un François qu'un de mes amis de Lausanne m'a prié de recevoir, et dont il me dit le plus grand bien ; le pauvre homme est tombé malade en arrivant, des suites de ses blessures, et je crois aussi que quelque chagrin secret lui fait beaucoup de mal. — Troublée de ce qu'elle me disoit, je lui demandai le nom de cet infortuné. — M. de Valorbe, reprit-elle. — Sans doute mon visage exprimoit ce qui se passoit en moi, car madame de Cerlebe me saisit la main et me dit : — Vous êtes madame d'Albémar ; je le soupçonnois déjà, j'en suis sûre à présent ; vous allez rendre la vie à M. de Valorbe, il vous nomme sans cesse, il prétend qu'il doit vous épouser, que vous le lui avez promis ; il mourra s'il ne vous voit pas. — Je me taisois. Madame de Cerlebe continua le récit des souffrances de M. de Valorbe, et des preuves continuelles qu'il donnoit de sa passion pour moi ; et tout en me parlant, elle se levoit et marchoit vers la porte, comme ne doutant pas que je ne la suivisse pour aller voir M. de Valorbe.

Comment vous rendre compte de ce qui se passoit en moi? Si je n'avois jamais eu aucun tort envers M. de Valorbe, si ce silence qu'il n'a point oublié ne lui paroissoit pas une sorte de promesse, peut-être aurois-je été le voir; mais tel est le malheur d'un premier tort, qu'il vous force absolument à en avoir un second, pour éviter l'embarras cruel du reproche. Je ne savois d'ailleurs comment parler à M. de Valorbe; certainement sa situation m'inspiroit beaucoup de pitié; mais si j'exprimois cette pitié dans des termes vagues, n'exalterois-je pas ses espérances? et si je la restreignois par des expressions positives, ne le blesserois-je pas profondément? Je ne connois rien de si pénible que de voir un homme malheureux, lorsqu'on éprouve un sentiment intérieur de contrainte, qui oblige à mesurer les paroles qu'on lui adresse, avec un sang-froid presque semblable à la dureté. J'éprouvois enfin une répugnance invincible pour aller dans la chambre de M. de Valorbe; autrefois je l'aurois vaincue, cette répugnance; mais je souffre depuis si long-temps, que j'ai peut-être perdu quelque chose de cette bonté vive et involontaire, qui m'entraînoit sans réflexion, et souvent même malgré mes réflexions.

Je refusai madame de Cerlebe, elle s'en étonna et n'insista point; mais seulement elle me demanda assez froidement la permission de me quitter, pour aller voir dans quel état se trouvoit M. de Valorbe. Je fus fâchée d'avoir été désapprouvée par madame de Cerlebe, car je me sens un véritable penchant pour elle, depuis le peu de temps que je la connois. Je descendis lentement son escalier, hésitant toujours, mais toujours animée par le désir de m'éloigner. Quand je fus à peu de distance de la porte, je m'arrêtai, et je vis à la fenêtre une figure presque méconnoissable; ses regards me parurent fixés sur moi; je fis quelques pas pour retourner, mais l'idée de Léonce me vint, je pensai que s'il étoit là, il me retiendroit; je levai les yeux vers la fenêtre, il me sembla que le visage de M. de Valorbe exprimoit, en me voyant approcher, une joie tout-à-fait effrayante; un sentiment de crainte me saisit, et je retournai chez moi sans m'arrêter.

J'ai besoin de savoir, ma sœur, si vous me condamnerez ou si vous m'excuserez; je me retirerai demain dans un asile où personne du moins ne pourra plus prétendre à me voir.

LETTRE VII.

M. de Valorbe à M. de Montalte.

Zurich, le 1ᵉʳ janvier 1792.

Je me trompois, Montalte, lorsque je vous écrivois que madame d'Albémar auroit au moins avec moi des formes polies et douces ; elle n'a pas même voulu s'en donner la peine. Elle a été dans la même maison que moi sans daigner me voir ; elle me savoit malade, mourant, mourant pour elle, et quelques pas qui l'auroient amenée près de mon lit de douleur, lui ont paru un effort trop pénible ! Je l'ai vue hésiter, revenir, et céder enfin à l'impitoyable sentiment qui lui défendoit de me secourir.

Je ne sais pourquoi je m'accuse quelquefois, ce sont les autres qui ont toujours eu tort envers moi ; c'est Delphine qui est barbare, il faut qu'elle en soit punie. La nature aussi s'acharne sur ma misérable existence ; je ne peux pas marcher, je ne peux pas me soutenir, je me sens une irritation inouïe, même contre les objets physiques qui m'environnent ; une chaise qui me heurte, un papier que je ne trouve pas, une porte qui résiste, tout me cause une impatience douloureuse : que de maux sur la terre sont destinés à l'homme !

. Il faut les dompter ; je sortirai, je trouverai celle qui n'a pas voulu me voir, aucun asile ne la soustraira à ma volonté ; les souffrances que j'éprouve m'agitent, au lieu de m'abattre. — Delphine, vous regretterez l'indigne mouvement qui vous a pour jamais privée de tous vos droits à ma pitié.

LETTRE VIII.

Delphine à mademoiselle d'Albémar.

De l'abbaye du Paradis, ce 2 janvier 1792.

Enfin, je suis ici ; je ne sais si je dois m'applaudir d'avoir quitté Zurich sans avoir vu M. de Valorbe ; madame de Cerlebe au moins m'a promis de lui exprimer mes regrets, de lui offrir tous les services qui sont en ma puissance, et que je serois si empressée de lui rendre. Madame de Cerlebe ne m'a point paru refroidie pour moi, et j'en ai joui, car je ne la vois jamais sans que mon amitié pour elle ne s'augmente.

Elle connoît intimement une des religieuses du couvent où je suis, mais elle n'aime pas madame de Ternan; elle prétend que c'est une personne égoïste et hautaine, d'un esprit étroit et d'un cœur dur, et qu'elle n'a eu d'autre motif pour quitter le monde, que le chagrin de n'être plus belle.

— Vous ne savez pas, me disoit madame de Cerlebe, combien une vie frivole dessèche l'âme! Madame de Ternan avoit des enfans, elle ne s'en est pas fait aimer; elle avoit de l'esprit naturel, elle l'a si peu cultivé, que son entretien est souvent stérile : maintenant qu'elle est forcée de renoncer à tous les genres de conversation pour lesquels il faut nécessairement un joli visage, elle s'est retirée dans un couvent, afin d'exercer encore de l'empire par sa volonté, quand ses agrémens ne captivent plus personne; un fonds de personnalité très-ferme et très-suivi s'est montré tout à coup en elle, quand sa beauté n'a plus attiré les hommages : elle n'est dans la réalité ni très-sévère, ni très-religieuse; mais elle a pris de tout cela ce qu'il faut pour avoir le droit de commander aux autres. L'amour-propre lui a fait quitter le monde, l'amour-propre est son seul guide encore dans la solitude; elle conserve une sorte de grâce, reste de sa beauté, souvenir d'avoir été aimée, qui vous fera peut-être illusion sur son véritable caractère; mais si quelque circonstance vous mettoit jamais dans sa dépendance, vous verriez si je vous ai trompée, et vous vous repentiriez de ne m'avoir pas crue. —

Ces observations, et plusieurs autres encore que madame de Cerlebe me présentoit avec beaucoup d'esprit et de chaleur, m'auroient peut-être fait impression, si madame de Ternan n'eût pas été la tante de Léonce; mais quels défauts pourroient l'emporter sur ce regard, sur ce son de voix qui me le rappellent! J'ai persisté dans mon dessein, et je suis établie ici depuis hier.

Pauvre M. de Valorbe! que je voudrois diminuer son malheur! pourrois-je sans l'offenser lui offrir la moitié de ma fortune? Enfin, ma chère Louise, que votre cœur imagine ce qui pourroit adoucir sa situation! mais je ne puis me résoudre à le voir, les témoignages de son amour me seroient trop pénibles, loin de Léonce. Je ne sais par quelle bizarrerie cruelle on craint toujours d'être plus aimée par l'homme qu'on n'aime pas, que par celui qu'on préfère; il vaut mieux n'entendre aucune expression de tendresse, et que tout se taise, quand Léonce ne parle pas.

LETTRE IX.

Madame de Mondoville, mère de Léonce, à madame de Ternan, sa sœur.

Madrid, ce 17 janvier 1792.

Vous m'apprenez, ma chère sœur, que madame d'Albémar est près de vous; mon fils ne le sait pas, gardez bien ce secret. Léonce a toujours la tête tournée d'elle, et, dans un moment où les indignes lois françoises vont permettre le divorce, j'éprouve une crainte mortelle qu'il ne se déshonore, en abandonnant Matilde pour cette Delphine, dont la séduction est, à ce qu'il paroît, véritablement redoutable : ne pourriez-vous pas prendre assez d'empire sur son esprit, pour l'engager à se marier avec un de ses adorateurs? je ne pourrai jamais ramener la raison de mon fils, s'il n'a pas à se plaindre d'elle.

Je n'ai pas d'idée fixe sur cette femme, qui me paroît, d'après tout ce que j'entends dire, un être tout-à-fait extraordinaire ; mais je serois désolée, quand même mon fils seroit libre, qu'il devînt son époux. On ne peut jamais soumettre ces esprits qu'on appelle supérieurs, aux convenances de la vie; il faut supporter qu'ils vous donnent un jugement nouveau sur tout, et qu'ils vous développent des principes à eux, qu'ils appellent de la raison ; cette manière d'être me paroît, à moi, souverainement absurde, particulièrement dans une femme. Notre conduite est tracée, notre naissance nous marque notre place, notre état nous impose nos opinions ; que faire donc de cet esprit d'examen qui perd toutes les têtes ? la morale et la fierté sont très-anciennes ; la religion et la noblesse le sont aussi ; je ne vois pas bien ce qu'on veut faire des idées nouvelles, et je ne me soucie pas du tout qu'une femme qui les aime exerce de l'empire sur mon fils. Je vous prie donc instamment, ma sœur, puisque le hasard met madame d'Albémar dans votre dépendance, d'employer tout votre esprit à la séparer sans retour de Léonce.

Comment vous trouvez-vous de votre établissement en Suisse ? ne vous en lassez-vous point ? et ne penserez-vous pas à venir dans un couvent en Espagne, pour me donner la douceur de finir mes jours auprès de vous ?

LETTRE X.

Réponse de madame de Ternan à sa sœur, madame de Mondoville.

De l'abbaye du Paradis, ce 30 janvier 1792.

Je vois bien, ma sœur, que vous n'avez jamais vu madame d'Albémar; il se mêleroit à votre opinion, juste à quelques égards, un goût qu'il est impossible de ne pas ressentir pour elle : la facilité de son caractère et la grâce de son esprit sont très-séduisantes; sa figure a une expression de sensibilité si naturelle, si aimable, que les caractères les plus froids s'y laissent prendre; moi qui suis assurément bien revenue de toute espèce d'illusion, j'ai de l'attrait pour Delphine; mais soyez tranquille sur cet attrait; loin de nuire à vos projets, il y servira. Je veux la déterminer à se faire religieuse dans mon couvent, et je crois que j'y parviendrai; elle a beaucoup de mélancolie dans le caractère, un profond sentiment pour votre fils, et assez de vertu pour ne pas vouloir y céder; dans cette situation, que peut-elle faire de mieux que d'embrasser notre état? comment pourrois-je d'ailleurs être assurée de la garder près de moi, si elle ne le prenoit pas? elle me quitteroit nécessairement une fois, et ce seroit pour moi une véritable peine.

J'avois pris assez d'humeur contre toutes les affections, depuis que je ne peux plus en inspirer; Delphine est néanmoins parvenue à m'intéresser; n'imaginez pas cependant que je me laisse dominer par ce sentiment, je le ferai servir à mon bonheur; l'on ne fait pas de fautes quond on n'a plus d'espérances, car on ne hasarde plus rien. Je tiens beaucoup à conserver Delphine auprès de moi; et, comme je ne puis m'en flatter qu'en la liant à notre communauté d'une manière indissoluble, j'y ferai tout ce qu'il me sera possible : c'est seconder vos vues; et de plus, je ne pense pas qu'on puisse m'accuser de personnalité dans ce dessein; qu'arrivera-t-il à Delphine en restant au milieu du monde? ce que j'ai éprouvé, ce que toutes les belles femmes sont destinées à souffrir; elle se verra par degrés abandonnée, elle verra l'admiration qu'elle inspire se changer en pitié, et des sentimens commandés prendre la place des sentimens involontaires.

Hier, je parlois sur divers sujets avec assez de tristesse, vous savez que c'est en général à présent ma manière de sentir. Delphine m'écoutoit avec l'intérêt le plus aimable; je lui dis je ne sais quel mot qui apparemment la toucha, car tout à coup je la vis presque à genoux devant moi, me conjurer de l'aimer et de la protéger dans la vie. Le hasard avoit donné dans ce moment à sa figure une grâce nouvelle; elle étoit penchée d'une manière qui ajoutoit encore à la beauté de sa taille; sa robe s'étoit drapée comme un peintre l'auroit souhaité; et ses beaux cheveux, en tombant, avoient paré son visage du charme le plus attrayant. Vous l'avouerai-je, je me rappelai dans ce moment, que moi aussi j'avois été belle, et cette pensée m'absorba tout entière; je ne me sentis cependant aucun mouvement d'envie contre Delphine, et je désirai même plus vivement encore de la retenir auprès de moi. Elle me rend quelques-uns des plaisirs que j'ai perdus; elle me donne des témoignages d'amitié que je n'ai reçus que quand j'étois jeune; elle me joue des airs qui me plaisent; elle est malheureuse quoique jeune et belle, cela console d'être vieille et triste; il faut qu'elle reste auprès de moi.

Pourquoi la détournerois-je de se fixer ici? pourquoi ferois-je ce sacrifice? les sacrifices conviennent aux jeunes gens, ils sont entourés d'amis qui prennent parti pour eux contre eux-mêmes; mais quand on est vieille, tant de gens trouvent simple que l'on se dévoue, tant de gens l'exigent de vous, que par un mouvement assez naturel on est tenté de se faire une existence d'égoïsme, puisqu'on ne vous tient plus compte de l'oubli de vous-mêmes. Il est des qualités qu'il n'est doux d'exercer que quand les autres s'y opposent; et croyez-moi, ma sœur, à cinquante ans personne ne nous aime autant que nous nous aimons nous-mêmes.

Vous êtes bonne de me proposer de revenir près de vous; mais nous nous rappellerions notre jeunesse ensemble, et cela fait trop de mal; j'aime mieux vivre ici, où personne ne m'a connue que telle que je suis. Je m'intéresse à vous, à votre famille; je vous servirai dans toutes les circonstances; mais je mourrai dans le couvent où je suis : j'ai vu quelque part, dans les *Nuits d'Young*, qu'il faut que *la vieillesse se promène silencieusement sur le bord solennel du vaste Océan qu'elle doit bientôt traverser*; cela m'a frappée. J'étois bien légère autrefois, à présent je n'aime que les idées sombres; je voudrois me persuader que la vie ne vaut rien pour personne, et qu'après moi l'amour, la beauté, la jeunesse, ont fini.

Vous n'avez pas ces mouvemens de tristesse, ma sœur; votre passion pour votre fils vous en a préservée; vous savez que le mien m'a abandonnée de très-bonne heure, je n'ai pu retenir aucune affection autour de moi, cependant j'en avois besoin ; mais quand je les ai vues s'éloigner, un sentiment de fierté très-impérieux m'a empêchée de rien faire pour les rappeler; je me suis tracé une vie qui convient assez à mon caractère; l'extrême sévérité que j'ai établie parmi les religieuses chanoinesses qui me sont subordonnées, donne beaucoup de considération à l'abbaye que je gouverne; et vous l'avez remarqué comme moi, la considération est la seule jouissance des femmes dans leur vieillesse. Je ne pourrois pas facilement transporter en Espagne l'existence dont je jouis ici, il me faudroit plusieurs années pour préparer ce que je recueille maintenant; je ne dois donc pas songer à me réunir à vous : mais comptez toujours sur moi comme sur une sœur dévouée à tous vos intérêts, et qui partage la plupart de vos opinions, par goût et par sympathie.

LETTRE XI.

Delphine à mademoiselle d'Albémar.

De l'abbaye du Paradis, ce 2 février.

Je ne vous ai point écrit depuis près d'un mois ; j'ai voulu essayer si la vie uniforme que je mène me donneroit enfin du calme, et si, en m'interdisant de parler, même à vous, des sentimens que j'éprouve, je finirois par en être moins troublée. Hélas! tous ces sacrifices ne me réussissent point : une seule résolution pourroit plus que tant d'efforts : si je partois.... si je revoyois Léonce.... Insensée que je suis! ah! c'est pour n'avoir plus ces pensées agitantes qu'il faudroit s'enchaîner ici. Madame de Ternan auroit envie de me garder pour toujours auprès d'elle ; je suis sensible à ce désir ; mais je ne sais pourquoi le plaisir même qu'elle trouve à me voir, ne me persuade pas qu'elle m'aime ; je crains qu'il n'entre peu d'affection dans le besoin qu'elle peut avoir des autres : elle discerne parfaitement les personnes qui lui conviennent, et souhaite de les captiver ; mais il semble qu'elle emploieroit le même accent pour s'assurer d'une maison qui lui plairoit, que pour retenir un ami.

Elle exerce, malgré ses défauts, un grand empire sur ceux qui l'entourent. Il y a dans ses manières une dignité qui impose, et fait mettre beaucoup de prix à ses moindres expressions de confiance et de familiarité. Je crois, cependant, que sa ressemblance avec Léonce est la principale cause de son ascendant sur moi; car, pour peu qu'on pénètre jusqu'au fond de son âme, on y trouve je ne sais quoi d'aride, qui refroidit le cœur le plus disposé à s'attacher.

Hier, par exemple, j'avois joué sur ma harpe des airs qu'elle avoit entendus autrefois, et ma conversation l'intéressoit : elle me dit un mot assez mélancolique, qui m'encouragea à lui demander quels avoient été les motifs de sa retraite dans un couvent; elle hésita quelques momens, et d'un ton très-réservé, elle me tint d'abord les discours convenables à son état; cependant comme je la pressai davantage, et que j'osai lui parler de sa beauté passée : —Eh bien! me dit-elle, puisque vous vous intéressez à moi, je vous donnerai quelques lignes que j'avois écrites, non pour raconter ma vie, car, selon moi, l'histoire de toutes les femmes se ressemble, mais pour me rendre compte des motifs qui m'ont déterminée au parti que j'ai pris : cela n'est pas achevé, parce qu'on ne finit jamais ce qu'on écrit pour soi ; mais il y en a assez pour satisfaire votre curiosité et pour vous prouver ma confiance.

Je vous envoie, ma sœur, ce que madame de Ternan m'a remis ; il y règne une impression de tristesse qui d'abord pourroit toucher ; mais en y réfléchissant, on trouve dans cette tristesse bien plus d'amour-propre que de sensibilité ; vous me direz l'impression que ce singulier écrit aura produite sur vous.

Raisons qui ont déterminé Léontine de Ternan à se faire religieuse.

J'ai été fort belle, et j'ai cinquante ans ; de ces deux événemens fort ordinaires, naissent toutes les impressions que j'ai éprouvées. Je ne sais pas si j'ai eu moins de raison qu'une autre, ou seulement un esprit plus observateur, plus pénétrant, et qui n'étoit pas susceptible de se conserver à lui-même des illusions ; ce que je sais, c'est qu'en perdant ma jeunesse, je n'ai rien trouvé dans le monde qui pût remplir ma vie, et que je me suis sentie forcée à le quitter, parce que tous les liens qui m'y attachoient se sont relâchés comme d'eux-mêmes, jusqu'à ce qu'il ne m'en soit plus resté un seul que je pusse véritablement regretter.

J'avois de l'esprit, j'en ai peut-être encore ; mais on en peut difficilement juger, car cet esprit se développoit singulièrement par ma confiance dans ma figure ; j'avois de l'imagination et beaucoup de gaîté, je contois d'une manière piquante ; j'avois de l'humeur avec grâce, et, sûre de l'attrait que tout le monde, en me voyant, ressentoit pour moi, j'éprouvois un désir animé de plaire et une douce certitude d'y réussir ; cette certitude m'inspiroit une foule d'idées et d'expressions que je n'ai jamais pu retrouver depuis.

J'avois épousé un homme bon et raisonnable, qui m'aimoit à la folie ; je lui fus fidèle, plus encore, je l'avouerai, par fierté que par vertu ; je voulois être soignée, suivie, adorée, et je ne voulois pas accorder à un seul homme la préférence qui étoit l'objet de l'ambition de tous. Je n'eus donc pas de torts envers mon mari, mais je fus peu occupée de lui, et par degrés il prit habitude de s'intéresser vivement aux affaires, et de se distraire des sentimens qui l'avoient absorbé pendant quelques années. J'eus deux enfans, un fils et une fille ;

je les ai rendus fort heureux dans leur enfance; j'ai soigné leurs plaisirs, je leur ai donné tous les maîtres qui avoient le plus de réputation, et j'ai joui de leur tendresse jusqu'à ce que l'un eût atteint dix-huit ans et l'autre seize; c'est vers cette époque que commence la nouvelle perspective de ma vie, celle qui, se rembrunissant de plus en plus, s'est enfin terminée par le genre de vie que je mène ici, et qui ressemble autant qu'il se peut à la mort.

Ma figure se conserva assez tard; néanmoins, depuis l'âge de trente ans, j'avois commencé à réfléchir sur le petit nombre d'années dont il me restoit à jouir; je m'étonnai d'une impression qui m'étoit tout-à-fait nouvelle, je craignois l'avenir au lieu de le désirer, je ne faisois plus de projets, je retenois les jours au lieu de les hâter. Je voulus devenir plus soigneuse pour mes amis; ils s'en étonnèrent, et ne m'en aimèrent pas davantage; je repris mes caprices, mon inconséquence; on n'y étoit plus préparé, et, sans que personne autour de moi se rendît compte d'aucun changement dans la nature de ses affections, je voyois déjà des différences dont personne que moi ne se doutoit encore.

Il me vint l'idée de faire des liaisons nouvelles; il me sembloit qu'elles ranimeroient mon esprit et ma vie. Mais je n'avois pas en moi la faculté d'aimer ceux que je n'avois point connus dans les premières années de ma jeunesse; et, quoique ma sensibilité n'eût peut-être jamais été très-profonde, il y avoit pourtant une distance infinie entre ces affections que je commandois, et les affections involontaires qui avoient décidé mes premières amitiés. Je répétois ce que j'avois dit autrefois avec une sorte d'exactitude, pour voir si je produirois le même effet; je croyois rencontrer des caractères différens, des situations entièrement changées, tandis que tout étoit de même, excepté moi. J'avois perdu, non pas encore les charmes de la jeunesse, mais cette espérance vive, indéfinie, entraînant avec elle tous ceux qui s'unissent confusément aux nombreuses chances d'un long avenir.

Aucune de mes liaisons ne tenoit; rien ne s'arrangeoit de soi-même : toutes mes relations étoient, pour ainsi dire, faites à la main, et demandoient des soins continuels; j'en faisois trop ou trop peu pour les autres, je n'avois plus de mesure sur rien, parce qu'il n'y avoit point d'accord entre mes désirs et mes moyens; enfin, après sept ou huit ans de ces vains efforts pour obtenir de la vie ce qu'elle ne pouvoit plus me donner, je m'aperçus un jour que j'étois sensiblement changée, et je passai tout un bal sans qu'aucun homme m'adressât des complimens sur ma figure : on commença même à me parler avec ménagement des femmes jeunes et belles, et à ramener devant moi la conversation sur des sujets d'un genre plus grave ; je sentis que tout étoit dit : les autres étoient enfin arrivés à découvrir ce que je prévoyois ; il ne falloit plus lutter, et j'étois trop fière pour m'attacher à quelques foibles succès, que des efforts soutenus pouvoient encore faire naître.

Je n'étois cependant alors qu'à la moitié de la carrière que la nature nous destine ; et je ne voyois plus un avenir, ni une espérance, ni un but qui pût me concerner moi-même. Un homme à l'âge que j'avois alors auroit pu commencer une carrière nouvelle ; jusqu'à la dernière année de la plus longue vie, un homme peut espérer une occasion de gloire, et la gloire, c'est comme l'amour, une illusion délicieuse, un bonheur qui ne se compose pas comme tous ceux que la simple raison nous offre, de sacrifices et d'efforts ; mais les femmes, grand Dieu ! les femmes ! que leur destinée est triste ! à la moitié de leur vie, il ne leur reste plus que des jours insipides, pâlissans d'année en année ; des jours aussi monotones que la vie matérielle, aussi douloureux que l'existence morale.

Et vos enfans, me dira-t-on, vos enfans! La nature, prodigue envers la jeunesse, nous a réservé les plus doux plaisirs de la maternité, pour l'époque de la vie qui permet encore les plus heureuses jouissances de l'amour; nous sommes le premier objet de l'affection de nos enfans, à l'âge où nous pouvons l'être encore de l'époux, de l'amant qui nous préfère; mais quand notre jeunesse finit, celle de nos enfans commence, et tout l'attrait de l'existence nous les enlève au moment même où nous aurions le plus besoin de nous reposer sur leurs sentimens.

J'essayai de revenir à mon mari, il étoit bien pour moi; mais quand je voulois lui redemander ces soins, cet intérêt suivi, cet amour enfin que je lui inspirois vingt ans plus tôt, il ne me le refusoit pas, mais il en avoit aussi complétement perdu le souvenir que des jeux les plus frivoles de son enfance; cependant, quel plaisir peut-on trouver dans la société d'un homme à qui vous n'êtes pas essentiellement nécessaire, qui pourroit vivre sans vous comme avec vous, et prend à votre existence un intérêt plus foible que celui que vous y prenez vous-même?

Quand les autres ne s'occupent plus naturellement de vous, on est assez tenté de devenir exigeante, et de reprendre par ses défauts une sorte d'empire qu'on ne peut plus espérer de ses grâces; moins j'inspirois d'amour, plus j'aurois voulu que mes enfans eussent, dans leur affection pour moi, cet entraînement et ce culte qui m'avoient rendu chers les hommages dont je m'étois vue l'objet; moins je trouvois dans le monde d'intérêt et de plaisir, plus j'avois besoin d'une société continuelle et douce dans mon intérieur; mais plus un sentiment, un plaisir, un but quelconque nous devient nécessaire, plus il est difficile de l'obtenir; la nature et la société suivent cette maxime connue de l'Évangile: *elles donnent à ceux qui ont;* mais ceux qui perdent, éprouvent une contagion de peines qui se succèdent rapidement et naissent les unes des autres.

Je voulus essayer de m'occuper, mais aucun intérêt ne m'y excitoit: mes enfans étoient élevés, mon mari occupé des affaires, et accoutumé à moi de telle sorte que je ne pouvois plus rien changer à nos relations: quel motif me restoit-il donc pour une action quelconque? tout étoit égal, et je passois des heures entières dans l'incertitude sur les plus simples actions de la vie, parce qu'il n'y en avoit aucune qui me fût plus commandée, plus agréable ou plus utile que l'autre.

Mon mari mourut; et, quoique nous ne fussions pas très-tendrement ensemble, je sentis cependant que sa perte ôtoit à mon existence son reste de charme et de considération; mes enfans étoient établis, l'un en Espagne, l'autre en Hollande; il n'y avoit plus aucune relation nécessaire entre personne et moi; quand on est jeune, les liens de parenté importunent, et l'on ne veut s'environner que de ceux que l'attrait réciproque rassemble autour de nous; mais, quand on est vieille, on souhaiteroit qu'il n'y eût plus rien d'arbitraire dans la vie, on voudroit que les sentimens et les liens qui en résultent fussent commandés à l'avance; on ne fonde aucun espoir sur le hasard ni sur le choix.

Je ne pouvois plus concevoir comment il me seroit possible de filer cette multitude de jours, qui m'étoient peut-être réservés encore, et pour lesquels je ne prévoyois ni un intérêt, ni une variété, ni un plaisir, rien, qu'un murmure frivole d'idées insipides, qui ne m'endormiroit pas même doucement jusqu'au tombeau. L'amour-propre a nécessairement beaucoup d'influence sur le bonheur des femmes;

comme elles n'ont pas d'affaires, point d'occupations forcées, elles fixent leur attention sur ce qui les concerne, et détaillent pour ainsi dire la vie, qui vaut encore mieux par les grandes masses que par les observations journalières. J'éprouvois donc une sorte d'agitation intérieure très-pénible, je remarquois tout, je me blessois de tout, je ne jouissois de rien; j'avois un fond de douleur qui se faisoit toujours sentir, ajoutoit à mes peines et retranchoit de mes plaisirs; et, dans les meilleurs momens même, l'affadissement de la vie me gagnoit chaque jour davantage.

Enfin, une fois j'allai voir une religieuse de mes amies, qui jouissoit d'un calme parfait; elle me persuada facilement d'embrasser son état. Que perdois-je en effet? n'étois-je pas déjà sous l'empire de la mort? Elle commence, la mort, à la première affection qui s'éteint, au premier sentiment qui se refroidit, au premier charme qui disparoît! Ses signes avant-coureurs se marquent tous à l'avance sur nos traits; l'on se voit privé par degrés des moyens d'exprimer ce que l'on sent; l'âme perd son interprète, les yeux ne peignent plus ce qu'on éprouve, et les impressions de notre cœur, comme renfermées au dedans de nous-mêmes, n'ont plus ni regards ni physionomie, pour se faire entendre des autres; il faut alors mener une vie grave, et porter sur un visage abattu, cette tristesse de l'âge, tribut que la vieillesse doit à la nature qui l'opprime.

On parle souvent de la timidité de la jeunesse; qu'il est doux, ce sentiment! ce sont les inquiétudes de l'espérance qui le causent; mais la timidité de la vieillesse est la sensation la plus amère dont je puisse me faire l'idée; elle se compose de tout ce qu'on peut éprouver de plus cruel, la souffrance qui ne se flatte plus d'inspirer l'intérêt, et la fierté qui craint de s'exposer au ridicule. Cette fierté, pour ainsi dire, négative, n'a d'autre objet que d'éviter toute occasion de se montrer; on sent confusément presque de la honte d'exister encore, quand votre place est déjà prise dans le monde, et que, surnuméraire de la vie, vous vous trouvez au milieu de ceux qui la dirigent et la possèdent dans toute sa force. Je désirai que la maison religieuse où je voulois me fixer fût loin de Paris; le bruit du monde fait mal, même dans la solitude la plus heureuse. On m'indiqua une abbaye à quelques lieues de Zurich; j'y vins il y a trois ans, et depuis ce temps, je dérobe du moins aux regards le spectacle lent et cruel de la destruction de l'âge. J'ai pris une manière de vivre qui, loin de combattre ma tristesse, la consacre, pour ainsi dire, comme l'unique occupation de ma vie; mais c'est une assez douce société que la tristesse, dès que l'on n'essaie plus de s'en distraire; enfin, que puis-je dire de plus? J'avois à vivre, voilà ce que j'ai essayé pour m'en tirer.

LETTRE XII.

Delphine à mademoiselle d'Albémar.

De l'abbaye du Paradis, ce 6 février.

Une crainte mortelle, ma chère Louise, est venue troubler le peu de calme dont je jouissois; un mot échappé à madame de Ternan me fait croire que la mère de Léonce lui a mandé que son fils se livroit vivement au projet de prendre parti dans la guerre dont la France est menacée; je sais bien qu'à présent il ne s'éloignera pas de Matilde; mais il peut contracter de tels engagemens à l'avance, qu'il n'existe plus aucun moyen de le détourner de les remplir; je ne vois auprès de lui que M. de Lebensei qui puisse mettre un vif intérêt à combattre ce funeste dessein, et je lui écris pour l'en conjurer. Envoyez ma lettre à M. de Lebensei, ma sœur, sans lui faire connoître d'aucune manière dans quel lieu je suis ; cette lettre peut prévenir le malheur que je redoute, c'est assez vous la recommander.

LETTRE XIII.

Madame d'Albémar à M. de Lebensei.

Je vous conjure de nouveau, vous qui m'avez comblée des plus touchantes preuves de votre amitié, d'employer toutes les armes que vous donne votre manière de penser et de vous exprimer, pour empêcher Léonce de quitter la France, et de se joindre au parti qui veut faire la guerre avec l'armée des étrangers ; vous savez, comme moi, quels sont les scrupules d'honneur, les sentimens chevaleresques qui pourroient entraîner Léonce dans cette funeste résolution ; combattez-les en les ménageant. Servez-vous de mon nom, si vous croyez qu'il puisse ajouter quelque force à ce que vous direz ; cachez pourtant à Léonce que, du fond de ma retraite, vous avez reçu une lettre de moi ; il vous demanderoit peut-être de la voir. Il voudroit y répondre lui-même, et renouvelleroit, en m'écrivant, une lutte que je n'ai plus la force de supporter; mais si jamais je vous ai inspiré quelque intérêt ou quelque pitié, faites, au nom du ciel, que, dans le séjour où j'ai enseveli ma destinée, je ne sois pas tout à coup arrachée par de nouvelles craintes, au triste repos d'un malheur sans espoir.

LETTRE XIV.

M. de Lebensei à M. de Mondoville.

Cernay, ce 18 février 1792.

Souffrez, mon ami, que je me hasarde à pénétrer dans vos secrets, plus avant encore que vous ne me l'avez permis; j'ai remarqué, pendant le peu de jours que je suis resté dans votre maison à Paris, l'effet que l'on produisoit sur vous, en vous racontant que les nobles sortis de France depuis quelques mois, pensent et disent qu'il est honteux pour les personnes de leur classe de ne pas se joindre à eux, lorsqu'ils font la guerre pour rétablir l'autorité royale et leurs droits personnels. Vous ne m'avez point parlé de votre projet à cet égard; ma manière de penser en politique vous en a peut-être détourné. Vous avez même voulu contenir devant moi l'impression que vous receviez, en apprenant quelle étoit sur ce sujet l'opinion de presque tous les gentilshommes; mais je crains que vous ne cédiez à l'empire de cette opinion, maintenant que vous êtes séparé de la céleste amie qui l'auroit combattue. Avant de discuter avec vous les motifs de la guerre qui doit, dit-on, cette année, éclater contre la France (1), accordez à l'amitié le droit de vous dire ce qui vous concerne particulièrement.

Ce n'est point, je le sais, votre conviction personnelle qui vous anime dans cette cause; vous ne voulez en politique, comme dans toutes les actions de votre vie, que suivre scrupuleusement ce que l'honneur exige de vous, et vous prenez pour arbitre de l'honneur, l'approbation ou le blâme des hommes. Je suis convaincu que, même dans les temps les plus calmes, il faut savoir sacrifier l'opinion présente à l'opinion à venir, et que les grandes spéculations en ce genre exigent des pertes momentanées; mais si cela est vrai d'une manière générale, combien cela ne l'est-il pas davantage dans les circonstances où nous nous trouvons? Vous ne pouvez satisfaire maintenant que l'opinion d'un parti; ce qui vous vaudra l'estime de l'un vous ôtera celle de l'autre; et si quelque chose peut faire sen-

---

(1) Le 18 février 1792, date de cette lettre, étoit trois mois avant le commencement de la guerre.

tir la nécessité d'en appeler à soi seul, ce sont ces divisions civiles, pendant lesquelles les hommes des bords opposés plaident contradictoirement, et s'objectent également la morale et l'honneur.

Ce n'est pas tout : l'opinion même du parti que vous choisiriez pourroit changer ; il y a dans la conduite privée des devoirs reconnus et positifs ; on est toujours approuvé en les accomplissant, quelles qu'en soient les suites ; mais dans les affaires publiques, le succès est, pour ainsi dire, ce qu'étoit autrefois *le jugement de Dieu ;* les lumières manquent à la plupart des hommes, pour décider en politique, comme elles manquoient autrefois pour prononcer en jurisprudence ; et l'on prend pour juge le succès, qui trompe sans cesse sur la vérité ; il déclare, comme autrefois, quel est celui qui a raison, par les épreuves du fer et du feu ; par ces épreuves dont le hasard ou la force décident bien plus souvent que l'innocence et la vertu.

Si vous acquérez de l'influence dans votre parti, et qu'il soit vaincu, il vous accusera des démarches même qu'il vous aura demandées, et vous ne rencontrerez que des âmes vulgaires qui se plaindront d'avoir été entraînées par leurs chefs ; les hommes médiocres se tirent toujours d'affaire ; ils livrent les hommes distingués qui les ont guidés, aux hommes médiocres du parti contraire ; les ennemis même se rapprochent, quand ils ont l'occasion de satisfaire ensemble la plus forte des haines, celle des esprits bornés contre les esprits supérieurs. Mais au milieu de toutes ces luttes d'amour-propre, de tous ces hasards de circonstance, de toutes ces préventions de parti, quand l'un vous injurie, quand l'autre vous loue, où donc est l'opinion? à quel signe peut-on la reconnoître?

Me sera-t-il permis de m'offrir à vous pour exemple ? si j'ai bravé toutes les clameurs de la société où vous vivez, ce n'est point que je sois indifférent au suffrage public; l'homme est juge de l'homme, et malheur à celui qui n'auroit pas l'espérance que sa tombe au moins sera honorée ! Mais il falloit ou suivre les fluctuations de toutes les erreurs de son temps et de son cercle, ou examiner la vérité en elle-même, et traverser, pour arriver à elle, les divers nuages que la sottise ou la méchanceté élèvent sur la route.

Dans les questions politiques qui divisent maintenant la France, où est la vérité, me direz-vous ? Le devoir le plus sacré pour un homme n'est-il pas de ne jamais appeler les armées étrangères dans sa patrie ? l'indépendance nationale n'est-elle pas le premier des biens, puisque l'avilissement est le seul malheur irréparable? Vainement on croit ramener les peuples par une force extérieure à de meilleures institutions politiques ; le ressort des âmes une fois brisé, le mal, le bien, tout est égal; et vous trouvez dans le fond des cœurs je ne sais quelle indifférence, je ne sais quelle corruption, qui vous fait douter, au milieu d'une nation conquise et résignée à l'être, si vous vivez parmi vos semblables, ou si quelques êtres abâtardis ne sont pas venus habiter la terre que la nature avoit destinée à l'homme.

Ce n'est pas tout encore : non-seulement l'intervention des étrangers devroit suffire pour vous éloigner du parti qui l'admet; mais la cause même que ce parti soutient, mérite-t-elle réellement votre appui ? C'est un grand malheur, je le sais, que d'exister dans le temps des dissensions politiques, les actions ni les principes d'aucun parti ne peuvent contenter un homme vertueux et raisonnable. Cependant, toutes les fois qu'une nation s'efforce d'arriver à la liberté, je puis blâmer profondément les moyens qu'elle prend ; mais il me seroit impossible de ne pas m'intéresser à son but.

La liberté, vous l'avouerez avec moi, est le premier bonheur, la seule gloire de l'ordre social ; l'histoire n'est décorée que par les vertus des peuples libres ; les seuls noms qui retentissent de siècle en siècle à toutes les âmes généreuses, ce sont les noms de ceux qui ont aimé la liberté ! nous avons en nous-mêmes une conscience pour la liberté comme pour la morale ; aucun homme n'ose avouer qu'il veut la servitude, aucun homme n'en peut être accusé sans rougir; et les cœurs les plus froids, si leur vie n'a point été souillée, tressaillent encore lorsqu'ils voient en Angleterre les touchans exemples du respect des lois pour l'homme, et des hommes pour la loi ; lorsqu'ils entendent le noble langage qu'ont prêté Corneille et Voltaire aux ombres sublimes des Romains.

Cette belle cause, que de tout temps le génie et les vertus ont plaidée, est, j'en conviens, à beaucoup d'égards, mal défendue parmi nous ; mais enfin, l'espérance de la liberté ne peut naître que des principes de la révolution ; et se ranger dans le parti qui veut la renverser, c'est courir le risque de prêter son secours à des événemens qui étoufferoient toutes les idées que, depuis quatre siècles, les esprits éclairés ont travaillé à recueillir. Il y a dans le parti que vous voulez servir, des hommes qui, comme vous, ne désirent rien que d'honorable; mais, dans les temps où les passions politiques sont agitées, chaque faction est poussée jusqu'à l'extrême des opinions qu'elle soutient; et tel qui commence la guerre dans le seul but de rétablir l'ordre, entend bientôt dire autour de lui, qu'il n'y a de repos que dans l'esclavage, de sûreté que dans le despotisme, de morale que dans les préjugés, de religion que dans telle secte, et se trouve entraîné, soit qu'il résiste, soit qu'il cède, fort au-delà du but qu'il s'étoit proposé.

Laissez donc, mon cher Léonce, se terminer sans vous ce grand débat du monde. Il n'y a point encore de nation en France; il faut de longs malheurs, pour former dans ce pays un esprit public, qui trace à l'homme courageux sa route, et lui présente au moins les suffrages de l'opinion pour dédommagement des revers de la fortune. Maintenant, il y a parmi nous si peu d'élévation dans l'âme, et de justesse dans l'esprit, qu'on ne peut espérer d'autre sort dans la carrière politique, que du blâme sans pitié, si l'on est malheureux, et si l'on est puissant, de l'obéissance sans estime.

A tous ces motifs qui, je l'espère, agiront

sur votre esprit, laissez-moi joindre encore le plus sacré de tous, votre sentiment pour madame d'Albémar; son dernier vœu, sa dernière prière, en partant, fut pour me conjurer de vous détourner d'une guerre que ses opinions et ses sentimens lui faisoient également redouter; ce que je vous demande en son nom peut-il m'être refusé ?

Je sais que vous ne répondrez point à cette lettre; vous voulez envelopper du plus profond silence vos projets, quels qu'ils soient; on n'aime point à discuter le secret de son caractère. Je me soumets à votre silence, mais j'ose espérer que je produirai sur vous quelque impression. Je me flatte aussi que vous pardonnerez à mon amitié de vous avoir parlé avec franchise, sans y avoir été appelé par votre confiance.

J'ai écrit à Moulins comme vous le désiriez, pour savoir ce qu'est devenu M. de Valorbe : on m'a répondu qu'on l'ignoroit ; mais éloignez de votre esprit l'idée qui l'a troublé. M. de Valorbe ne sait pas où est madame d'Albémar ; il est sûrement l'homme du monde à qui elle a caché le plus soigneusement le lieu de sa retraite.

LETTRE XV.

Delphine à mademoiselle d'Albémar.

De l'abbaye du Paradis, ce 4 mars 1792.

Je suis plus tranquille sur les terreurs que j'éprouvois, d'après ce que vous me mandez, ma chère Louise (1). M. de Lebensei vous écrit qu'il est certain que Léonce n'a point encore formé de projet pour l'avenir. Hélas! il croit, me dites-vous, que Léonce ne pense à la guerre que par dégoût de la vie, *et peut-être*, ajoute-t-il, *quand M. de Mondoville sera père, il n'éprouvera plus de tels sentimens.* Ah! je le souhaite, je dois désirer même que la nouvelle affection dont il va jouir le console de ma perte.

M. de Valorbe ne cesse de me persécuter: depuis un mois que sa santé lui permet de sortir, il m'écrit, il demande à me voir, et, si madame de Ternan ne mettoit pas un grand intérêt à l'empêcher, je ne sais comment j'aurois pu jusqu'à ce jour me dispenser de le re-

---

(1) Cette lettre, et la plupart de celles que mademoiselle d'Albémar a écrites à madame d'Albémar, à l'abbaye du Paradis, ont été supprimées.

cevoir. Madame de Cerlebe, dont l'amitié m'est chère, me désole par ses sollicitations continuelles en faveur de M. de Valorbe; chaque fois qu'elle vient dans ce couvent, elle m'en parle : elle s'est persuadée, je crois, que madame de Ternan veut m'engager à prendre le voile; elle en est inquiète, et voudroit que je sortisse d'ici pour épouser M. de Valorbe. Vous aussi, ma sœur, vous avez la bonté de craindre que madame de Ternan ne me détermine à me faire religieuse; je n'y pense point à présent : je vous avoue que cette idée m'a occupée quelque temps, sans que je voulusse vous le dire; mais en observant cet état de plus près, je me suis sentie de la répugnance à imiter madame de Ternan, en prononçant des vœux sans y être appelée par des sentimens de dévotion. J'ai beau répéter à madame de Cerlebe que telle est ma résolution, elle a une si grande idée de l'ascendant que madame de Ternan peut exercer sur moi, que rien ne la rassure.

Je crois aussi qu'elle a su par M. de Valorbe mon attachement pour Léonce; la sévérité de ses principes me condamne, et elle veut essayer de m'arracher sans retour au sentiment qu'elle réprouve. Projet insensé! elle ne l'eût point formé, si j'avois osé lui parler avec confiance, si quelques mots lui avoient appris à connoître la toute-puissance du lien qu'elle voudroit briser ! D'ailleurs, comme elle est très-heureuse par son père et par ses enfans, quoique son mari lui convienne très-peu, elle se persuade que je n'ai pas besoin d'aimer M. de Valorbe, pour trouver dans le mariage les jouissances qu'elle considère comme les premières de toutes, celles de la maternité : c'est, je crois, pour m'en présenter le tableau, qu'elle a mis une grande importance à ce que j'allasse voir demain la première communion de sa fille, dans l'église protestante voisine de sa campagne.

Je craignois d'abord d'y rencontrer M. de Valorbe, mais elle m'a promis qu'il n'y seroit pas, et j'ai consenti à ce qu'elle désiroit ; cependant, avant de lui donner ma parole, j'ai été demander à madame de Ternan la permission de m'absenter pour un jour. — Je n'aime pas beaucoup, m'a-t-elle dit, que mes pensionnaires sortent, et il est établi qu'elles ne passeront jamais une nuit hors du couvent ; mais comme vous pouvez facilement être revenue avant cinq heures du soir, je ne m'y oppose pas. Je vous prie seulement de ne pas renouveler ces visites, qui sont d'un mauvais exemple pour les autres dames, à qui je les interdis. — Cette réponse me déplut assez ; je trouvai madame de Ternan trop exigeante, et je ne retirai point la demande que j'avois faite.

Vous m'écrivez, ma chère sœur, que le décret qui saisit les biens des émigrés va être porté, et que sûrement alors, M. de Valorbe ne persistera pas à refuser les offres que je lui ai déjà faites; ah! combien il me soulagera, s'il les accepte ! je sentirai moins douloureusement les reproches que je me fais d'avoir été la cause de ses peines, pour prix de la reconnoissance que je lui dois. Mon excellente amie, votre délicatesse et votre bonté viennent sans cesse à mon secours.

LETTRE XVI.

Delphine à mademoiselle d'Albémar.

Ce 6 mars.

JE suis encore émue du spectacle dont j'ai été témoin hier; je me suis livrée aux sentimens que j'éprouvois, sans réfléchir aux projets que pouvoit avoir madame de Cerlebe, en me rendant témoin d'une scène si attendrissante; seulement, quand je l'ai quittée, elle m'a dit que sa première lettre m'apprendroit quel avoit été son dessein.

C'est une chose touchante, que les cérémonies des protestans ! Ils ne s'aident pour vous émouvoir que de la religion du cœur ; ils la consacrent par les souvenirs imposans d'une antiquité respectable ; ils parlent à l'imagination, sans laquelle nos pensées n'acquerroient aucune grandeur, sans laquelle nos sentimens ne s'étendroient point au-delà de nous-mêmes ; mais l'imagination qu'ils veulent captiver, loin de lutter avec la raison, emprunte d'elle une nouvelle force. Les terreurs absurdes, les croyances bizarres, tout ce qui rétrécit l'esprit enfin, ne sauroit développer aucune autre faculté morale ; les erreurs en tout genre resserrent l'empire de l'imagination au lieu de l'agrandir ; il n'y a que la vérité qui n'ait point de bornes. Notre âme n'a pas besoin de superstition, pour recevoir une impression religieuse et profonde ; le ciel et la vertu, l'amour et la mort, le bonheur et la souffrance, en disent assez à l'homme, et nul n'épuisera jamais tout ce que ces idées sans terme peuvent inspirer.

J'entendis, en arrivant dans l'église, les chants des enfans qui célébroient le premier acte de fraternité, la première promesse de vertu, que d'autres enfans comme eux alloient faire en entrant dans le monde ; ces voix si pures remplirent mon âme du sentiment le plus doux; quelle heureuse époque de la vie, que celle qui précède tous les remords! les années se marquent par les fautes; si l'âme restoit innocente, le temps passeroit sur nous sans nous courber. C'étoit la fille de madame de Cerlebe qui devoit communier pour la première fois; vingt jeunes filles étoient admises en même temps qu'elle à cette auguste cérémonie; elles étoient toutes couvertes d'un voile blanc, on ne voyoit point leurs jolis visages, mais on entendoit leurs douces larmes; elles quittoient l'enfance pour la jeunesse, elles devenoient responsables d'elles-mêmes, tandis que, jusqu'alors, leurs parens pouvoient encore tout pardonner et tout absoudre. Elles soulevèrent leurs voiles en approchant de la table sainte; madame de Cerlebe alors me montra sa jeune fille; ses yeux attachés sur elle réfléchissoient, pour ainsi dire, la beauté de cette enfant, et l'expression de ses regards maternels indiquoit aux étrangers les grâces et les charmes qu'elle se plaisoit à considérer.

Son fils, âgé de cinq ans, étoit assis à ses pieds; il regardoit sa mère et sa sœur, étonné de leur attendrissement, n'en comprenant point encore la cause, mais cherchant à donner à sa petite mine une expression de sérieux, puisque tous ses amis pleuroient autour de lui.

J'étois déjà vivement intéressée, lorsque le père de madame de Cerlebe arriva. Il vint s'asseoir à côté d'elle, tout le monde s'étoit levé pour le laisser passer. C'est un homme très-considéré dans son pays, pour les services éminens qu'il a rendus; ses talens et ses vertus sont généralement admirés. En le voyant, l'expression de sa physionomie me frappa : c'est le premier homme d'un âge avancé qui m'ait paru conserver dans le regard toute la vivacité, toute la délicatesse des sentimens les plus tendres; j'aurois voulu que cet homme me parlât, j'aurois cru sa mission divine, et je l'aurois choisi pour mon guide. Je ne pus, pendant le temps que dura le cérémonie, détacher mes yeux de lui ; toutes les nuances de ses affections se peignoient sur son visage, comme des rayons de lumière. Père de la première et de la seconde génération qui l'entouroit, il protégeoit l'une et l'autre, et des sentimens d'une nature différente, mais sortant de la même source, repandoient l'amour et la confiance sur les enfans comme sur leur mère.

Enfin, quand il présenta la fille de sa fille à son Dieu, je vis la mère se retirer par un mouvement irréfléchi, pour laisser tomber plus directement sur son enfant la bénédiction de son père; on eût dit que, moins sûre de ses vertus, et se confiant davantage dans l'efficacité des prières paternelles, elle s'écartoit timidement, pour que son père traitât lui seul avec l'Être suprême de la destinée de son enfant. Oh! que les liens de la nature sont imposans et doux! quelle chaîne d'affection, de siècle en siècle, unit ensemble les familles! Et moi, malheureuse, je suis en dehors de cette chaîne; j'ai perdu mes parens, je n'aurai point d'enfans, et tous les sentimens de mon âme sont rassemblés sur un seul être, dont je suis séparée pour jamais!

Louise, je ne supporte cette situation qu'en me livrant tous les jours davantage à mes rêveries. Je n'ai plus, pour ainsi dire, qu'une existence idéale, ce qui m'entoure n'est de rien dans ma vie : on me parle, je réponds; mais les objets que je vois pendant le jour laissent moins de traces dans mon souvenir, que les songes de la nuit, qui m'offrent souvent son image. J'ai les yeux sans cesse fixés sur les montagnes qui séparent la Suisse de la France; il vit par-delà, mais il ne m'a point oubliée; la douceur de mes pensées me l'assure. Quand je me promène sous les voûtes de la nuit, mes regrets ne sont point amers, et s'il avoit cessé de m'aimer, le frissonnement de la mort m'en auroit avertie.

Le bien le plus précieux qui me reste encore, mon amie, c'est ma confiance dans votre cœur; il n'y a pas une de mes peines dont je n'adoucisse l'amertume, en la déposant dans votre sein.

LETTRE XVII.

Madame de Cerlebe à madame d'Albémar.

Ce 7 mars.

CE n'est point sans dessein que je vous ai demandé d'assister à la plus douce époque de ma vie; j'espérois que les sentimens qu'elle vous inspireroit vous détourneroient des cruelles résolutions que je vous vois prête à suivre, et je me suis promis de vous exprimer avec sincérité toute la peine qu'elles me font éprouver.

Vous refusez M. de Valorbe, et vous m'avez dit vous-même que vous l'estimiez; il vous aime avec passion, vous ne m'avez point nié que ses malheurs n'eussent été causés par son amour pour vous, et qu'avant ses malheurs même, vous ne crussiez lui devoir beaucoup de reconnoissance; j'examinerai avec vous, à la fin de cette lettre, quelles sont les obligations que la délicatesse vous impose vis-à-vis de lui ; mais c'est sous le rapport de votre bonheur, que je veux d'abord considérer ce que vous devez faire.

Un attachement, dont j'ose vous parler la première, décide de votre vie ; cet attachement est contraire à vos principes de morale, et, trop vertueuse pour vous y livrer, vous êtes assez passionnée pour y sacrifier, à vingt-deux ans, toute votre destinée, et renoncer à jamais au mariage et à la maternité. Il faut, pour attaquer cette résolution avec force, que je vous déclare d'abord que je ne crois point au bonheur de l'amour, et que je suis fermement convaincue qu'il n'existe dans le monde aucune autre jouissance durable, que celle qu'on peut tirer de l'exercice de ses devoirs. Ces maximes seroient d'une sévérité presque orgueilleuse, si je ne vous disois pas qu'il me fallut plusieurs années pour en être convaincue, et que si je n'avois pas eu pour père l'ange que vous vîtes hier présider à nos destinées, j'aurois souffert bien plus long-temps, avant de m'éclairer.

Sans entrer dans les détails de mon affection pour M. de Cerlebe, vous savez que le bonheur de ma vie intérieure n'est fondé ni sur l'amour, ni sur rien de ce qui peut lui ressembler ; je suis heureuse par les sentimens qui ne trompent jamais le cœur, l'amour filial et l'amour maternel.

Dans les premiers jours de ma jeunesse, j'ai essayé de vivre dans le monde, pour y chercher l'oubli de quelques-unes de mes espérances déçues ; mais je ressentois dans ce monde une agitation semblable à celle que fait éprouver une voiture rapide, qui va plus vite que vos regards même, et vous présente des objets que vous n'avez pas le temps de considérer. Je ne pouvois me rendre compte de la durée des heures ; ma vie m'étoit dérobée, et cet état, qui semble être celui du plus grand mouvement possible, me conduisoit cependant à la plus parfaite apathie morale ; les impressions et les idées se succédoient sans laisser en moi aucune trace ; il m'en restoit seulement une sorte de fièvre sans passion, de trouble sans intérêt, d'inquiétude sans objet, qui me rendoit ensuite incapable de m'occuper seule.

C'est dans cette situation, qu'une voix qui, depuis que j'existe, a toujours fait tressaillir mon cœur, sut me rappeler à moi-même ; mon père me conseilla de m'établir une grande partie de l'année à la campagne, et d'élever moi-même mes enfans. Je m'ennuyai d'abord un peu de la monotonie de mes occupations ;

mais, par degrés, je repris la possession de moi-même, et je goûtai les plaisirs qui ne se sentent que dans le silence de tous les autres, la réflexion, l'étude, et la contemplation de la nature. Je vis que le temps divisé n'est jamais long, et que la régularité abrège tout.

Il n'y a pas un jour, parmi ceux qu'on passe dans le grand monde, où l'on n'éprouve quelques peines : misérables, si on les compte une à une ; importantes, quand on considère leur influence sur l'ensemble de la destinée. Un calme doux et pur s'empare de l'âme dans la vie domestique, on est sûr de conserver jusqu'au soir la disposition du réveil ; on jouit continuellement de n'avoir rien à craindre, et rien à faire pour n'avoir rien à craindre ; l'existence ne repose plus sur le succès, mais sur le devoir ; on goûte mieux la société des étrangers, parce qu'on se sent tout-à-fait hors de leur dépendance, et que les hommes dont on n'a pas besoin ont toujours assez d'avantages, puisqu'ils ne peuvent avoir aucun inconvénient.

Quand je regrettois l'amour, et désirois le succès, la société, la nature, tout me paroissoit mal combiné, parce que je n'avois deviné le secret de rien : je me sentois hors de l'ordre, à l'extrémité du cercle de l'existence; mais rentrée dans la morale, je suis au centre de la vie, et loin d'être agitée par le mouvement universel, je le vois tourner autour de moi sans qu'il puisse m'atteindre.

J'ai pour père un ami, le premier de mes amis; mais quand je serois seule, je pourrois trouver dans ma conscience le confident de toutes mes pensées. J'entends au dedans de moi-même la voix qui me répond; et cette voix acquiert chaque jour plus de force et de douceur. Le devoir m'ouvre tous ses trésors; et j'éprouve ce repos animé, ce repos qui n'exclut ni les idées les plus hautes, ni les affections les plus profondes, mais qui naît seulement de l'harmonie de vous-même avec la nature.

Les occupations qui ne se lient à aucune idée de devoir, vous inspirent tour à tour du dégoût ou du regret; vous vous reprochez d'être oisif; vous vous fatiguez de travailler; vous êtes en présence de vous-même, écoutant votre désir, cherchant à le bien connoître, le voyant sans cesse varier, et trouvant autant de peine à servir vos propres goûts que les volontés d'un maître étranger. Dans la route du devoir, l'incertitude n'existe plus, la satiété n'est point à redouter; car dans le sentiment de la vertu, il y a jeunesse éternelle; quelquefois on regrette encore d'autres biens; mais le cœur, content de lui-même, peut se rappeler sans amertume les plus belles espérances de la vie : s'il pense au bonheur qu'il ne peut goûter, c'est avec un sentiment dont la douceur lui tient lieu de ce qu'il a perdu.

Quelles jouissances ne trouve-t-on pas dans l'éducation de ses enfans ! Ce n'est pas seulement les espérances qu'elle renferme qui vous rendent heureux, ce sont les plaisirs mêmes que la société de ces cœurs si jeunes fait éprouver ; leur ignorance des peines de la vie vous gagne par degrés ; vous vous laissez entraîner dans leur monde, et vous les aimez non-seulement pour ce qu'ils promettent, mais pour ce qu'ils sont déjà ; leur imagination vive, leurs inépuisables goûts rafraîchissent la pensée ; et si le temps que vous avez d'avance sur eux ne vous permet pas de partager tous leurs plaisirs, vous vous reposez du moins sur le spectacle de leur bonheur; l'âme d'un enfant doucement soutenue, doucement conduite par l'amitié, conserve long-temps l'empreinte divine dans toute sa pureté ; ces caractères innocens, qui s'étonnent du mal, et se confient dans la pitié, vous attendrissent profondément, et renouvellent dans votre cœur les sentimens bons et purs, que les hommes et la vie avoient troublés : pouvez-vous, madame, pouvez-vous renoncer pour toujours à ces émotions délicieuses ?

M. de Valorbe est un homme estimable, spirituel, digne de vous entendre. Nos destinées, sous ce rapport, seront au moins pareilles. Je l'avoue, il est un bonheur dont je jouis, et qui n'a été donné à personne sur la terre ; c'est à lui peut-être que je dois mon retour aux résolutions que je vous conseille ; il faut donc vous faire connoître ce sentiment, dans tout ce qu'il peut avoir de doux et de cruel.

Vous avez entendu parler de l'esprit et des rares talens de mon père, mais on ne vous a jamais peint l'incroyable réunion de raison parfaite et de sensibilité profonde, qui fait de lui le plus sûr guide et le plus aimable des amis. Vous a-t-on dit que maintenant l'unique but de ses étonnantes facultés est d'exercer la bonté, dans ses détails comme dans son ensemble ? il écarte de ma pensée tout ce qui la tourmente ; il a étudié le cœur humain pour mieux le soigner dans ses peines, et n'a jamais trouvé dans sa supériorité qu'un motif pour s'offenser plus tard, et pardonner plus tôt ; s'il a de l'amour-propre, c'est celui des êtres d'une autre nature que la nôtre, qui seroient d'autant plus indulgens, qu'ils connoîtroient mieux toutes les inconséquences et toutes les foiblesses des hommes.

La vieillesse est rarement aimable, parce que c'est l'époque de la vie où il n'est plus possible de cacher aucun défaut; toutes les ressources pour faire illusion ont disparu; il ne reste que la réalité des sentimens et des vertus; la plupart des caractères font naufrage avant d'arriver à la fin de la vie, et l'on ne voit souvent dans les hommes âgés que des âmes avilies et troublées, habitant encore, comme des fantômes menaçans, des corps à demi ruinés; mais, quand une noble vie a préparé la vieillesse, ce n'est plus la décadence qu'elle rappelle, ce sont les premiers jours de l'immortalité.

L'homme que le temps n'a point abattu, en a reçu des présens que lui seul peut faire, une sagacité presque infaillible, une indulgence inépuisable, une sensibilité désintéressée. La tendresse que vous inspire un tel père est la plus profonde de toutes; l'affection qu'il a pour vous est d'une nature tout-à-fait divine. Il réunit sur vous seul tous les genres de sentimens; il vous protége, comme si vous étiez un enfant; vous lui plaisez, comme si vous étiez toujours jeune; il se confie à vous, comme si vous aviez atteint l'âge de maturité.

Une incertitude presque habituelle, une réserve fière se mêlent à l'amour que vous inspirent vos enfans. Ils s'élancent vers tant de plaisirs qui doivent les séparer de vous ; ils sont appelés à tant de vie après votre mort, qu'une timidité délicate vous commande de ne pas trop vous livrer, en leur présence, à vos sentimens pour eux. Vous voulez attendre, au lieu de prévenir, et conserver envers cette jeunesse resplendissante la dignité que l'on doit garder avec les puissans, alors même qu'on a pour eux la plus sincère amitié! Mais il n'en est pas ainsi de la tendresse filiale, elle peut s'exprimer sans crainte ; elle est si sûre de l'impression qu'elle produit!

Je ne suis pas personnelle, je crois que ma vie l'a prouvé ; mais si vous saviez combien il m'est doux de me sentir environnée de l'intérêt de mon père! de ne jamais souffrir sans qu'il s'en occupe, de ne courir aucun danger sans me dire qu'il faut que je vive pour lui, moi qui suis le terme de son avenir! L'on nous assure souvent qu'on nous aime, mais peut-être est-il vrai que l'on n'est nécessaire qu'à son père? Les espérances de la vie sont prêtes à consoler tous nos contemporains de route ; mais le charme enchanteur de la vieillesse qu'on aime, c'est qu'elle vous dit, c'est que l'on sait, que le vide qu'elle éprouveroit en vous perdant ne pourroit plus se combler.

Si j'étois dangereusement malade, et que je fusse loin de mon père, je serois accessible à quelques frayeurs; mais s'il étoit là, je lui abandonnerois le soin de ma vie, qui l'intéresse plus que moi. Le cœur a besoin de quelque idée merveilleuse qui le calme, et le délivre des incertitudes et des terreurs sans nombre que l'imagination fait naître; je trouve ce repos nécessaire dans la conviction où je suis que mon père porte bonheur à ma destinée: quand je dors sous son toit, je ne crains point d'être réveillée par quelques nouvelles funestes; quand l'orage descend des montagnes et gronde sur notre maison, je mène mes enfans dans la chambre de mon père, et, réunis autour de lui, nous nous croyons sûrs de vivre, ou nous ne craignons plus la mort, qui nous frapperoit tous ensemble.

La puissance que la religion catholique a voulu donner aux prêtres, convient véritablement à l'autorité paternelle; c'est votre père qui, connoissant toute votre vie, peut être votre interprète auprès du ciel; c'est lui dont le pardon vous annonce celui d'un Dieu de bonté; c'est sur lui que vos regards se reposent avant de s'élever plus haut; c'est lui qui sera votre médiateur auprès de l'Être suprême, si, dans les jours de votre jeunesse, les passions véhémentes ont trop entraîné votre cœur.

Mais, que viens-je de vous dire, madame ? n'allez-vous pas vous hâter de me répondre, que je jouis d'un bonheur qui ne vous est point accordé, et que c'est à ce bonheur seul que je dois la force de ne plus regretter l'amour. Vous ne savez donc pas quel attendrissement douloureux se mêle à ce que j'éprouve pour mon père ? Croyez-moi, la nature n'a pas voulu que le premier objet de nos affections nous précédât de tant d'années dans la vie, et tout ce qu'elle n'a pas voulu fait mal. Chaque fois que mon père, ou par ses actions, ou par ses paroles, pénètre mon âme d'un sentiment indéfinissable de reconnoissance et de tendresse, une pensée foudroyante s'élève et me menace ; elle change en douleur mes mouvemens les plus tendres, et ne me permet d'autre espoir que cette incertitude de la destinée, qui laisse errer la mort sur tous les âges.

Non, il vaut mieux, dans la route du devoir, n'être pas assaillie par des affections si fortes ; elles vous attendrissent trop profondément, elles vous détournent du but où vous devez arriver, elles vous accoutument à des jouissances qui ne dépendent pas de vous, et que l'exercice le plus pur de la morale ne peut pas vous assurer. Vous vous sentez exposée à ces douleurs déchirantes, dont l'accomplissement habituel des devoirs doit préserver ; et si le malheur vous atteignoit, vous ne pourriez plus répondre de vous-même.

Pour vous, madame, vous auriez dans votre famille moins de bonheur, mais moins de craintes ; et vous rempliriez la douce intention de la nature, en reposant votre affection tout entière sur vos enfans, sur ces amis qui doivent nous survivre. Acceptez cet avenir, madame ; éloignez de vous les chimères qui troublent votre destinée ; elle sera bien plus malheureuse, si vous avez à vous reprocher le désespoir, peut-être la mort d'un honnête homme.

M. de Valorbe souffre à cause de vous toutes les infortunes de la terre ; ce n'est pas, je le sais, vous détourner de vous unir à lui, que de vous peindre l'amertume de son sort. Ses biens vont être séquestrés en France, et ses créanciers le poursuivent ici ; je sais que vous lui avez offert, avec une grande générosité, de disposer de votre fortune ; mais rien ne pourra l'y faire consentir si vous lui refusez votre main; un de ces jours il sera jeté dans quelque prison, et il mourra; car, dans l'état déplorable de sa santé, il ne pourroit supporter une telle situation sans périr.

Vous exercez sur lui un empire presque surnaturel; je le vois passer de la vie à la mort, sur un mot que je lui dis, qui relève ou détruit ses espérances; ce n'est point pour répéter le langage ordinaire aux amans, c'est pour vous préserver d'un grand malheur que je vous annonce que M. de Valorbe ne survivra pas à la perte de toute espérance; et combien ne le regretterez-vous pas alors! Il ne vous touche pas maintenant, parce que vous redoutez ses instances; mais quand il n'existera plus, votre imagination sera pour lui, et vous vous reprocherez son sort. Contentez-vous d'être passionnément aimée; c'est encore un beau lot dans la vie, quand seulement on peut estimer celui qui nous adore.

Dans quelques années, fussiez-vous unie à l'homme que vous aimez, votre sentiment finiroit par ressembler à ce que vous éprouveriez maintenant pour M. de Valorbe; ne vous est-il pas possible de vous transporter par la réflexion à cette époque? La morale nous rend l'avenir présent, c'est une de ses plus heureuses puissances; exercez-la pour votre bonheur, exercez-la pour sauver la vie à celui qui l'avoit conservée à M. d'Albémar.

Je ne répéterai point les excuses que je vous dois pour cette lettre; je sais que mon amitié, ma considération pour vous, me l'ont inspirée; je me confie dans l'impression que fait toujours la vérité sur un caractere tel que le vôtre.

Henriette de Cerlebe.

LETTRE XVIII.

Réponse de Delphine à madame de Cerlebe.

Ce 8 mars 1792.

Votre lettre, madame, m'a pénétrée d'admiration pour votre caractère, et m'a fait sentir combien ma position étoit malheureuse; car je ne pourrai jamais échapper au regret d'avoir été la cause des chagrins qu'éprouve M. de Valorbe; et cependant, permettez-moi de vous le dire, je ne me sens pas la force de m'unir à lui, et il me semble qu'aucun devoir ne m'y condamne.

De tous les malheurs de la vie, je n'en conçois point qu'on puisse comparer aux peines dont une femme est menacée par une union mal assortie; je ne sais quelle ressource la religion et la morale peuvent offrir contre un tel sort, quand on y est enchaînée; mais le chercher volontairement me paroît un dévouement plus insensé que généreux, et je me sens mille fois plus disposée à m'ensevelir dans le cloître où je vis maintenant, à désarmer par cette sombre résolution les désirs persécuteurs de M. de Valorbe, qu'à me donner à lui, quand je porte au fond du cœur une autre image et d'éternels regrets.

Que pourrois-je, en effet, pour le bonheur de M. de Valorbe, lorsque je me serois condamnée à ce mariage, sans amour, et bientôt après sans amitié? car jamais je ne me consolerois de la grandeur du sacrifice qu'il auroit exigé de moi, et toujours, à la place des sentimens pénibles qu'il me feroit éprouver, je rêverois au bonheur que j'aurois goûté, si j'eusse épousé l'objet que j'aime; comment suppléer en rien aux affections vraies et involontaires? Ah! bien heureusement pour nous, la vérité a mille expressions, mille charmes, tandis que l'effort ne peut trouver que des termes monotones, une physionomie contrainte, sur laquelle se peignent constamment les tristes signes de la résignation du cœur.

Mon esprit plaît à M. de Valorbe; mais a-t-il réfléchi que cet esprit même ne peut être animé que par des sentimens naturels et confians ? Je ne suis rien, si je ne puis être moi ; dès que je serai poursuivie par une pensée qu'il faudra cacher, je ne songerai plus qu'à ce que je dois taire ; mes facultés suffiront à peine pour dissimuler mon désespoir ; m'en restera-t-il pour faire le bonheur de personne ?

Les détails de la vie domestique, source de tant de plaisirs, quand ils se rapportent tous à l'amour ; ces détails me feroient mal, un à un, et tous les jours : il ne s'agiroit pas seulement d'un grand sacrifice, mais de peines qui se renouvelleroient sans cesse ; je redouterois chaque lien, quelque foible qu'il fût, après avoir contracté le plus fort de tous ; et je chercherois, avec une continuelle inquiétude, les heures qui pourroient me rester, les occupations qui m'isoleroient, les plus petits intérêts qui pourroient n'appartenir qu'à moi.

Quand le sort d'une femme est uni à celui de l'homme qu'elle aime, chaque fois qu'il rentre chez lui, qu'elle entend son pas, qu'il ouvre sa porte, elle éprouve un bonheur si grand, qu'il fait concevoir comment la nature, en ne donnant aux femmes que l'amour, n'a pas été cependant injuste envers elles; mais s'il faut que leur solitude ne soit interrompue que par des sentimens pénibles, s'il faut qu'elles aient la contrainte pour unique diversité de l'ennui, et l'effort d'une conversation gênée pour distraction de la retraite ; c'est trop, oh ! oui, c'est trop ! A ce prix, qui peut vouloir de la vie ? vaut-elle donc tant de persistance ? faut-il mettre tant de scrupule à conserver tous les jours qu'elle nous a destinés ?

Ne vous offensez point pour M. de Valorbe, madame, de ce tableau trop vrai du malheur que me feroit éprouver notre union ; je sais qu'il est digne de toute mon estime, mais vous n'avez jamais vu celui dont je me suis séparée pour toujours ; jamais ceux qui l'ont connu ne pourroient me demander de l'oublier ! Ce n'est pas du bonheur, dites-vous, que vous m'offrez, c'est l'accomplissement d'un devoir. Ah ! sans doute, la situation de M. de Valorbe me désespère, il n'est point de preuve de dévouement que je ne lui donnasse, avec l'empressement le plus vif, s'il daignoit m'en accorder l'occasion ; mais ce qu'il exige de moi, c'est la perte de ma jeunesse, c'est celle de toutes les années de ma vie, c'est peut-être même le sacrifice de la vie à venir que j'espère.

Puis-je, en effet, répondre des mouvemens qui s'élèveront dans mon âme, quand j'aurai long-temps souffert, quand je verrai ma destinée ne laisser après elle, en s'écoulant, que d'amers souvenirs, pour aigrir d'amères douleurs ? Ne finirai-je point par douter de la protection de la Providence, et mes résolutions vertueuses ne s'ébranleront-elles pas ? les sentimens doux ne tariront-ils pas dans mon cœur ? C'est du mariage que doivent dériver toutes les affections d'une femme, et si le mariage est malheureux, quelle confusion n'en résulte-t-il pas dans les idées, dans les devoirs, dans les qualités même ! Ces qualités vous auroient rendue plus digne de l'objet de votre choix; mais elles peuvent dépraver le cœur qu'on a privé de toutes les jouissances : qui peut être certain alors de sa conduite ? Vous, madame, parce que vous ne croyez plus à l'amour : mais moi, que son charme subjugue encore, quel est l'insensé qui veut de moi, qui veut d'une âme enthousiaste, alors qu'il ne l'a pas captivée !

Vous me menacez de la mort de M. de Valorbe ; cette crainte m'accable, je ne puis la braver. Si vous avez raison dans vos terreurs, il faut que je le prévienne ; ensevelie dans cette retraite, me comptera-t-il parmi les vivans ? voudroit-il plus encore ? seroit-il plus calme, si je n'existois plus ? je lui ferois facilement ce sacrifice; il a sauvé mon bienfaiteur, je croirois m'immoler à ce souvenir; mais qu'il me laisse expirer seule, et que ma fin ne soit point précédée par quelques années d'une union douloureuse et funeste! Ah! c'est surtout pour mourir qu'il faudroit être unie à l'objet de sa tendresse! soutenue, consolée par lui, sans doute on regretteroit davantage la vie, et cependant les derniers momens seroient moins cruels; ce qui est horrible, c'est de voir se refermer sur soi le cercle des années, sans avoir joui du bonheur.

Une indignation amère et violente peut s'emparer de vous, en songeant qu'elle va passer, cette vie, sans qu'on ait goûté ses véritables biens; sans que le cœur, qui va s'éteindre, ait jamais cessé de souffrir; quelle idée peut-on se former des récompenses divines, si l'on n'a pas connu l'amour sur la terre! Oh! que le ciel m'entende; qu'il me désigne, s'il le veut, pour une mort prématurée; mais que je la reçoive tandis que le même sentiment anime mon cœur, qu'un seul souvenir fait toute ma destinée, et que je n'ai jamais rien aimé que Léonce.

Voilà ma réponse à M. de Valorbe, madame; confiez-la-lui, si vous le voulez; mon cœur, sans se trahir, n'en pourroit donner une autre.

LETTRE XIX.

Monsieur de Valorbe à M. de Montalte.

Zurich, ce 10 mars.

J'ai reçu ta lettre, Montalte; dans toute autre circonstance, peut-être m'auroit-elle fait impression, peut-être aurois-je consenti à ménager madame d'Albémar; mais elle m'a donné le terrible droit de la haïr; si tu savois ce qu'elle a écrit à madame de Cerlebe! quel amour pour Léonce! quel mépris pour moi! Elle se flatte de se délivrer ainsi de mes poursuites, elle se trompe; c'est à présent surtout qu'elle doit me redouter. Ne me parle plus des égards qu'elle mérite; je punirai son ingratitude, je soumettrai son orgueil. Tant d'insultes ont soulevé mon âme, tout mon amour se change en indignation! Il faut que madame d'Albémar tombe en ma puissance; par quelques moyens que ce soit, il le faut. Adieu, Montalte, je serai maître d'elle, ou je n'existerai plus.

LETTRE XX.

Delphine à madame de Cerlebe.

De l'abbaye du Paradis, ce 14 mars.

Enfin, madame, il se présente une occasion de soulager mon cœur, en donnant à M. de Valorbe une véritable preuve de mon intérêt. J'apprends à l'instant, par un homme à lui, qu'il est arrêté pour dettes à Zell, et qu'on l'a jeté dans une prison qui compromet sa vie, en le privant des secours nécessaires à son état de santé; je pars, afin d'offrir ma garantie à ceux qui le poursuivent, et de souscrire à tous les arrangemens qui pourront le délivrer.

J'ai craint de m'exposer à l'humeur de madame de Ternan, en lui demandant la permission d'aller à Zell; c'est une personne si exigeante et si despotique, qu'il faut esquiver son caractère, quand on ne veut pas se brouiller avec elle : comme elle étoit un peu malade hier, elle dort encore, et je laisse un billet qui lui apprendra, à son réveil, que je serai absente seulement pour quelques heures. Zell n'étant qu'à trois lieues d'ici, je suis sûre d'être revenue ce soir, avant que le couvent soit fermé.

Je vous avouerai qu'il m'est très-doux de trouver un moyen de montrer un grand empressement à M. de Valorbe. J'aurois pu me contenter de chercher quelqu'un qu'on pût envoyer à Zell ; mais c'étoit perdre nécessairement deux ou trois jours, ce retard pouvoit être funeste à la santé de M. de Valorbe, et peut-être aussi refuseroit-il le service que je veux lui rendre, si je ne l'en sollicitois pas moi-même.

Je sais bien que la démarche que je fais ne seroit pas jugée convenable, si elle étoit connue; mais ma conscience me dit que je remplis un devoir. M. d'Albémar, s'il vivoit encore, m'approuveroit de donner à l'homme qui l'a sauvé, ce témoignage de reconnoissance. Je ne me consolerois pas de posséder les biens que M. d'Albémar m'a laissés, tandis que M. de Valorbe seroit dans la détresse, et me refuseroit le bonheur de lui être utile; je ne veux pas m'exposer à cette peine, et j'espère qu'en présence il ne résistera point à mes prières.

J'étois, d'ailleurs, je vous l'avoue, cruellement tourmentée de quelques torts que je me reprochois envers M. de Valorbe; mon silence a pu le tromper une fois; ce silence a obtenu de lui un sacrifice qui a rendu sa vie très-malheureuse. Depuis ce temps j'ai refusé de le voir, soit par embarras, soit par crainte d'offenser celui dont le souvenir règne encore sur ma vie; je me reproche ces mouvemens, que la reconnoissance et la générosité devoient m'interdire; je saisis donc avec vivacité une circonstance importante qui me permet de tout réparer, et je pars. Adieu, madame; vous m'avez flattée que vous viendriez demain me voir, ne l'oubliez pas.

LETTRE XXI.
Léonce à M. de Lebensei.

Paris, ce 14 mars.

Juste ciel! me cachiez-vous ce que je viens d'apprendre? M. de Valorbe est parti en disant qu'il alloit rejoindre madame d'Albémar, et l'on assure qu'il est auprès d'elle. Seroit-ce là le motif de l'absence de Delphine? Non, je ne le crois pas; mais il n'y a qu'elle au monde maintenant qui puisse m'ôter cette horrible idée. Je veux aller à Montpellier, parler à sa belle-sœur; savoir, oui, savoir enfin, et personne ne pourra me le refuser, dans quels lieux elle vit, dans quels lieux est M. de Valorbe.

Si elle l'a vu, si elle lui a parlé, malgré les bruits qu'on a répandus sur leur attachement mutuel, après ce que j'en ai souffert, rien ne peut l'excuser ; non, je ne puis rester un jour ici dans une anxiété si douloureuse ; qu'on ne me parle plus de mes devoirs envers Matilde ; Delphine oseroit-elle me les rappeler ? a-t-elle respecté les liens qui l'attachoient à moi ?.... Ce que je dis est peut-être injuste ; oui, je le crois, je suis injuste ; mais j'ai beau me le répéter, je ne saurois me calmer ! elle seule, elle seule peut m'ôter la douleur qu'on vient de jeter en mon sein. Tout ce que vous me diriez ne suffiroit pas.... Mais que me diriez-vous, cependant ? Au nom du ciel ! répondez-moi.... je n'attendrai point votre réponse.

LETTRE XXII.

Mademoiselle d'Albémar à Delphine.

Montpellier, ce 20 mars.

Il faut donc, ma chère Delphine, que votre vie soit sans cesse troublée ; et c'est moi qui suis condamnée à ranimer dans votre cœur les sentimens et les inquiétudes que la solitude avoit adoucis. C'est en vain que je désirois vous cacher tout ce je savois de l'agitation et du malheur de Léonce ; je suis forcée de vous apprendre ce que son désespoir lui a inspiré ; il est ici, et dans quelles circonstances, hélas ! et pour quel but !

Hier, j'étois seule, occupée de vos dernières lettres, cherchant par quel moyen je pourrois vous aider à sortir de la cruelle perplexité où vous jetoit l'amour de M. de Valorbe, lorsque je vis Léonce entrer dans ma chambre et s'avancer vers moi ; hélas ! qu'il est changé ! ses yeux n'ont plus rien que de sombre ; sa marche est lente, et comme abattue sous le poids de ses pensées ; il vint à moi, me prit la main, et je sentis à l'instant même mes yeux remplis de larmes. — Vous me plaignez, me dit-il ; elle ne m'a pas plaint, celle qui m'a quitté ; mais ce n'est pas tout encore, s'il étoit possible, s'il étoit vrai que M. de Valorbe.... alors il n'y auroit plus sur la terre que perfidie et confusion. Savez-vous que M. de Valorbe est parti de France en publiant qu'il alloit rejoindre Delphine ? Savez-vous qu'on assure qu'il est près d'elle, qu'il sait le lieu de sa retraite, qu'il l'a vue ? Je ne le crois pas ; j'ai perdu ma vie pour un soupçon injuste, je les repousse tous loin de moi. Peut-être M. de Valorbe erre-t-il autour de la demeure de Delphine, et cherche-t-il ainsi à la compromettre dans le monde? Peut-être espère-t-il la forcer à se donner à lui, en renouvelant les bruits déjà si cruellement répandus de leur attachement réciproque? Vous sentez que je ne puis vivre dans la situation d'âme où je suis; daignez donc me répondre, mademoiselle : que savez-vous de Delphine, de l'homme qui ose mettre son nom à côté du sien? Parlez, de grâce, parlez.

— Je suis certaine, lui dis-je, que Delphine abhorre l'idée d'épouser M. de Valorbe. — Il en est donc question! s'écria-t-il avec violence : je ne le pensois pas, vous m'en apprenez plus que je n'en voulois croire; sait-il où elle est? l'a-t-il vue, l'a-t-il vue? — Sa fureur étoit telle que je n'osai lui dire même qu'il étoit près de vous, quoique vous ayez refusé de le voir. Je lui répondis que j'ignorois entièrement ce qu'il me demandoit, et que je savois seulement qu'une amie de M. de Valorbe, vous avoit envoyé une lettre de lui en vous écrivant en sa faveur; mais que vous y aviez répondu par le refus le plus formel. — Il peut donc lui écrire! s'écria-t-il; il a peut-être reçu des lettres d'elle; et moi, depuis trois mois, je ne sais plus qu'elle existe que par le désespoir qu'elle me cause : non, il faut un événement pour tout changer; mon âme ne sera plus alors fatiguée par les mêmes souffrances.

Cependant, ajouta-t-il, ma femme doit accoucher dans deux mois; il y a quelque chose de barbare à l'abandonner dans cette situation : n'importe, je le ferai, je compterai pour rien mes devoirs; c'est à ceux à qui le ciel a donné quelques jouissances qu'il peut demander compte de leurs actions! moi, je n'ai droit qu'à la pitié, je n'éprouve que de la douleur, qu'on me laisse la fuir ! j'irai.... je ne m'arrêterai pas que je n'aie rencontré Delphine, et si je trouve M. de Valorbe auprès d'elle, s'il a senti le bonheur de la voir quand je frappois ma tête contre terre, désespéré de son absence.... M. de Valorbe ou moi, nous serons victimes de l'amour funeste qu'elle a su nous inspirer.

L'émotion de Léonce étoit si profonde, sa résolution si ferme, que je n'aurois pas eu l'espoir de l'ébranler, s'il ne m'étoit pas venu l'idée de lui proposer de vous écrire, et de vous demander de m'adresser ici pour lui une réponse formelle sur vos rapports avec M. de Valorbe. Cette offre le frappa tout à coup, et l'acceptant avec la vivacité qui lui est naturelle, il me dit, en me serrant les mains : — Eh bien ! si je reçois, si je possède ces lignes que Delphine écrira pour moi, je retournerai vers Maltide, je me remettrai sous le joug de ma destinée; oui, je vous le promets. Ah! sans doute, ajouta-t-il, je sais que je ne suis pas libre, et j'exige cependant que Delphine refuse un lien qui, peut-être.... Il ne put achever ce qu'il avoit intention de dire. — N'importe, s'écria-t-il, si un homme étoit l'époux de Delphine, je ne lui laisserois pas la vie; peut-elle se marier, quand un vengeur est tout prêt? et si c'étoit moi qui dusse périr, a-t-elle donc tout-à-fait oublié son amour, ne frémiroit-elle donc pas pour moi? — Je le rassurai de mille manières sur le premier objet de ses craintes, et j'obtins de lui qu'il attendroit ici votre réponse.

Hâtez-vous donc de me l'envoyer, ne perdez pas un jour, il les comptera tous avec une douloureuse anxiété; j'ai cru entrevoir, par quelques mots qu'il m'a dits, que Matilde, pour la première fois, se plaignant sans réserve, avoit été profondément affligée de son absence, et qu'il craignoit d'exposer sa vie, s'il restoit loin d'elle au moment de ses couches. Calmez donc Léonce dans votre lettre, ma chère Delphine, autant qu'il vous sera possible; et refusez-vous absolument à voir M. de Valorbe. C'est moi qui ai à me reprocher de vous avoir trop souvent pressée de le traiter avec bonté, par considération pour la mémoire de mon frère; mais je vois clairement, que s'il revenoit à Léonce le moindre mot qui pût lui faire croire qu'on a seulement parlé de nouveau de vous et de M. de Valorbe, il seroit impossible de prévoir ce qu'il éprouveroit et ce qu'il feroit. Je chercherai quelques détours pour rendre service à M. de Valorbe, vous m'y aiderez, nous y parviendrons; mais Léonce est tellement irrité, au nom seul de M. de Valorbe, que si des calomnies, quelque absurdes qu'elles fussent, lui revenoient encore à ce sujet, son sentiment pour vous s'aigriroit, et sa colère contre M. de Valorbe ne connoîtroit plus de bornes.

J'espère vous avoir détournée pour toujours de l'idée insensée de vous lier où vous êtes par des vœux religieux. Il me semble, au contraire, que si M. de Valorbe ne vouloit pas s'éloigner des environs de votre demeure, vous feriez bien de quitter la Suisse, et de venir vous établir près de moi, lorsque Léonce sera retourné à Paris. Vous savez quel bonheur j'éprouverois, en étant pour toujours réunie avec vous!

LETTRE XXIII.

Delphine à mademoiselle d'Albémar.

Ce 28 mars.

Remettez ce billet à Léonce, ma sœur; vous ne savez pas dans quel abîme de douleur je suis tombée! qu'il l'ignore surtout, et vous-même aussi.... Adieu, ne pensez plus à moi. Un événement cruel, inouï, fixe mon sort, et me rend désormais toute consolation inutile; adieu.

Delphine à Léonce.

Je jure à Léonce de ne jamais revoir M. de Valorbe; je lui proteste, pour la dernière fois, qu'il doit être content de mon malheureux cœur; maintenant, qu'il ne s'informe plus de ma destinée, et qu'il retourne auprès de Matilde.

LETTRE XXIV.

Mademoiselle d'Albémar à Delphine.

Montpellier, ce 6 avril.

Ma chère amie, il est parti plus calme, je ne lui ai point fait partager mes cruelles inquié-

tudes ; que signifie ce que vous m'écrivez ?
d'où vient votre profonde douleur ? que vous
est-il arrivé ? je ne puis rien deviner, mais
vos paroles mystérieuses me glacent d'effroi.

Dans quelque situation que vous soyez,
vous avez besoin que je vous parle de Léonce.
Je reviens aux derniers momens que j'ai passés avec lui. Je l'avois prévenu du jour où je
pouvois recevoir votre lettre; le matin de ce
jour, je savois que, depuis cinq heures, il
s'étoit promené sur la route par laquelle le
courrier devoit venir, sans pouvoir rester en
repos une seconde; marchant à pas précipités,
revenant après avoir avancé, tournant la tête
à chaque pas, et dans un état d'agitation si remarquable, que plusieurs personnes s'étoient
arrêtées dans le chemin, frappées de l'égarement et du trouble extraordinaire qu'exprimoit
son visage; enfin, à dix heures du matin il
entra chez moi, pâle et tremblant, et me dit,
en se jetant sur une chaise près de la fenêtre,
que le courrier étoit arrivé, et que je pouvois
envoyer mon domestique chercher mes lettres.
J'en donnai l'ordre, et je revins près de lui.

Il se passa près d'une heure dans l'attente;
je parlai plusieurs fois à Léonce, il ne me répondit point; mais je vis qu'il tâchoit de
prendre beaucoup sur lui, et qu'il rassem-

bloit toutes ses forces pour ne point se livrer à son émotion. La violence qu'il se faisoit l'agitoit cruellement ; je ne sais à quels signes j'apercevois ce qu'il éprouvoit au fond de son cœur, mais à la fin de cette heure, passée dans le silence, j'étois abîmée de douleur, comme après la scène la plus violente, dont l'intérêt et l'émotion auroient toujours été en croissant. Il distingua le premier le bruit de la porte de ma maison qui s'ouvrit, et me dit d'une voix à peine intelligible : — Voilà votre domestique qui revient.—Je me levai pour aller au-devant de lui; Léonce ne me suivoit pas, il cachoit sa tête dans ses mains ; il m'a dit depuis, que, dans cet instant, il auroit souhaité qu'il n'y eût point de lettre ; il désiroit l'incertitude autant qu'il l'avoit jusqu'alors redoutée.

Lorsque je reconnus votre écriture, je déchirai promptement l'enveloppe, pour que Léonce n'en vît pas le timbre ; il croit que vous êtes en Suisse, mais il n'a pas la moindre idée du lieu même où vous demeurez. Je lus d'abord ce qui étoit pour Léonce, et, dans mon impatience de le lui porter, je ne vis point ce que vous m'écriviez ; je rentrai, tenant à la main votre lettre, et je m'écriai : — Lisez, vous serez content.—Je serai content, s'écria-t-il : ah Dieu ! — Et loin de saisir ce que je lui offrois, il répandoit des pleurs, et répétant toujours : *Je serai content*, avec une voix, avec un accent que je ne pourrai jamais oublier. Enfin, il prit votre lettre ; et, après l'avoir lue plusieurs fois, il me regarda d'un air plein de douceur, me serra la main et sortit ; il revint deux heures après, et m'annonça qu'il alloit retourner auprès de Matilde ; il ne me demanda rien, ne me fit plus aucune question ; seulement il me dit : — Soignez son bonheur, vous à qui le sort permet de vivre pour elle. —

Quand il fut parti, je me croyois soulagée ; et c'est alors que j'ai lu les lignes pleines de trouble et de douleur que vous m'adressiez : je ne savois que devenir, je voulois vous rejoindre, le misérable état de ma santé m'en ôte la force. Se peut-il que vous m'ayez laissée dans un doute si cruel ? ne recevrai-je aucune lettre de vous, avant que vous répondiez à celle-ci ?

LETTRE XXV.

Madame de Cerlebe à mademoiselle d'Albémar.

Zurich, ce 12 avril.

Madame d'Albémar, mademoiselle, n'est pas en état de vous écrire; elle me condamne à la douloureuse tâche de vous apprendre sa situation : elle est horrible, elle est sans espoir, et mon amitié n'a pas su prévenir un malheur, que la générosité de madame d'Albémar devoit peut-être me faire craindre. Elle m'a raconté la scène la plus funeste par ses irréparables suites, et le coupable M. de Valorbe, dans une lettre pleine de délire, de regrets et d'amour, m'a confirmé tout ce que Delphine m'avoit appris. Il m'est imposé de vous en instruire, mademoiselle; votre amie veut que vous connoissiez les motifs du parti désespéré qu'elle a pris : ah! qui me donnera le moyen d'en adoucir pour vous l'amertume !

M. de Valorbe avoit été mis en prison pour dettes à Zell, ville d'Allemagne, occupée maintenant par les Autrichiens; son valet de chambre de confiance informa madame d'Albémar de sa situation. Il n'est que trop certain que M. de Valorbe avoit commandé lui-même cette démarche, et que, connoissant la bonté de Delphine, et l'imprévoyante vivacité de ses mouvemens généreux, il avoit calculé le parti qu'il pouvoit tirer d'un imprudent témoignage d'inquiétude et de pitié.

Madame d'Albémar m'écrivit en partant pour Zell; j'éprouvai, lorsque je reçus sa lettre, une vive inquiétude; je condamnai sa résolution, je redoutai le blâme qu'elle pouvoit attirer sur elle, et, comme vous allez le savoir, cette crainte que je ressentois, vague alors, devint bientôt la plus cruelle des anxiétés.

Delphine partit à six heures du matin, sans avoir vu madame de Ternan; elle arriva à Zell à dix heures, accompagnée seulement d'un cocher et d'un domestique suisse, qui ne la connoissoient pas. Madame de Ternan avoit exigé, en prenant madame d'Albémar en pension dans son couvent, qu'elle renvoyât son valet de chambre à Zurich, et Delphine ne quitte jamais Isore sans laisser auprès d'elle sa femme de chambre, pour la soigner. Arrivée à Zell, madame d'Albémar s'aperçut qu'elle n'avoit point de passe-port: on lui demanda son nom à la porte; elle en donna un au hasard, se promettant de repartir dans peu d'heures, avant que l'officier autrichien qui commandoit la place eût le temps de s'informer d'elle.

Elle descendit chez le négociant que l'homme de M. de Valorbe lui avoit indiqué, comme sachant seul tout ce qui avoit rapport à ses affaires; le négociant dit à Delphine que, par commisération pour l'état de santé de M. de Valorbe, on avoit, la veille, obtenu de ses créanciers sa sortie de prison, à condition qu'il seroit gardé chez lui. Madame d'Albémar voulut s'informer de ce que devoit M. de Valorbe, pour offrir son cautionnement, et repartir sans le voir. Le négociant lui dit que M. de Valorbe lui avoit expressément défendu de rien accepter de personne, et en particulier d'une femme qui devoit être elle, d'après le portrait qu'il lui en avoit fait. Alors madame d'Albémar pria le négociant de la conduire chez M. de Valorbe; il la mena jusqu'à la porte; mais quand elle y fut arrivée, il la quitta brusquement, en indiquant assez légèrement qu'elle arrangeroit mieux ses affaires sans lui. Madame d'Albémar m'a dit que se trouvant seule dans ce moment au bas de l'escalier de M. de Valorbe, elle éprouva un effroi dont elle ne put s'expliquer la cause;

elle vouloit retourner sur ses pas, mais elle ne savoit quelle route suivre, dans une ville inconnue, et dont elle ignoroit la langue.

Comme elle délibéroit sur ce qu'elle devoit faire, elle aperçut M. de Valorbe qui descendoit quelques marches pour venir à elle : son changement, qui étoit très-remarquable, écarta d'elle toute autre idée que celle de la pitié, et elle monta vers lui sans hésiter ; il lui prit la main, et la conduisit dans sa chambre : la main qu'il lui donna trembloit tellement, m'a-t-elle dit, qu'elle se sentit embarrassée et touchée de l'émotion qu'il éprouvoit ; elle se hâta de lui parler de l'objet de son voyage ; il l'écoutoit à peine, et paroissoit occupé d'un grand débat avec lui-même.

Delphine lui répéta deux fois la prière d'accepter le service qu'elle venoit lui offrir ; et comme il ne lui répondoit rien, elle crut qu'il lui en coûtoit de prononcer positivement son consentement à ce qu'elle demandoit, et posant sur son bureau le papier sur lequel elle avoit signé la garantie de ses dettes, elle voulut se lever et partir : à ce double mouvement, M. de Valorbe sortit de son silence par une exclamation de fureur, et, saisissant Delphine par la main, il lui demanda, avec amertume, si elle le méprisoit assez pour croire qu'il recevroit jamais aucun service d'elle.

— Je suis banni de mon pays, s'écria-t-il, ruiné, déshonoré; des douleurs continuelles mettent mon sang dans la fermentation la plus violente. Je souffre tous ces maux à cause de vous, de l'amour insensé que j'ai pour vous, et vous vous flattez de les réparer avec votre fortune! et vous imaginez que je vous laisserai le plaisir de vous croire dégagée de la reconnoissance, de la pitié, de tous les sentimens que vous me devez! Non, il faut qu'il existe du moins un lien, un douloureux lien entre nous, vos remords. Je ne vous laisserai pas vous en délivrer, je troublerai de quelque manière votre heureuse vie. — Heureuse! s'écria Delphine; M. de Valorbe, songez dans quel lieu je vis, songez à ce que j'ai quitté, et répétez-moi, si vous le pouvez encore, que je suis heureuse! — La voix brisée de Delphine attendrit un moment M. de Valorbe, et se jetant à ses pieds, il lui dit: — Eh bien! ange de douceur et de beauté, s'il est vrai que tu souffres, s'il est vrai que les peines de la vie ont aussi pesé sur toi, pourquoi refuserois-tu d'unir ta destinée à la mienne? Ah! je voudrois exister encore, le temps n'est point épuisé pour moi, il me reste des forces, je pourrois honorer encore mon nom, il y a des momens où j'ai horreur de ma fin; Delphine, consentez à m'épouser, et vous me sauverez. — N'avez-vous pas lu, répondit madame d'Albémar, ma lettre à madame de Cerlebe? — Oui, je l'ai lue, s'écria M. de Valorbe en se relevant avec colère; vous faites bien de me la rappeler, c'est en punition de cette lettre que vous êtes ici, c'est pour l'expier que je vous ai fait tomber en ma puissance, vous n'en sortirez plus. —

Représentez-vous l'effroi de Delphine, à ces mots dont elle ne pouvoit encore comprendre le sens ; elle s'élance précipitamment vers la porte; M. de Valorbe se saisit de la clef, la tourne deux fois, en mordant ses lèvres avec une expression de rage, et dans le même instant il va vers la fenêtre, l'ouvre, et jette cette clef dans le jardin qui environnoit la maison. Delphine poussa des cris perçans, et perdant la tête de douleur, elle appeloit à son secours de toutes les forces qui lui restoient.

— Vous essayez en vain, lui dit M. de Valorbe en s'approchant d'elle avec toutes les fureurs de la haine et de l'amour, vous essayez en vain de me faire passer pour un assassin ; tout est prévu, personne ne vous répondra ; il n'y a dans la maison qu'un homme fidèle, qui, me voyant souffrir chaque jour tous les maux de l'enfer à cause de vous, ne sera pas sensible à vos douleurs; il a été témoin des miennes! Vous souffrez à présent, je le vois, mais il ne me reste plus de pitié pour personne : pourquoi serois-je le plus infortuné des hommes? pourquoi Léonce, l'orgueilleux, le superbe Léonce, jouiroit-il de tous les biens de la vie, de votre cœur, de vos regrets? tandis que moi je suis seul, seul en présence de la mort, que je hais d'autant plus, que je me sens poussé vers elle. Delphine, je n'étois pas né méchant, je suis devenu féroce; savez-vous combien les hommes aigrissent la douleur? ils m'ont abandonné, trahi, pas un cœur ne s'est ouvert à moi; les livres m'avoient appris qu'au milieu des ingrats, des perfides, l'infortuné trouvoit du moins un ami obscur qui venoit au secours de son cœur; eh bien! cet unique ami, je ne l'ai pas même rencontré! tous se sont réunis pour me faire du mal; je rendrai ce mal à quelqu'un. Pauvre créature! dit-il alors en regardant Delphine avec pitié, c'est injuste de te persécuter, car tu es bonne; mais je t'aime avec idolâtrie, tu es là devant moi, toi qui es le bonheur, l'oubli de toutes les peines, la magie de la destinée; et la mort est ici, dit-il en montrant ses pistolets armés sur la table. Il faut donc que tu sois à moi, il le faut.

— M. de Valorbe, reprit Delphine avec plus de calme, et retrouvant dans le désespoir même le courage et la dignité ; quand je vous estimois, j'ai refusé de m'unir à vous ; quel espoir pouvez-vous former maintenant ? — Vous me méprisez donc ? s'écria-t-il avec un sourire amer; votre situation ne sera pas dans le monde bien différente de la mienne : vous n'avez pas réfléchi que votre réputation ne se relèvera pas de votre imprudente démarche ; vous êtes ici seule, chez un jeune homme ; vous y passez tout le jour; on vous attend à votre couvent, et vous n'y retournerez pas ; tout le monde saura que nous sommes restés enfermés ensemble, que c'est vous qui êtes venue me chercher ; en voilà plus qu'il n'en faut pour vous perdre dans l'opinion, si vous ne m'épousez pas : et si c'en est assez aux yeux de tous, que n'est-ce pas pour votre amant, pour Léonce, le plus irritable, le plus ombrageux, le plus susceptible des hommes ! — A ces mots, Delphine se renversa sur sa chaise en s'écriant : — Malheureuse que je suis ! — avec un accent si déchirant, que M. de Valorbe en frémit; et, pendant quelques instans, il assure qu'il eut horreur de lui-même; mais il s'étoit juré d'avance de résister à l'attendrissement qu'il pourroit éprouver; il mettoit de l'orgueil à lutter contre ses bons mouvemens.

Delphine tout à coup s'avança vers lui, et lui dit : — Si je suis ici, c'est pour en avoir cru mon désir de vous rendre service; je n'ai point réfléchi sur les dangers que je pouvois courir, il ne m'est pas venu dans la pensée qu'ils fussent possibles. Si vous me perdez, c'est l'amitié que j'avois pour vous que vous punissez; si vous me perdez, c'est ma confiance en vous dont vous démontrez la folie : arrêtez-vous au moment d'être coupable! me voici devant vous, sans appui, sans défenseur; je n'ai d'espoir qu'en faisant naître la pitié dans votre cœur, et jamais je n'en eus moins les moyens : je me sens glacée de terreur, l'étonnement que j'éprouve surpasse mon indignation; je ne puis me persuader ce que j'entends, je ne puis imaginer que ce soit vous, bien vous qui me parlez; vous me découvrez des abîmes du cœur humain qui passoient ma croyance, et vous me consolez presque de la mort à laquelle vous me condamnez, en m'apprenant qu'il existoit sur la terre tant de dépravation et de barbarie! — Ah! s'écria M. de Valorbe, il fut un temps où je vous aurois tout sacrifié, même le bonheur auquel j'aspire ! Mais vous ne savez pas quel sentiment intérieur me dévore; tout me dit que je dois me tuer, le ciel et les hommes me le demandent, et tout me dit aussi que si vous m'aimiez, je vivrois. Mon amour pour vous affoiblit mon âme; mais toute sa fureur lui revient, quand vous me repoussez dans le tombeau, vous qui seule pouvez m'en sauver. Dites-moi, pourquoi voulez-vous qu'à trente ans je cesse de vivre? Cette arme que vous voyez là, savez-vous qu'il est affreux de la placer sur son cœur pour en chasser votre image? le sang, le froid, les convulsions de l'agonie, toutes les horreurs de la nature désorganisée s'offrent à moi, et vous m'y condamnez sans pitié ! Je le sais bien, je n'intéresse personne; Léonce, vous, qui sais-je encore? tout le monde désire que je n'existe plus, que je fasse place à tous les heureux que j'importune; mais pourquoi n'entraînerois-je personne dans ma ruine ?

Vous a-t-on parlé de la fureur des mourans? elle porte un caractère terrible; prêts à s'enfoncer dans l'abîme, ils saisissent tout ce qu'ils peuvent atteindre; ils veulent faire tomber avec eux ceux même qui ne peuvent les secourir; ils font, avant de périr, un dernier effort vers la vie, plein d'acharnement et de rage. Voilà ce que j'éprouve! voilà ce qui me justifie! je ne sens plus le remords; je n'ai qu'un désir furieux d'exister encore, et néanmoins un sentiment secret que je n'y parviendrai pas, que tout ce que je fais ne sera pour moi que des douleurs de plus; n'importe, vous serez ma femme, ou vous souffrirez mille fois plus encore par les soupçons, et le mépris persécuteur de la vie! Je l'ai éprouvé, le mépris; je l'ai subi pour vous, il m'a rendu implacable, insensible à vos pleurs; jugez quel mal il doit faire!

— Le jour avançoit pendant que M. de Valorbe parloit ainsi, l'heure se faisoit entendre, et Delphine sentoit que le moment de retourner à son couvent alloit passer; elle connoissoit madame de Ternan; elle savoit que si elle restoit une nuit hors du couvent sans l'en avoir prévenue, elle se brouilleroit avec elle : et quel éclat, pensoit-elle, que de se brouiller avec madame de Ternan, avec la sœur de madame de Mondoville, pour une visite à M. de Valorbe! rien ne pourroit la justifier aux yeux de Léonce! Elle auroit dû craindre aussi tous les coupables projets que pouvoit former M. de Valorbe, pendant qu'elle se trouvoit entièrement dans sa dépendance;

mais elle m'a dit depuis qu'elle avoit un tel sentiment de mépris pour sa conduite, qu'il ne lui vint pas même dans l'esprit qu'il osât se prévaloir de son indigne ruse. D'ailleurs M. de Valorbe étoit lui-même si humilié devant celle qu'il opprimoit, que, par un contraste bizarre, il se sentoit pénétré du plus profond respect pour elle, en lui faisant la plus mortelle injure.

Une seule idée donc occupoit Delphine, et faisoit disparoître toutes les autres; elle regardoit sans cesse le soleil prêt à se coucher, et la pendule qui marquoit les heures; elle voyoit, en comptant les minutes, qu'il lui restoit encore le temps de rentrer dans son couvent, avant qu'il fût fermé; alors elle conjuroit M. de Valorbe de la laisser partir, avec une instance, avec une si vive terreur de perdre un moment, que ses paroles se précipitoient, et qu'on pouvoit à peine les distinguer. — Mon cher M. de Valorbe, lui disoit-elle en serrant ses deux mains, sans penser à son amour pour elle, et sans qu'il osât lui-même le témoigner: mon cher M. de Valorbe, il y a quelques minutes encore, il y en a entre moi et la honte; je ne suis pas encore déshonorée, je puis encore retrouver un asile, laissez-moi l'aller chercher; si je reste encore, il faudra que je couche

cette nuit sur la pierre, et qu'au jour je n'ose plus lever les yeux sur personne : voyez, je suis encore une femme que ses amis peuvent avouer, dont les peines excitent encore l'intérêt et la pitié ; mais dans une heure, solitaire avec ma conscience, les hommes ne me croiront pas ; celui que j'aime, enfin vous le savez, je l'aime, il ne reconnoîtra plus ma voix, et rougira des regrets qu'il donnoit à ma perte. O M. de Valorbe, que ne prenez-vous cette arme pour me tuer ! Je vous pardonnerois ; mais m'ôter son estime, mais l'avoir prévu, mais le vouloir, ô Dieu ! L'heure se passe ; vous le voyez, encore quelques minutes, encore....
— Et elle se laissa tomber à ses pieds, en répétant ce mot : *encore ! encore !* de ses dernières forces.

M. de Valorbe me l'a juré, et j'ai besoin de le croire, il se sentit vaincu dans ce moment, et, s'il garda le silence, ce fut pour jeter un dernier regard sur cette figure enchanteresse qu'il perdoit pour jamais, et qu'il voyoit à ses pieds dans un état d'émotion qui la rendoit encore plus ravissante. Mais on entendit un bruit extraordinaire dans la maison, on frappa d'abord avec violence à la porte, et des coups redoublés la faisant céder, des soldats entrèrent dans la chambre, un officier à leur tête.

Delphine, sans s'étonner, sans s'informer du motif de leur arrivée, voulut sortir à l'instant, on la retint, et bientôt on lui fit savoir que c'étoit elle qui étoit suspecte ; on la croyoit un émissaire des Français en Allemagne, et on venoit la chercher pour la conduire au commandant de la place.

M. de Valorbe, en apprenant cet ordre, se livra à toute sa fureur ; il ne pouvoit supporter le mal que d'autres que lui faisoient à Delphine, et, sans le vouloir, il aggrava sa situation par la violence de ses discours. Delphine, quand elle entendit sonner l'heure qui ne lui permettoit plus d'arriver à temps à son couvent, redevint calme tout à coup, et se laissa conduire chez le commandant ; on ne permit pas à M. de Valorbe de la suivre.

Le commandant autrichien prouva facilement à Delphine, en l'interrogeant, qu'elle n'avoit pas dit son vrai nom ; car celui qu'elle s'étoit donné étoit suisse, et dès la première question, elle avoua qu'elle étoit Françoise ; mais elle étoit décidée à ne se pas faire connoître, puisqu'elle avoit été trouvée seule, enfermée avec M. de Valorbe. Le négociant chez qui elle étoit descendue d'abord, avoit déposé qu'elle étoit venue pour le voir ; quelques plaisanteries grossières de ceux qui l'entouroient, ne lui avoient que trop appris quelle idée ils s'étoient formée de ses relations avec M. de Valorbe; et, pour rien au monde, elle n'auroit voulu que dans de semblables circonstances son véritable nom fût connu. Elle se complaisoit dans l'espoir que son refus constant de le dire, irriteroit le commandant, confirmeroit ses soupçons, et qu'il l'enfermeroit peut-être dans quelque forteresse pour le reste de ses jours : la nuit entière se passa sans qu'elle voulût répondre.

Quelle nuit! vous représentez-vous Delphine, seule, au milieu d'hommes durs et farouches, qui, d'heure en heure, revenoient l'interroger, et cherchoient à lui faire peur, pour en obtenir un aveu qu'ils croyoient être de la plus grande importance. Le commandant surtout, se flattoit de trouver dans une découverte essentielle un moyen d'avancement; et que peut-il exister de plus inflexible, qu'un ambitieux qui espère du bien pour lui, de la peine d'un autre! Delphine, vers le milieu de la nuit, avoit obtenu qu'on la laissât seule pendant quelques heures; elle s'endormit, accablée de fatigue et de douleur : quand elle se réveilla, et qu'elle se vit dans une chambre noire, délabrée, entendant le bruit des armes, les juremens des soldats, elle fut dans une sorte d'égarement qui subsistoit encore quand je la revis.

Tout à coup le commandant entre chez elle, et lui demande pardon avec un ton respectueux, de ne l'avoir pas connue. M. de Valorbe, qui avoit pu enfin pénétrer jusqu'à lui, lui avoit appris, à travers les plus sanglans reproches, le nom de madame d'Albémar, et de quel couvent elle étoit pensionnaire. Comme dans cette abbaye il y avoit plusieurs femmes de la plus grande naissance d'Allemagne, et que madame de Ternan, en particulier, étoit très-considérée à Vienne, le commandant eut peur de lui avoir déplu, en maltraitant une personne qu'elle protégeoit; et changeant de conduite à l'instant, il donna un officier à madame d'Albémar pour la ramener jusqu'à l'abbaye, et se contenta de faire arrêter M. de Valorbe (qui est encore en prison), parce qu'il l'avoit offensé, en se plaignant avec hauteur des traitemens que madame d'Albémar avoit soufferts.

Ce commandant avoit fait partir un officier une heure avant madame d'Albémar, avec le procès-verbal de tout ce qui s'étoit passé, et une lettre d'excuses à madame de Ternan, qui contenoit des insinuations très-libres sur la conduite de madame d'Albémar avec M. de

Valorbe. J'étois au couvent, où depuis la veille au soir je souffrois les plus cruelles angoisses; lorsque cet officier arriva, madame de Ternan, qui avoit déjà exprimé de mille manières l'impression que lui faisoit l'inexplicable absence de Delphine, ordonna, après avoir lu la lettre de Zell, que les principales religieuses se réunissent chez elle, et refusa très-durement de me communiquer, et ce qu'elle avoit reçu, et ce qu'elle projetoit.

L'infortunée Delphine arriva pendant que l'assemblée des religieuses duroit encore. J'eus le bonheur au moins d'aller au-devant d'elle ; en descendant de voiture elle ne vit que moi ; et lorsque je lui témoignai la plus tendre affection, elle me regarda avec étonnement, comme s'il n'étoit plus possible que personne prît le moindre intérêt à elle; nous nous retirâmes ensemble dans son appartement, et j'appris de Delphine, à travers son trouble, ce qui s'étoit passé ; une inquiétude l'emportoit sur toutes les autres, et revenoit sans cesse à son esprit. — Léonce le saura, il me méprisera, disoit-elle en interrompant son récit. — Et quand elle avoit prononcé ces mots, elle ne savoit plus où reprendre ce récit, et les répétoit encore.

J'essayois de la consoler ; mais ce qui me

causoit une inquiétude mortelle, c'étoit la décision qu'alloit prendre madame de Ternan. Elle entra dans ce moment, Delphine essaya de se lever, et retomba sur sa chaise; je souffrois de lui voir cet air coupable, quand jamais elle n'avoit eu plus de droits à l'estime et à la pitié. Madame de Ternan aimoit l'effet qu'elle produisoit; elle regardoit Delphine, non pas précisément avec dureté, mais comme une personne qui jouit d'une grande impression causée par sa présence, quel qu'en soit le motif. — Madame, dit-elle à Delphine, après ce qui s'est passé à Zell, après l'éclat de votre aventure, nos sœurs ont jugé que votre intention étoit sans doute d'épouser M. de Valorbe, et elles ont décidé que vous ne pouviez plus rester dans cette maison. — Ah! voilà le coup mortel! s'écria Delphine, et elle tomba sans connoissance sur le plancher.

Je la pris dans mes bras; madame de Ternan s'approcha d'elle, nous la secourûmes. Quand elle parut revenir à elle, madame de Ternan, qui étoit placée derrière son lit, lui adressa quelques mots assez doux; Delphine égarée s'écria : — C'est la voix de Léonce; est-ce qu'il me plaint, est-ce qu'il a pitié de moi? Cependant je suis chassée, chassée de la maison de sa tante; c'est bien plus que quand je sortis de ce concert d'où la haine des méchans me repoussoit ; et cependant que n'ai-je pas souffert alors ! n'ai-je pas craint de perdre son affection ! et maintenant qu'on m'a surprise enfermée avec son rival, qu'un acte authentique l'atteste, que je suis perdue, déshonorée, que des religieuses me chassent; ah! Dieu, Dieu, je suis innocente ! je le suis, Léonce, Léonce ! — Et elle retomba dans mes bras de nouveau, sans mouvement.

— Laissez-moi seule avec elle, me dit madame de Ternan, j'entrevois un moyen de la sauver. — Si vous le pouvez, lui dis-je, c'est un ange que vous consolerez; — et je me hâtai de lui dire la vérité; elle l'entendit, et je crus même voir qu'elle y étoit préparée. Je ne compris pas alors comment elle n'avoit pas pris plus tôt la défense de Delphine ; mais c'est une femme d'une telle personnalité, qu'on n'a l'espérance de la faire changer d'avis sur rien; car il faudroit lui découvrir dans son intérêt particulier quelques rapports qu'elle n'eût pas saisis, et elle s'en occupe tant que c'est presque impossible.

Je me retirai : deux heures après il me fut permis de revenir ; je trouvai un changement extraordinaire dans Delphine; elle étoit plus calme, et non moins triste; elle n'avoit plus cette expression d'abattement qui lui donnoit l'air coupable ; sa tête s'étoit relevée, mais sa douleur sembloit plus profonde encore; l'on auroit dit seulement qu'elle s'y étoit vouée pour toujours. Elle me pria avec douceur de revenir la voir dans huit jours, et seulement dans huit jours. Je la quittai avec un sentiment de tristesse, plus douloureux que celui même que j'avois éprouvé, lorsque son désespoir s'exprimoit avec violence.

Huit jours après, quand je la vis, elle venoit de recevoir une lettre de vous, qui lui annonçoit et l'arrivée de Léonce, et sa fureur, à la seule pensée qu'elle pouvoit avoir vu M. de Valorbe. — Lisez cette lettre, me dit Delphine; vous voyez que s'il apprenoit ce qui s'est passé à Zell, il ne me le pardonneroit pas ; je le connois, il vengeroit mon offense sur M. de Valorbe ; il exposeroit encore une fois sa vie pour moi ; et quand même je pourrois un jour me justifier à ses yeux, ne sais-je pas ce qu'il souffriroit, en voyant celle qu'il aime flétrie dans l'opinion ? Son caractère s'est manifesté malgré lui cent fois à cet égard, dans les momens où son amour pour moi le dominoit le plus ; et quel éclat, grand Dieu ! que celui qui me menaçoit il y a huit jours! quel homme, quel autre même que Léonce le supporteroit sans peine ! Écoutez-moi, me dit-elle alors, sans m'interrompre, car vous serez tentée d'abord de me combattre, et vous finirez cependant par être de mon avis.

Madame de Ternan m'a dit qu'il n'existoit qu'un moyen de rester dans le couvent où je suis, c'étoit de m'y faire religieuse; à cette condition, les sœurs consentent à me garder; le crédit de madame de Ternan fera disparoître toutes les traces de l'événement de Zell. En prononçant les vœux de religieuse, je m'assure d'un repos que rien ne pourra troubler, j'y ai consenti. Je prends l'habit de novice après demain; ne frémissez pas, jugez-moi : voulez-vous que je sorte de cette maison comme une femme perdue ? que Léonce apprenne que c'est pour M. de Valorbe que je suis bannie de l'asile que madame de Ternan m'avoit donné? que je me trouve aux prises de nouveau avec l'opinion, avec le monde, avec tout ce que j'ai souffert? Le nom de M. de Valorbe une seconde fois répété avec le mien ne s'oubliera plus, et Léonce saura que ma réputation est détruite sans retour ; je resterai libre, mais j'aurai perdu tout le prix de moi-même, et je finirai par m'enfermer dans la retraite, sans avoir, comme à présent, la douce certitude que je suis restée pure dans le souvenir de Léonce, et que ses regrets me sont encore consacrés.

Si madame de Ternan avoit voulu me rendre les mêmes services sans exiger de moi un grand sacrifice, je l'aurois préféré; car ni mon cœur, ni ma raison, ne m'appellent à l'état que je vais embrasser; mais elle n'avoit aucun motif pour s'intéresser à moi, si je ne cédois pas à sa volonté; elle pouvoit m'objecter toujours la résolution de ses compagnes. Je savois bien que cette résolution venoit d'elle, mais c'étoit une raison de plus pour croire qu'elle ne chercheroit pas à la faire changer; je n'avois que le choix du parti que j'ai pris, ou de trouver en sortant de cette maison tous les cœurs fermés pour moi, tous, ou du moins un seul, n'étoit-ce pas tout? Pouvois-je y survivre? Je n'ai pas su mourir, voilà tout ce que signifie la résolution, en apparence courageuse, que je viens d'adopter. Il ne me restoit pas d'alternative; vous-même, répondez, que m'auriez-vous conseillé?

— Je ne sus que pleurer; que pouvois-je lui dire? Elle avoit raison. L'infâme M. de Valorbe! quels mouvemens de haine je sentois contre lui! mon émotion étoit extrême, mais je me taisois. — Ne vous affligez pas trop pour moi, reprit Delphine avec bonté; car dans ses plus grandes peines, vous le savez, elle s'occupe encore des impressions des autres : — Qu'est-ce donc que je sacrifie ? une liberté dont je ne puis faire aucun usage ; un monde où je ne veux pas retourner, qui a blessé mon cœur, dont l'opinion pourroit altérer l'affection de Léonce pour moi ; je m'en sépare avec joie. Ma belle-sœur viendra peut-être me rejoindre un jour, et je passerai ma vie avec vous deux, qui connoissez mes affections et ma conduite comme moi-même.

Je ne sais, ajouta-t-elle avec la plus vive émotion, si j'avois aimé un homme tout-à-fait indifférent aux opinions des autres hommes ; bannie, chassée, humiliée, j'aurois pu l'aller trouver, et lui dire : voilà le même cœur, le même amour, la même innocence ; eh bien ! qu'y a-t-il de changé ? Mais il vaut mieux mourir, que de se livrer à un sentiment de confiance ou d'abandon qui ne seroit pas entièrement partagé par ce qu'on aime. Ah ! n'allez pas penser que Léonce ne soit pas l'être le plus parfait de la terre ! le défaut qu'il peut avoir est inséparable de ses vertus : je ne conçois pas comment un homme qui n'auroit pas même ses torts pourroit jamais l'égaler ; et n'est-ce pas moi d'ailleurs dont l'imprudente vie a fait souffrir son cœur ?

J'ai cru long-temps que mes malheurs venoient d'un sort funeste; mais il n'y a point eu, non, il n'y a point eu de hasard dans ma vie. Je n'ai pas éprouvé une seule peine dont je ne doive m'accuser. Je ne sais ce qui me manque pour conduire ma destinée, mais il est clair que je ne le puis. Je cède à des mouvemens inconsidérés; mes qualités les meilleures m'entraînent beaucoup trop loin, ma raison arrive trop tard pour me retenir, et cependant assez tôt pour donner à mes regrets tout ce qu'ils peuvent avoir d'amer; je vous le dis, l'action de vivre m'agite trop, mon cœur est trop ému; c'est à moi, à moi surtout, que conviennent ces retraites où l'on réduit l'existence à de moindres mouvemens; si la faculté de penser reste encore, les objets extérieurs ne l'excitent plus, et, n'ayant à faire qu'à soi-même, on doit finir par égaler ses forces à sa douleur.

Il y a deux jours, avant que j'eusse donné à madame de Ternan une réponse décisive, mes promenades rêveuses me conduisirent jusqu'à la chute du Rhin, près de Schaffouse; je restai quelque temps à la contempler, je regardois ces flots qui tombent depuis tant de milliers d'années, sans interruption et sans repos. De tous les spectacles qui peuvent frapper l'imagination, il n'en est point qui réveille dans l'âme autant de pensées; il semble qu'on entende le bruit des générations qui se précipitent dans l'abîme éternel du temps; on croit voir l'image de la rapidité, de la continuité des siècles dans les grands mouvemens de cette nature, toujours agissante et toujours impassible, renouvelant tout, et ne préservant rien de la destruction. — Oh! m'écriai-je, d'où vient donc que j'attache à mon avenir tant d'intérêt et d'importance? Voilà l'histoire de la vie! notre destinée, la voilà! des vagues engloutissant des vagues, et des milliers d'êtres sensibles, souffrant, désirant, périssant, comme ces bulles d'eau qui jaillissent dans les airs et qui retombent. Il ne faut pas moins que le bouleversement des empires, pour attirer notre attention; et l'homme qui sembloit devoir se consumer de pitié, puisqu'il a seul la prévoyance et le souvenir de la douleur, l'homme ne détourne pas même la tête pour remarquer les souffrances de ses semblables! Qui donc entendra mes cris? est-ce la nature? comme elle suit son cours majestueusement! comme son mouvement et son repos sont indépendans de mes craintes et de mes espérances! Hélas! ne puis-je pas m'oublier comme elle m'oublie! ne puis-je pas, comme un de ces arbres, me laisser aller au vent du ciel, sans résister ni me plaindre !

Non, ma chère Henriette, continua madame d'Albémar, il ne faut pas lutter long-temps contre le malheur; je me soumets au sort que m'impose madame de Ternan. Croyez-moi, je fais bien, je consacre ma mémoire dans le cœur de celui pour qui j'ai vécu; je me survis, mais pour apprendre qu'il me regrette, et que rien ne pourra plus altérer ce sentiment. Les anciens croyoient que les âmes de ceux qui n'avoient pas reçu les honneurs de la sépulture, erroient long-temps sur les bords du fleuve de la mort; il me semble qu'une situation presque semblable m'est réservée. Je serai sur les confins de cette vie et de l'autre, et la rêverie me fera passer doucement les longues années qui ne seront remplies que par mes souvenirs.

Je voudrois pouvoir unir à ce grand sacrifice l'idée qu'il est agréable à Dieu, mais je ne puis me tromper moi-même à cet égard. Je n'ai jamais cru qu'un Dieu de bonté exigeât de nous ce qui ne pouvoit servir à notre bonheur ni à celui des autres. En brisant mes liens avec le monde, je ne sens au fond de mon cœur que l'amour qui m'y condamne, et l'amour qui m'en récompense; oui, c'est pour son estime, c'est pour ne point exposer sa vie, c'est pour sauver la réputation de celle qu'il a honorée de son choix, que je m'enferme ici pour jamais ! Pardonne, ô mon Dieu ! l'on exige de moi que je prononce ton nom ; mais tu lis au fond de mon âme, et tu sais que je ne t'offre point une action dont tu n'es pas l'objet ! je t'offre tout ce que je ferai jamais de bon, d'humain, de raisonnable ; mais ce que le désespoir m'inspire, ce sont les passions du cœur qui l'ont obtenu de moi !

Je suis fière, cependant, reprit Delphine, d'immoler mon sort à Léonce ; je traverserai le temps qui me reste comme un désert aride, qui conduit du bonheur que j'ai perdu, au bonheur que je retrouverai peut-être un jour dans le ciel. Je tâcherai d'exercer quelques vertus dans cet intervalle, quelques vertus qui me fassent pardonner mes fautes, et soutiennent en moi jusque dans la vieillesse l'élévation de l'âme. Voilà tous mes desseins, voilà toutes mes espérances ! ne discutez rien, n'ébranlez rien en me parlant, ma chère Henriette ; vous pourriez me faire beaucoup de mal, mais vous ne changeriez rien à mon sort : le déshonneur est sur le seuil de ce couvent : si j'en sors, il m'atteint ; s'il m'atteint, Léonce me venge, son sentiment est altéré,

je crains pour sa vie, et je perds son amour!
Grand Dieu! qui oseroit me conseiller de
quitter cette demeure, fût-elle mon tombeau?
qui ne me retiendroit pas par pitié, si mes
pas m'entraînoient hors de cette enceinte?

— En l'écoutant, mademoiselle, je ne conservois qu'un espoir, c'est l'année de noviciat qui nous reste. Ne peut-on pas obtenir pendant ce temps de madame de Ternan qu'elle conserve Delphine dans sa maison, et qu'elle étouffe par tous ses moyens l'éclat de son aventure, sans exiger d'elle de prendre le voile? Mais cet espoir, s'il existe encore, ne dépend point de Delphine, je ne devois donc pas risquer de lui en parler. Je l'embrassai en pleurant; elle me chargea de vous écrire, et nous nous quittâmes, sans que j'eusse tâché d'ébranler dans ce moment sa résolution.

Je vais laisser passer quelques jours, afin que Delphine ait le temps d'adoucir, par sa présence, les cruelles préventions de ses compagnes; et je retournerai chez madame de Ternan, pour essayer ce que je puis sur elle. Vous aussi, mademoiselle, écrivez à Delphine; servez-vous de votre ascendant pour la détourner de son projet, et consacrons nos efforts réunis à la sauver du malheur qui la menace.

LETTRE XXVI.

Mademoiselle d'Albémar à Delphine.

Montpellier, ce 18 avril.

Ma chère Delphine, je frémis de la lettre de madame de Cerlebe, que je viens de recevoir! Au nom du ciel! retirez le consentement que vous avez donné à madame de Ternan; je sens tout ce qu'il y a de cruel dans votre situation, mais rien ne doit vous décider à un engagement irrévocable; ni vos opinions ni votre caractère ne sont d'accord avec les obligations que vous voulez vous imposer; votre pitié généreuse vous a fait commettre une grande imprudence, mais il n'est point impossible de faire connoître le véritable motif de votre démarche.

M. de Valorbe ne peut-il pas se repentir et vous justifier authentiquement? pensez-vous que le reste de votre vie dépende de ce qui sera dit pendant quelques jours, dans un coin de la Suisse ou de l'Allemagne? Si vous n'aviez pas peur d'être condamnée par Léonce, combien il vous seroit facile de braver l'injustice de l'opinion! vous que j'ai vue trop disposée à la dédaigner, vous lui sacrifiez votre vie tout entière; quel délire de passion! car, ne vous y trompez pas, votre seul motif, c'est la crainte d'être un instant soupçonnée par Léonce, ou d'en être moins aimée, quand même il connoîtroit votre innocence, si votre réputation restoit altérée. Mon amie, peut-on immoler sa destinée entière à de semblables motifs!

Le plus grand malheur des femmes, c'est de ne compter dans leur vie que leur jeunesse; mais il faut pourtant que je vous le dise, dussé-je vous indigner! dans dix ans, vous n'éprouverez plus les sentimens qui vous dominent à présent; dans vingt ans, vous en aurez perdu même le souvenir; mais le malheur auquel vous vous dévouez ne passera point, et vous vous désespérerez d'avoir soumis votre destinée entière à la passion d'un jour; encore une fois, pardonnez, je reviens à ce que vous pouvez entendre sans vous révolter contre la froideur de ma raison.

Avez-vous pensé que vous mettiez une barrière éternelle entre Léonce et vous? S'il étoit libre une fois, si jamais.... juste ciel! dites-moi, l'imagination la plus exaltée auroit-elle pu inventer des douleurs aussi déchirantes que le seroient les vôtres? Vous vous êtes mal trouvée de vous livrer à l'enthousiasme de votre caractère, la réalité des choses n'est point faite pour cette manière de sentir; vous mettez dans la vie ce qui n'y est pas, ce qu'elle ne peut contenir; au nom de notre amitié, au nom encore plus sacré de celui que vous nommez votre bienfaiteur, de mon frère, renoncez à votre noviciat avant que l'année soit écoulée! le temps amenera ce que la pensée ne pouvoit prévoir; mais que peut-il, le temps, contre les engagemens irrévocables?

Je crains beaucoup l'ascendant qu'a pris sur vous madame de Ternan; sa ressemblance avec Léonce en est, j'en suis sûre, la principale cause : elle agit sur vous, sans que vous puissiez vous en défendre; sans cette fatale ressemblance, madame de Ternan vous déplairoit certainement : la femme qui n'a pu se consoler de n'être plus belle, doit avoir l'âme la plus froide et l'esprit le plus léger. Moi qui ai été vieille dès mes premiers ans, puisque ma figure ne pouvoit plaire, j'ai su trouver des jouissances dans mes affections; et si vous étiez heureuse, j'aimerois la vie. Madame de Ternan avoit des enfans, pourquoi n'a-t-elle pas désiré de vivre auprès d'eux? Elle étoit riche, pourquoi n'a-t-elle pas mis son bonheur dans la bienfaisance? elle n'a vu dans la vie qu'elle, et dans elle que son amour-propre. Si elle avoit été un homme, elle auroit fait souffrir les autres ; elle étoit femme, elle a souffert elle-même ; mais je ne vois en elle aucune trace de bonté, et, sans la bonté, pourquoi la douleur même inspireroit-elle de l'intérêt ? en a-t-elle pour vous, cette femme cruelle, quand elle vous offre l'alternative du déshonneur, ou d'une vie qui ressemble à la mort ?

Vous avez la tête presque perdue, vous ne croyez plus à l'avenir ; vous êtes saisie par une fièvre de l'âme qui ne se manifeste point aux yeux des autres, mais qui vous égare entièrement. Je conçois qu'il est des momens où l'on voudroit abdiquer l'empire de soi, il n'y a point de volonté qu'on ne préfère à la sienne, et la personne qui veut s'emparer de vous le peut alors, sans avoir besoin, pour y parvenir, de mériter votre estime. Mais quand on se trouve dans une pareille situation, ce qu'il faut, mon amie, c'est ne prendre aucune résolution, replier ses voiles, laisser passer les sentimens qui nous agitent, employer toute sa force à rester immobile, et six mois jamais ne se sont écoulés sans qu'il y ait eu un changement remarquable en nous-mêmes et autour de nous.

Ma chère Delphine, avant que votre année

de noviciat soit finie, j'irai vous chercher; et si mes raisons ne vous ont pas persuadée, j'oserai, pour la première fois, exiger votre déférence.

LETTRE XXVII.

Delphine à mademoiselle d'Albémar.

De l'abbaye du Paradis, ce 1ᵉʳ mai.

Pardonnez, ma sœur, si je ne puis vous peindre avec détail les sentimens de mon âme; parler de moi me fait mal. Ce que je puis vous dire seulement, c'est que je souhaiterois sans doute qu'avant la fin de mon noviciat, une circonstance heureuse me permît de ne pas prononcer mes vœux; mais tant que je n'aurai que l'alternative de ces vœux ou de mon déshonneur, rien ne peut faire que j'hésite à les prononcer; pardon encore de repousser ainsi vos conseils et votre amitié; mais il y a des situations et des douleurs dans la vie, dont personne ne peut juger que nous-mêmes.

LETTRE XXVIII.

Madame de Mondoville, mère de Léonce, à sa sœur, madame de Ternan.

Madrid, ce 15 mai 1792.

Vainement, ma chère sœur, vous vous croyez certaine d'avoir fixé madame d'Albémar auprès de vous; vainement vous pensez que je n'ai plus rien à craindre du fol amour de mon fils pour elle; tous vos projets peuvent être renversés, si vous ne suivez pas le conseil que je vais vous donner.

Une lettre de Paris m'apprend que Matilde est malade, elle le cache à tout le monde, et plus soigneusement encore à mon fils; mais le jeûne rigoureux auquel elle s'est astreinte cette année, quoiqu'elle fût grosse, lui a fait un mal peut-être irréparable; et l'on m'écrit que si, dans cet état, elle persiste à vouloir nourrir son enfant, certainement elle n'y résistera pas deux mois : si elle meurt, mon fils ne perdra pas un jour pour découvrir la retraite de madame d'Albémar; il l'engagera bien aisément à renoncer à son noviciat, et rien au monde alors ne pourra l'empêcher de l'épouser; quelle est donc la ressource qui peut nous rester contre ce malheur? une seule, et la voici :

Il faut obtenir des dispenses de noviciat pour madame d'Albémar, et lui faire prononcer ses vœux tout de suite; rien de plus facile et rien de plus sûr que ce moyen : j'ai déjà parlé au nonce du pape en Espagne; il a écrit en Italie, l'on ne vous refusera point ce que vous demanderez ; envoyez un courrier à Rome, donnez les prétextes ordinaires en pareils cas, et quand vous aurez obtenu la dispense, offrez, comme vous l'avez déjà fait, à madame d'Albémar, le choix de prononcer ses vœux, ou de sortir de votre maison; elle n'hésitera pas, et nous n'aurons plus d'inquiétude, quoi qu'il puisse arriver.

Nous ne pouvons nous reprocher en aucune manière d'abréger le noviciat de madame d'Albémar; elle a manifesté son intention de se faire religieuse, elle a vingt-deux ans, elle est veuve, personne n'est plus en état qu'elle de se décider, et ce n'est pas la différence de quelques mois qui rendra ses vœux moins libres et moins légitimes ; mais de quelle importance n'est-il pas pour nous, de ne pas nous exposer à attendre les couches de Matilde? Si elle meurt, madame d'Albémar vous quitte; vous perdez ainsi pour jamais une société qui vous est devenue nécessaire; et moi, j'aurai pour belle-fille un caractère inconsidéré, une tête imprudente, qui mettra le trouble dans ma famille.

Je suis vieille, assez malade, je veux mourir en paix, et rappeler près de moi mon fils; soit que Matilde vive ou qu'elle meure, Léonce m'aimera toujours par-dessus tout, s'il n'est pas lié à une femme dont il soit amoureux, et qui absorbe entièrement toutes ses affections; mon esprit, au moins à présent, lui est nécessaire : s'il a une femme qui ait aussi de l'esprit, et de plus, de la jeunesse et de la beauté, que serai-je pour lui? Vous m'avez avoué, ma sœur, que vous vous préfériez aux autres : moi, si je suis personnelle, c'est dans le sentiment que je le suis ; je donnerois ma vie avec joie pour le bonheur de mon fils; mais je ne voudrois pas qu'une autre que moi fît ce bonheur, et je me sens de la haine pour une personne qu'il aime mieux que moi.

Vous voyez, chère sœur, avec quelle franchise je vous parle; mais songez surtout combien il est essentiel de ne pas perdre un moment, pour nous préserver des chagrins qui nous menacent.

LETTRE XXIX.

Madame de Cerlebe à mademoiselle d'Albémar.

De l'abbaye du Paradis, ce 20 juin.

Tout est dit, le temps sur lequel je comptois nous est arraché. Les vœux éternels sont prononcés ! Ah ! nous avons été entraînées par je ne sais quelle puissance inexplicable, et maintenant qu'il faut que je vous rende compte de ces malheureux jours, leur souvenir se perd dans le trouble qui nous a peut-être empêchées de faire usage de notre raison.

Depuis près de trois mois, que madame d'Albémar étoit novice, madame de Ternan avoit cherché tous les moyens de prendre de l'ascendant sur elle ; ce n'étoit point par de l'art ou de la fausseté qu'elle y étoit parvenue ; il faut rendre à madame de Ternan la justice qu'elle a beaucoup de vérité dans le caractère, mais tant d'humeur et de personnalité, qu'il faut, ou se brouiller avec elle, ou céder à ses volontés. Combien, dans la plupart des associations de la vie, n'y a-t-il pas d'exemples de l'empire de l'humeur et de l'exigeance, sur la douceur et la raison : dès qu'un lien est formé de manière qu'on ne puisse plus le rompre sans de graves inconvéniens, c'est le plus personnel des deux qui dispose de l'autre.

Je me croyois sûre cependant que nous avions encore plusieurs mois devant nous; je comptois sur votre arrivée, que vous aviez annoncée ; je me flattois que pendant ce temps il surviendroit des incidens qui délivreroient madame d'Albémar sans la compromettre : lorsqu'il y a trois jours, je vins la voir à son couvent, je la trouvai beaucoup plus triste qu'elle ne l'avoit été jusqu'alors ; interrogée par moi, elle me dit que madame de Ternan avoit obtenu à Rome des dispenses de noviciat, et qu'elle vouloit l'obliger à prononcer ses vœux dans trois jours : indignée de cette résolution, j'en demandai les motifs. — Elle ne me les a pas fait connoître, répondit madame d'Albémar, elle s'est retranchée dans la phrase ordinaire dont elle se sert, quand elle a de l'humeur contre moi; elle m'a dit que si je ne voulois pas suivre ses conseils, elle rendroit publique la lettre du commandant de Zell, et se conformeroit à la délibération des sœurs qui, en conséquence de cette lettre, avoient décidé qu'elles ne me garderoient pas dans leur couvent. J'ai cependant persisté dans mon refus d'abréger mon noviciat, continua Delphine; mais cette affreuse menace me remplit de terreur. — J'essayai alors de rassurer madame d'Albémar, et je me déterminai à parler à madame de Ternan, malgré l'éloignement qu'elle m'inspire : je lui fis demander de la voir ; elle me fit dire capricieusement de revenir le lendemain.

En arrivant, je lui expliquai l'objet de ma visite; elle me dit, avec une franchise d'égoïsme tout-à-fait originale, qu'elle avoit des raisons de craindre que si le noviciat de Delphine duroit un an, les circonstances ou ses amis ne la fissent renoncer au projet de se faire religieuse, et qu'elle ne vouloit pas s'exposer à perdre la société d'une personne qui lui plaisoit extrêmement. Je voulus lui parler alors du plaisir d'être généreuse envers ses amis, de se sacrifier pour eux ; elle me répondit honnêtement, mais comme s'il falloit de la politesse pour ne pas se moquer de ce qu'elle appeloit ma mauvaise tête ; et non-seulement elle n'étoit pas ébranlée par tout ce que je pouvois lui dire, mais elle n'avoit pas l'air de croire qu'on pût hésiter sur ce que je proposois, et répétoit sans cesse : — Comment peut-on me demander de ne pas employer tous mes moyens pour faire réussir une chose que je souhaite ? c'est vraiment de la folie.

— Je retournai ensuite vers Delphine, et je voulus l'engager à sortir de l'abbaye, à braver ce qu'on pourroit dire, en venant s'établir chez moi; mais je vis avec douleur qu'elle n'en avoit pas la force. — Autrefois, me dit-elle, je ne craignois pas du tout l'opinion, et je ne consultois jamais que le propre témoignage de ma conscience; mais depuis que le monde a trouvé l'art de me faire mal dans mes affections les plus intimes, depuis que j'ai vu qu'il n'y avoit pas d'asile contre la calomnie, même dans le cœur de ce qu'on aime, j'ai peur des hommes, et je tremble devant leur injustice, presque autant que devant mes remords; enfin, j'ai tant souffert, que je n'ai plus qu'un vif désir, celui d'éviter de nouvelles peines. — C'est ainsi, mademoiselle, que me trouvant entre l'inflexible personnalité de madame de Ternan, et l'effroi que causoit à Delphine la seule idée d'un éclat déshonorant, tous mes efforts auprès de l'une et l'autre étoient inutiles.

Cependant je me flattois, avec raison, d'avoir plus d'ascendant sur Delphine; elle redoutoit les vœux précipités qu'on exigeoit d'elle, et souhaitoit extrêmement de pouvoir y échapper: j'étois avec elle, et nous cherchions ensemble s'il existoit un moyen d'ébranler la résolution de madame de Ternan, lorsqu'elle entra dans la chambre avec un air d'indignation qui me fît battre le cœur. — Voilà, madame, dit-elle à Delphine, la lettre que vous m'attirez; c'en est trop, il faut pourtant que vous cessiez de porter le trouble dans cette maison. — Je lus à Delphine tremblante la lettre que madame de Ternan consentit à me donner; elle contenoit des menaces insensées et offensantes, que M. de Valorbe écrivoit à madame de Ternan; il lui déclaroit qu'il avoit appris qu'elle vouloit forcer madame d'Albémar à se faire religieuse, et que, dans peu de jours, espérant obtenir sa liberté du gouvernement autrichien, il viendroit réclamer lui-même madame d'Albémar, et accuser publiquement quiconque voudroit la retenir: il ajoutoit à ces menaces, déjà très-blessantes, quelques mots qui indiquoient le peu de dévotion de madame de Ternan, et les motifs de vanité qui lui avoient fait haïr le monde. Après une telle lettre, il n'étoit plus possible d'espérer que madame de Ternan fléchît jamais sur la volonté qu'elle avoit exprimée; le malheureux Valorbe n'avoit certainement dans cette circonstance que le désir d'être utile à madame d'Albémar, et pour la seconde fois il la perdoit.

Madame de Ternan étoit irritée à un degré excessif ; c'est une personne qu'on ne peut plus ramener, quand une fois son amour-propre est offensé. Madame d'Albémar voulut dire quelques mots sur ce qu'il seroit injuste de la rendre responsable du caractère de M. de Valorbe, elle qui en avoit été si cruellement victime. — Que vous soyez innocente ou non, madame, de son insolente folie, répondit madame de Ternan, il n'en est pas moins vrai qu'il veut vous enlever d'ici, quand il aura recouvré sa liberté. Pour prévenir cette scène scandaleuse, il ne reste que deux partis à prendre ; ou vous ferez perdre toute espérance à M. de Valorbe, en vous fixant dans cette maison pour toujours, ou vous voudrez bien en sortir ; et comme il ne faut pas que M. de Valorbe puisse se flatter que ces menaces m'ont fait peur, je ferai connoître la délibération de nos sœurs et ses motifs. — J'espérai un moment que le ton impérieux de madame de Ternan avoit révolté Delphine, et qu'elle alloit tout braver pour lui résister, car elle lui répondit, avec beaucoup de dignité : — Vous abusez trop, madame, de mon malheur, et vous comptez trop peu sur mon courage.

— Dans ce moment on apporta une lettre de vous ; pardonnez-moi, mademoiselle, la peine que je vais vous causer; ne vous accusez pas cependant, car je suis sûre que cette lettre n'a rien changé à l'événement, il étoit inévitable. Madame de Ternan prit, avec sa hauteur accoutumée, votre lettre adressée à madame d'Albémar, et dit à Delphine : — Tant que vous êtes novice dans ma maison, madame, j'ai le droit de lire vos lettres : la voici, continua-t-elle, après l'avoir parcourue; on y parle seulement de mon neveu et de l'heureux accouchement de sa femme. — Delphine tressaillit au nom de Léonce, et la main qu'elle tendit pour recevoir la lettre trembloit extrêmement. Vous savez que vous lui mandiez que Matilde étoit accouchée d'un fils, et que sans doute elle se portoit bien, puisqu'elle étoit décidée à nourrir son enfant; vous ajoutiez que Léonce paroissoit sentir vivement le bonheur d'être père.

Delphine baissa son voile, pour lire cette lettre, afin de cacher son trouble; je lui demandai de la voir, et comme elle me la donnoit, sa main souleva par hasard ce voile, et nous vîmes baigné de pleurs ce visage céleste, que toutes les impressions de l'âme, même les plus douloureuses, embellissent encore. Elle rougit extrêmement, quand elle s'aperçut que son émotion, dans une pareille circonstance, et pour un semblable sujet, avoit été connue ; et c'est alors qu'avec l'accent le plus sombre, et l'expression de découragement la plus déchirante, elle dit :—C'est assez résister, c'est assez combattre pour une existence infortunée, contre tous les événemens et tous les caractères; mes amis, le monde et mon propre cœur sont lassés de moi, c'est assez ; demain, madame, continua-t-elle en s'adressant à madame de Ternan, demain, à pareille heure, je me lierai par les sermens que vous me demandez. Que personne n'en soit témoin, je vous en conjure; ma disposition ne me rend pas digne de l'appareil qui donneroit à cette cérémonie un caractère imposant; séparez-moi du passé, de l'avenir, de la vie ; c'est tout ce que je veux, c'est tout ce que je puis. — Madame de Ternan embrassa Delphine avec une sorte de triomphe qui me fit bien mal ; ce qui lui causoit le plus de plaisir encore dans la résolution de Delphine, c'étoit d'être parvenue à se faire obéir. Elle me demanda de la laisser seule avec madame d'Albémar tout le jour, pour la préparer au lendemain; il fallut m'éloigner. Delphine, profondément absorbée, ne remarqua point mon départ.

Le lendemain, j'arrivai de bonne heure au couvent; les religieuses entouroient Delphine, et lui demandoient si elle sentoit la grâce descendre dans son cœur; elle ne répondoit rien, pour ne pas les scandaliser ni les tromper; mais elle m'a dit depuis, que dans aucun temps de sa vie, elle n'avoit éprouvé des sentimens moins conformes à la situation où elle se trouvoit; car rien ne lui paroissoit plus contraire à l'idée qu'elle a toujours nourrie de la véritable piété, que ces institutions exagérées qui font de la souffrance le culte d'un Dieu de bonté. Les cérémonies de deuil dont on l'entouroit ne produisirent aucune impression; une fois, m'a-t-elle dit, elle avoit été profondément touchée d'une semblable cérémonie, mais son âme étoit maintenant si fort occupée, qu'aucun objet extérieur ne frappoit même son imagination.

L'abbesse arriva; elle avoit mis du soin dans l'arrangement de son costume, elle avoit l'air plus jeune, et sans doute elle rappeloit davantage Léonce; car Delphine, s'approchant de moi, me dit: — Considérez madame de Ternan, c'est la ressemblance de Léonce que je vois, c'est elle qui marche devant moi, puis-je me tromper en la suivant? N'y a-t-il pas quelque chose de surnaturel dans cette ombre de lui qui me conduit à l'autel? O mon Dieu! continua-t-elle à voix basse, ce n'est pas à vous que je me sacrifie, ce n'est pas vous qui exigez l'engagement insensé que je vais prendre; c'est l'amour qui m'entraîne, c'est l'injustice des hommes qui m'y condamne; pardonnez si l'on me force à prononcer votre nom, je ne cherche ici qu'un asile ; c'est dans mon cœur qu'est votre culte. Toutes ces vaines démonstrations, toutes ces folles promesses, je vous en demande le pardon, loin d'en espérer la récompense. — Je ne puis vous peindre, mademoiselle, ce qu'il y avoit d'effrayant dans ce discours, et dans l'expression de douleur qu'on voyoit alors sur le visage de Delphine ; si elle s'étoit faite religieuse avec les sentimens de cet état, j'aurois versé plus de larmes, mais j'aurois moins souffert; il me sembloit que je la voyois marcher à la mort, sans réflexion, sans terreur, avec cet égarement qui a quelquefois le caractère de l'insouciance, mais qui ne vient cependant que de l'excès même du désespoir.

Les religieuses accompagnèrent Delphine sans ordre, sans recueillement; elles avoient, sans s'en rendre compte, une idée confuse du motif de tout ce qui se passoit. Delphine étoit plus belle que je ne l'ai vue de ma vie; mais ces charmes ne venoient point de l'abattement ni de la pâleur qui la rendoient si intéressante depuis quelque temps; elle avoit, au contraire, une expression animée, qui tenoit, je crois, à de la fièvre; elle ne leva pas même une seule fois les yeux vers le ciel, comme si elle eût craint de l'attester dans une pareille circonstance.

Madame de Ternan remplissoit les devoirs de sa place avec décence, mais sans que rien en elle pût émouvoir le cœur par des sentimens religieux; un prêtre d'un talent médiocre fit un discours que personne n'écouta fort attentivement: cependant lorsqu'à la fin, suivant l'usage, il interpella formellement la novice, pour lui recommander de ne point embrasser l'état de religieuse par des *motifs humains*, Delphine tressaillit, et, laissant tomber sa tête sur ses deux mains, elle fut absorbée dans une méditation si profonde, qu'aucun des objets qui l'entouroient ne paroissoit attirer son attention; elle devoit, dans un moment convenu, s'avancer au milieu du chœur; et, comme elle n'avoit pas l'air de penser à quitter sa place, j'eus un moment l'espoir qu'elle alloit refuser de prononcer ses vœux, mais cet espoir dura peu. L'abbesse commença la première à chanter, ainsi que cela est ordonné dans ces cérémonies, un psaume très-solennel, dont les paroles sont :

Souviens-toi qu'il faut mourir (1).

La voix de madame de Ternan est belle et jeune encore : je reconnus dans sa manière de prononcer cet accent espagnol dont madame d'Albémar m'avoit souvent parlé, et je compris d'abord, à l'extrême émotion de Delphine, que tout lui rappeloit Léonce; enfin elle se leva, et se dit à elle-même, assez haut cependant pour que je l'entendisse : — Eh bien! puisque le ciel se sert de cette voix pour m'ordonner de mourir, il n'y faut pas résister. Léonce, Léonce! répéta-t-elle encore en se jetant à genoux, reçois mon sacrifice! — Sa beauté, en ce moment, étoit enchanteresse, et je pensois, avec un mélange d'étonnement et de terreur, à cet amour tout-puissant, à cet homme inconnu, mais sans doute extraordinaire, puisque son souvenir occupoit entièrement cette charmante créature, qui s'immoloit à sa tendresse pour lui.

Pendant le reste de la cérémonie, Delphine montra assez de force; et ce qui acheva de me confondre, c'est que, rentrée chez elle avec

---

(1) *Memento mori.*

moi, lorsque tout fut terminé, elle ne paroissoit pas se ressouvenir qu'elle eût changé d'état : elle ne disoit plus rien qui eût aucun rapport avec ce qui venoit de se passer, et s'occupoit seulement de la lettre qu'elle vouloit écrire à M. de Valorbe, en lui apprenant la résolution qu'elle venoit d'accomplir, et le priant d'accepter une partie de sa fortune. Je ne combattis point cette généreuse pensée ; madame d'Albémar ne peut se soutenir dans sa situation que par l'enthousiasme ; tant qu'il lui restera quelque action noble à faire, elle ne sentira pas tout ce que son état a de cruel.

Elle a pris de grandes précautions pour qu'on ne sache point son nom, afin que de long-temps Léonce ne puisse découvrir ce qu'elle est devenue, ni les motifs qui l'ont forcée à se faire religieuse ; elle craindroit qu'il ne s'en vengeât sur M. de Valorbe. Enfin, je l'ai vue, pendant les deux heures que j'ai passées avec elle, constamment occupée des autres, et, dans l'éclat de la jeunesse et de la beauté, parlant d'elle-même comme si elle eût déjà cessé d'exister.

Maintenant, hélas ! mademoiselle, en écrivant à votre amie, songez que son malheur est sans ressource, encouragez-la à le supporter ; vous avez de l'empire sur elle, faites-en l'usage que la nécessité commande. Ne me haïssez pas de n'avoir pu sauver Delphine! j'ai assez souffert pour que vous ne puissiez pas douter des sentimens dont je suis pénétrée.

LETTRE XXX.

M. de Valorbe à madame d'Albémar.

Zell, ce 24 juin.

Vous avez eu tort de vous faire religieuse, vous avez craint d'être déshonorée par les heures passées à Zell, et vous n'avez pas daigné penser que je vous justifierois avant de mourir; en mourant, je ferai connoître la vérité; elle parviendra à Montalte, qui est maintenant en Languedoc; je lui permettrai d'en instruire Léonce, une fois, dans quelque temps, quand mes cendres seront assez refroidies, pour que votre triomphe ne les insulte pas; vous serez alors bien affligée de vous être séparée pour jamais du monde; mais pourquoi n'avez-vous pas compté sur ma mort? Je vous l'avois promise, il falloit m'en croire.

Si quelqu'un avoit voulu m'aimer, je sens que je me serois adouci, je serois redevenu digne de ce qu'on auroit fait pour moi ; mais à qui importoit-il que je vécusse ?

Savez-vous ce qu'il y a d'horrible dans ma situation ? Ce n'est pas de terminer une vie que la ruine, les souffrances, le déshonneur me rendent odieuse ; mais c'est de n'avoir pas au fond du cœur un seul sentiment doux, de ne pouvoir verser des pleurs sur mon sort, d'être dur pour moi, comme l'a été le reste des hommes ; de me haïr, de repousser l'instinct de la nature, par une sorte de férocité qui m'inspire la dérision de mes propres douleurs. Oui, les hommes m'ont enfin mis de leur parti, je me traite comme ils m'ont traité ; et si c'est un crime de repousser tous les secours qui pourroient conserver la vie, je le commets, ce crime, avec le sang-froid barbare qui feroit immoler un ennemi long-temps détesté.

Delphine, vous que j'aimois, vous qui pouviez tirer encore des larmes de ce cœur desséché, vous avez mieux aimé nous tuer tous les deux, que de réunir nos malheureuses destinées. Écoutez-moi, je vous ai pardonné, vous valiez encore mieux que le reste de la terre ; votre réputation sera complétement rétablie, elle le sera par moi ; Léonce ne pourra pas former contre vous le moindre soupçon. Malheureux que je suis ! il y aura encore de l'amour après moi, il y aura des cœurs qui seront heureux..... Qu'ai-je dit, hélas ! pauvre Delphine, ce ne sera pas vous qui jouirez de la vie. Je vous le répète encore, pourquoi vous êtes-vous faite religieuse? C'étoit moi que vous vouliez fuir, et vous préfériez le tombeau à notre hymen. Mais ne pouviez-vous pas attendre quelques momens, quelques jours? je n'en demandois pas plus pour achever de vivre. Oh ! que je souffre ! mourir est plus douloureux encore que je ne croyois.

LETTRE XXXI.

Madame de Cerlebe à mademoiselle d'Albémar.

Zurich, ce 28 juin 1792.

L'INFORTUNÉ Valorbe n'est plus ; en mourant, il a écrit à madame d'Albémar qu'il la justifieroit dans l'opinion ; ainsi, huit jours après avoir prononcé ses vœux, elle apprend que le sacrifice affreux qu'elle a fait est devenu inutile.

La mort de M. de Valorbe a été terrible. En recevant la lettre de madame d'Albémar, qui lui apprenoit qu'elle avoit prononcé ses vœux, il est tombé dans un accès de désespoir tel, qu'il a déchiré lui-même ses blessures déjà rouvertes, et, pendant trois jours, il a refusé tous les secours qu'on vouloit lui donner pour le sauver; mais, par une inconséquence déplorable, quand il n'y avoit plus de ressource, il a vivement désiré qu'on pût en trouver. Violent et foible jusqu'au dernier moment, il a regretté la vie, quand sa volonté avoit appelé la mort; irrité par ses douleurs, irrité par la résistance que la nature opposoit à ses désirs, il a éprouvé comme une sorte de rage de mourir, après avoir maudit l'existence, tant qu'il étoit en son pouvoir de la conserver. Plusieurs fois, en expirant, il a nommé madame d'Albémar, et l'a accusée de son sort.

Madame de Ternan, qui ne ménage jamais les autres, a remis à Delphine une lettre de Zell, qui contenoit tous ces détails; et quand je suis arrivée à l'abbaye, madame d'Albémar savoit tout, et, se jetant dans mes bras, elle m'a dit : — Jusqu'à ce jour, je n'avois fait de mal qu'à moi, et maintenant je suis coupable de la mort d'un homme, d'un homme qui avoit conservé la vie à mon bienfaiteur! Oh! que j'ai pitié de lui; oh! que je voudrois, aux dépens de ma vie, l'avoir sauvé! Il vivroit, s'il ne m'eût pas connue! malheureuse, pourquoi suis-je née ! — J'ai dit à Delphine tout ce qui pouvoit lui persuader qu'elle ne devoit point se reprocher la mort de M. de Valorbe. — Je sais bien, me répondit-elle, que je ne suis pas méchante, mais j'ai d'autres défauts qui causent autant de malheurs autour de moi, l'imprudence, l'entraînement, les sentimens irréfléchis et passionnés. Je n'ai pas su guider ma vie, et j'ai précipité les autres avec moi. — Je vous en conjure, lui dis-je, ne considérez pas les malheurs que vous éprouvez comme le résultat de vos erreurs et de vos fautes. Les résolutions que vous avez prises appartenoient à des sentimens tout-à-fait involontaires. Il y a de la fatalité en nous comme hors de nous, et il ne faut pas plus se révolter contre soi, que contre les autres. — Ah ! reprit Delphine, tout pouvoit encore se supporter ; mais la mort ! l'irréparable mort ! —

J'essayai de lui parler du soin que M. de Valorbe avoit pris de la justifier dans l'esprit de Léonce. — Le malheureux, s'écria-t-elle, c'est un trait de bonté qui doit l'absoudre de tout, il m'a justifiée ! Voilà donc, dit-elle en s'arrêtant subitement comme si une pensée tout-à-fait imprévue se fût emparée d'elle, voilà déjà la moitié de la prédiction de ma sœur qui s'est accomplie! ne m'a-t-elle pas dit que la vérité seroit connue sur mon voyage à Zell? elle le sera. Ne m'a-t-elle pas dit aussi que peut-être un jour Léonce seroit libre? Oh! d'où vient que cette idée, la plus invraisemblable de toutes, m'est revenue dans cet instant? c'est parce que mon sort est maintenant irrévocable, que je crois aux événemens qui me paroissoient impossibles il y a quelque temps : funeste imagination! s'écria-t-elle, ah Dieu! — Et elle resta plongée dans le plus profond silence.

Madame d'Albémar n'est pas encore en état de vous écrire, mademoiselle, elle m'a demandé de m'en charger; c'est toujours à vous qu'elle pense au milieu de ses plus grandes peines. Ah! mademoiselle, venez, venez ici. Votre présence est le seul bien qui puisse consoler cette jeune infortunée, privée de tout autre espoir pour le cours de sa longue vie.

H. DE CERLEBE.

LETTRE XXXII.

Madame de Lebensei à mademoiselle d'Albémar.

Paris, ce 3o juin 1792.

Madame de Mondoville est tombée tout à coup très-malade, mademoiselle; elle s'obstine à vouloir nourrir son enfant, dans cet état, et si l'on n'obtient pas d'elle d'y renoncer, sa mort est certaine. Je vous donnerai de ses nouvelles exactement; mon mari ne quitte pas M. de Mondoville. Ne mandez pas à madame d'Albémar la situation de Matilde; il faut lui épargner des impressions trop mêlées, trop diverses, pour ne pas agiter vivement son cœur. Soyez sûre que je ne passerai pas un jour sans vous informer de la santé de madame de Mondoville. Nous nous entendons sans nous exprimer. Adieu, mademoiselle.

Élise de Lebensei.

SIXIÈME PARTIE.

LETTRE PREMIÈRE.

Delphine à mademoiselle d'Albémar.

De l'abbaye du Paradis, ce 1ᵉʳ juillet 1792.

Mon amie, j'ai causé la mort d'un homme ! c'est en vain que je cherche dans ma pensée des excuses, des explications ; je n'ai pas eu des intentions coupables, mais sans doute je n'ai pas su ménager le caractère de M. de Valorbe ; je n'aurois pas dû lui donner un asile dans ma propre maison : un bon sentiment m'y portoit ; mais la destinée des femmes leur permet-elle de se livrer à tout ce qui est bien en soi ? Ne falloit-il pas calculer les suites d'une action même honnête, et trouver une manière plus sage de concilier la bonté du cœur avec les devoirs imposés par la société ? Si je n'avois pas des reproches à me faire, serois-je si malheureuse ? on ne souffre jamais à ce point sans avoir commis de grandes fautes.

Je repasse sans cesse dans ma pensée ce que j'aurois pu écrire à M. de Valorbe, qui eût adouci son désespoir, quand je lui annonçai mon nouvel état : il me semble que la crainte fugitive de ce qui vient d'arriver a traversé mon esprit, et que je ne m'y suis pas assez arrêtée. Je cherche à me rappeler le moment où cette crainte m'est venue, le degré d'attention que j'y ai donné, les pensées qui m'en ont détournée. Je m'efforce de suivre en arrière les plus légères traces de mes réflexions, pour m'accuser ou m'absoudre. Je me reproche enfin de ne pas accorder à la mémoire de M. de Valorbe les sentimens qu'il demandoit de moi, de ne pas regretter assez celui qui est mort pour m'avoir aimée ; je n'ose me livrer à m'occuper de Léonce : il me semble que M. de Valorbe me poursuit de ses plaintes, il n'y a plus de solitude pour moi, les morts sont partout.

Vous le savez, autrefois, quand j'étois près de vous, je me plaisois dans la vie contemplative ; le bruit du vent et des vagues de la mer, qu'on entendoit souvent dans notre demeure, me faisoit éprouver les sensations les plus douces ; je rêvois l'avenir, en écoutant ces bruits harmonieux, et, confondant les espérances de la jeunesse avec celles d'un autre monde, je me perdois délicieusement dans toutes les chances de bonheur que m'offroit le temps, sous mille formes différentes. Cet été même, quand je n'avois plus à attendre que des peines, vingt fois, au milieu de la nuit, me promenant dans le jardin de l'abbaye, je regardois les Alpes et le ciel, je me retraçois les écrits sublimes qui, dès mon enfance, ont consacré ma vie au culte de tout ce qui est grand et bon : les chants d'Ossian, les hymnes de Thompson à la nature et à son Créateur, toute cette poésie de l'âme qui lui fait pressentir un secret, un mystère, un avenir, dans le silence du ciel et dans la beauté de la terre; le merveilleux de l'imagination, enfin, m'élevoit quelquefois dans la solitude au-dessus de la douleur même ; je me rappelois alors la destinée de tout ce qui a été distingué dans le monde, et je n'y voyois que des malheurs. Amour, vertu, génie, tout ce qui a honoré l'homme, l'homme l'a persécuté. Pourquoi donc, me disois-je, serois-je révoltée de mon sort? quand j'ai osé sentir, penser, aimer, ne me suis-je pas condamnée à souffrir! Et je levois des regards plus fiers vers ces astres, qui ont recueilli toutes les idées, toutes les affections que les vulgaires habitans de ce monde ont repoussées. Cette disposition de mon cœur m'étoit assez douce, elle m'aidoit à supporter le nouvel état que j'ai embrassé; mais depuis la mort de M. de Valorbe, je ne sais quelle inquiétude, quel sentiment amer ne me permet plus d'être bien quand je suis seule.

Il faut que j'essaie d'une vie plus utilement employée, et que je fasse servir mon existence au bien des autres, pour parvenir à la supporter moi-même. Les plaisirs d'une bienfaisance continuelle, l'espoir de perfectionner mon âme, en soulageant l'infortune, me ranimeront peut-être : les heures oisives que l'on passe ici me deviennent trop pénibles; la rêverie me consume, au lieu de me calmer; je ne puis échapper à moi, qu'en m'occupant sans cesse à secourir les souffrances de l'humanité; écoutez mon projet, ma sœur, et secondez-le.

La société de madame de Ternan me devient chaque jour moins agréable; je ne lui plais plus, depuis que les malheurs que j'ai éprouvés me rendent incapable de chercher à la distraire; elle a un fond de tristesse sans sujet, qui lui fait détester dans les autres les peines qui ont une cause réelle; et jamais personne n'a été moins propre à consoler, car elle n'observe jamais que ce qui la regarde personnellement; on diroit qu'elle ne croit à rien qu'à ce qu'elle éprouve, et que tout ce qui l'environne lui paroît devoir être une modification d'elle-même. Je voudrois quitter cette femme qui m'a fait tant de mal, et me réunir à quelque association religieuse, mais consacrée à la bienfaisance. Je n'ai pas la moindre vocation pour le genre de vie qu'on mène ici ; les pratiques continuelles et minutieuses que l'on m'impose sont, avec ma manière de voir, une sorte d'hypocrisie qui révolte mon caractère. Je ne veux pas cependant, comme madame de Ternan, m'affranchir presque entièrement des exercices religieux qu'on exige de nous ; je craindrois d'affliger, par mon exemple, mes compagnes qui s'y soumettent, mais je voudrois remplir quelques devoirs qui fussent analogues aux idées que j'ai sur la vertu.

Hier, un religieux du mont Saint-Bernard est venu dans notre couvent ; je lui trouvois une expression de calme et de sensibilité que n'ont point nos religieuses. Je me promenai quelque temps avec lui ; il me raconta par hasard, et sans y attacher lui-même autant d'importance que moi, un trait qui pénétra mon cœur. Un vieillard de son ordre, accablé d'infirmités, et retiré dans l'hospice des malades, apprit cet hiver qu'un voyageur, tombé dans les neiges à peu de distance de son couvent, étoit près de mourir ; il se trouvoit seul alors, tous ses frères étant absens pour rendre d'autres services; il n'hésita pas, il partit, et trouva le malheureux voyageur expirant au milieu des neiges ; il n'étoit plus possible de le transporter, il entendoit avec difficulté ce qu'on lui disoit ; le vieillard se mit à genoux près de lui, sur les glaces qui l'environnoient, il se pencha vers son oreille, et tâcha de lui faire comprendre les paroles qui donnent encore de l'espérance au dernier terme de la vie; il resta près d'une heure dans cette situation, recevant sur sa tête blanchie et sur son corps infirme la pluie et les frimas, qui sont mortels au sommet des Alpes pour la jeunesse elle-même. Le vieillard élevoit la voix ou l'adoucissoit, suivant l'expression du visage de son infortuné malade ; il faisoit pénétrer des consolations à travers les souffrances de l'agonie, et suivoit l'âme enfin jusqu'à son dernier souffle, pour apaiser les peines morales, quand la nature physique se déchiroit et s'anéantissoit. Peu de jours après, ce bon vieillard mourut du froid qu'il avoit souffert. Celui qui me racontoit ce généreux dévouement, s'étonnoit de mon émotion.

—Croyez-moi, ma chère sœur, me dit-il,

on est heureux de consacrer sa vie et sa mort au bien des autres; que signifieroient nos engagemens, nos sacrifices, s'ils n'avoient pas pour but de secourir les misérables? La prière est un doux moment, mais c'est quand on a fait beaucoup de bien aux hommes, que l'on jouit de s'en entretenir avec Dieu ; la piété se renouvelle par la vertu, les exercices religieux sont la récompense et non le but de notre vie. Nous mettons de bonnes actions faites sur la terre entre le ciel et nous; c'est alors seulement que la protection divine se fait sentir au fond de notre cœur. — Voilà, ma chère Louise, ce qui peut être utile dans l'état religieux ; voilà le genre de vie que je veux adopter, que je veux suivre.

Hélas! si l'infortuné Valorbe m'avoit justifiée pendant sa vie, comme il l'a fait à sa mort, je serois libre encore; mais pourquoi regretter les vœux que j'ai faits? ils m'ont été arrachés dans un moment de délire, ils n'avoient pour objet que d'échapper au plus grand des malheurs; mais ces vœux me lieront plus fortement encore à l'accomplissement de tous les devoirs de la morale; et si je puis consacrer toutes les heures de ma journée à des actes d'humanité, j'espère que je reprendrai du calme. Non, mon amie, je le sens, je n'ai pas mérité de souffrir toujours; et si je conforme ma vie à la plus parfaite vertu, la paix de l'âme doit m'être un jour rendue.

Existe-t-il encore, ma chère Louise, dans le Languedoc ou la Provence, quelques établissemens de charité tels que je les désire? je pourrois peut-être obtenir de mes supérieurs la permission de m'y retirer, et je finirois près de vous ma vie qui ne peut être longue. Ma sœur, dites-moi que vous désirez me revoir ; je n'en doute pas, mais il me sera doux de me l'entendre répéter.

LETTRE II.

Delphine à mademoiselle d'Albémar.

De l'abbaye du Paradis, ce 15 juillet 1792.

—*Ne quittez pas le lieu où vous êtes, la retraite inconnue où vous vivez ; ne venez pas près de moi à présent; au nom du ciel, n'y venez pas !* — Voilà ce que vous m'écrivez! Est-ce vous que mon malheur a lassée ? est-ce vous qui, fatiguée de mes égaremens, ne voulez plus me tendre une main protectrice? Écoutez, Louise, j'ai perdu successivement toutes mes illusions, toutes mes espérances ; mais si vous n'êtes pas ce qu'il y a de plus noble et de meilleur au monde, j'ignore ce que je suis moi-même; je ne puis plus rien juger, rien aimer; le ciel et la terre sont confondus à mes yeux; je ne sais où poser mes pas, et je demande à la nature ce qu'elle veut faire de moi, quand elle m'ôte le seul appui sur lequel je reposois encore mon âme. Mais non, j'en suis sûre, vous m'expliquerez le mystère qui règne dans votre lettre : le sort renferme mille événemens extraordinaires, toutefois il en est un impossible, c'est que la bonté se démente, c'est que l'amitié sincère se détache par le malheur, c'est que vous ne soyez pas une amie parfaitement bonne et généreuse! Réveillez-vous, Louise, réveillez-vous! un motif qui m'est inconnu vous a dicté votre incroyable refus; mais quel qu'il soit, ce motif, il ne doit rien valoir.

Peut-être croyez-vous qu'il est plus convenable pour moi de rester ici, que je ferois mieux de ne pas aller en France; ah! ne me déchirez pas le cœur, pour ce que vous croyez mon bien; la douleur que vous m'avez causée est au-dessus de toutes celles que vous voudriez m'épargner; les chances de l'avenir sont incertaines, et la douleur présente est le véritable mal. Plus je relis votre lettre, plus je me persuade que ce n'est point un sentiment froid, raisonnable, calculé, qui vous l'a dictée ; il y règne un trouble, une obscurité, une contradiction qui me font craindre pour vous, pour moi, quelque grand malheur que vous redoutez, que vous me cachez. Léonce est-il malade ? est-il menacé de quelque péril ?

Vous dirai-je que de malheureuses superstitions se sont emparées de moi, depuis que votre lettre a frappé mon esprit de terreur. Le dernier mot que M. de Valorbe a écrit en mourant, c'étoit pour exprimer son désir d'être enseveli dans notre église ; nos religieuses s'y refusoient d'abord, parce que l'on avoit répandu le bruit qu'il s'étoit tué ; mais j'ai mis tant de chaleur dans ma demande, que je l'ai enfin obtenue ; j'attachois un grand prix à rendre à cet infortuné ce dernier hommage. Hier au soir, je voulus aller visiter son tombeau ; votre lettre m'avoit inspiré plus de désir encore d'apaiser ses mânes. Je craignois pour Léonce ; j'avois besoin d'implorer toutes les protections invisibles que les infortunés appellent sans cesse, dans leurs impuissantes douleurs. J'arrive près du tombeau de M. de Valorbe, je frémis du profond silence qui m'environnoit, près d'un cœur si passionné, près d'un homme que la violence de ses sentimens avoit fait mourir. Je me mis à genoux, et je me penchai sur la pierre qui couvroit sa cendre. J'y versai long-temps des pleurs de pitié, de regret et de crainte. Quand je me relevai, mon premier mouvement fut de tirer de mon sein le portrait de Léonce, que j'y ai toujours conservé ; je voulus justifier auprès de lui la pitié que m'inspiroit M. de Valorbe ; mais je trouvai le portrait entièrement méconnoissable ; le marbre du tombeau de M. de Valorbe, sur lequel je m'étois courbée, l'avoit brisé sur mon cœur !

Plaignez-moi ; cette circonstance si simple me parut un présage ; il me sembla que du sein des morts, M. de Valorbe se vengeoit de son rival, et qu'un jour Léonce devoit périr dans mes bras. Ce jour approche-t-il ? le savez-vous ? voulez-vous me le cacher ? Ah ! cessez de vous montrer insensible à mon sort ! je ne puis le croire, je ne puis soupçonner votre cœur ; et toutes les chimères les plus cruelles s'offrent à moi, pour expliquer ce que je ne saurois comprendre.

LETTRE III.

Madame de Lebensei à mademoiselle d'Albémar.

Paris, ce 15 juillet 1792.

Les médecins ont déclaré que si Matilde persistoit à nourrir son enfant, elle étoit perdue, et que son enfant même ne lui survivroit peut-être pas. Un confesseur et un médecin amené par ce confesseur, soutiennent l'opinion contraire, et Matilde ne veut croire qu'eux. Léonce s'est emporté contre le prêtre qui la dirige; il a supplié Matilde à genoux de renoncer à sa résolution; mais jusqu'à présent il n'a pu rien obtenir. Elle se persuade que toutes les femmes qui sont un peu malades se font conseiller de ne pas nourrir, pour se dispenser d'un devoir; et rien au monde ne peut la faire sortir de cette opinion. Elle sait une phrase pour répondre à tout; elle dit que, quand elle se sentira malade, elle cessera de nourrir; mais que, n'éprouvant aucune douleur à présent, elle n'a point de motif pour céder à ce qu'on lui demande. On lui parle de son changement; on lui retrace tous les symptômes alarmans de son état; on veut l'effrayer sur le mal qu'elle peut faire à son fils : elle répond qu'elle n'y croit pas ; que le lait de la mère convient à l'enfant; qu'un changement de nourriture seroit très-dangereux pour lui, et qu'elle doit savoir, mieux que personne, ce qui est bon pour son fils et pour elle-même. Ces deux ou trois phrases répondent à toutes les conversations qu'on veut avoir avec elle, elle les répète toujours, les varie à peine ; et l'on sent en lui parlant, m'a dit M. de Lebensei, la résistance de l'entêtement comme un obstacle physique, sur lequel la force des raisonnemens ne peut rien.

Quel triste spectacle cependant que cette altération du jugement, cette folie véritable, revêtue des formes les plus froides et les plus régulières ! Léonce est au désespoir, surtout pour son fils. J'espère qu'il triomphera de la résistance de Matilde ; elle l'aime, c'est le seul sentiment qui ait sur elle un pouvoir indépendant de sa volonté. M. de Lebensei ne quitte pas Léonce ; il ne se montre pas toujours à Matilde, mais il est habituellement dans la chambre de M. de Mondoville, pour le soutenir et le consoler. Léonce, depuis huit jours, n'a pas prononcé le nom de madame d'Albémar. J'aime ce respect et cette pitié pour la situation de sa femme. Jamais, cependant,

je crois, il ne fut plus occupé de Delphine !
Agréez, mademoiselle, mes tendres hommages.

ÉLISE DE LEBENSEI.

LETTRE IV.

M. de Lebensei à mademoiselle d'Albémar.

Paris, ce 21 juillet 1792.

Hier, la femme de Léonce a cessé de vivre ! c'est vous, mademoiselle, qui l'apprendrez à madame d'Albémar. Je ne puis me refuser à vous exprimer la pitié que j'ai ressentie pour les derniers momens de cette jeune Matilde ; je suis sûr que votre noble amie, loin de me blâmer, la partagera.

Depuis un mois, l'opiniâtreté de madame de Mondoville avoit révolté tout ce qui l'entouroit. Léonce, surtout, inquiet pour son enfant, et ne sachant quel parti prendre, entre la crainte de réduire Matilde au désespoir, et le danger de son fils, n'avoit cessé de montrer à Matilde un sentiment contenu, mais très-blessé ; lorsqu'il y a quatre jours, une nuit plus alarmante que toutes les autres convainquit Matilde de son état ; elle fit venir Léonce, et, lui remettant son fils entre les bras, elle lui dit : — Il se peut que j'aie eu tort de vous résister si long-temps ; mais les opinions que je vous opposois exercent un tel empire sur moi, que je leur sacrifie sans regrets, à vingt ans, une vie que vous rendiez heureuse. Pardonnez, si votre volonté n'a pas d'abord obtenu ce que je ne faisois pas pour la conservation de ma propre existence. Je crains que la roideur de mon caractère ne vous ait donné de l'éloignement pour la religion que je professe ; ce seroit la pensée la plus amère que je pusse emporter au tombeau : n'attribuez point mes défauts à ma religion, elle n'a pu les corriger tous ; mais sans elle, ils auroient fait mon malheur et celui des autres ; c'est elle qui m'inspire la force de quitter avec courage ce que Dieu même me permettoit d'appeler le bonheur, une union intime avec le seul homme que j'aie aimé sur la terre. — Ces derniers mots touchèrent Léonce ; Matilde s'en aperçut, et lui prenant la main : — Croyez-moi, lui dit-elle, ce cœur n'étoit pas si froid que vous le pensiez ! mais ne falloit-il pas l'habituer à la contrainte ? la vie religieuse est une œuvre d'efforts, et l'entraînement trop vif vers les penchans les plus purs, détourne l'âme de son Dieu.

— Trois jours après cette conversation, Matilde, se sentant tout-à-fait mal, voulut causer seule avec Léonce, pour lui confier tout ce qui s'étoit passé entre elle et madame d'Albémar. Elle remit à son mari la lettre qu'elle avoit reçue de Delphine, et qui exprime si noblement tous les sentimens généreux de cette âme angélique. Léonce, qui avoit toujours conservé une sorte de ressentiment du départ de Delphine, éprouva l'émotion la plus vive en en apprenant la cause; et, malgré tous ses efforts, il lui fut impossible, m'a-t-il avoué, de cacher à Matilde l'admiration qu'il éprouvoit pour la conduite de madame d'Albémar. — Vous l'aimez, lui dit Matilde avec douceur, vous l'aimez encore! et je meurs. Eh bien! avouez donc que Dieu me protége! Croyez en lui, Léonce, et ne rendez pas inutiles les prières que je fais pour vous! — Ces mots si sensibles causèrent un remords douloureux à Léonce; il se jeta au pied du lit de Matilde, et couvrit sa main de larmes. Matilde reprit de la force; son cœur étoit satisfait de l'attendrissement de Léonce. — Vous épouserez madame d'Albémar, continua-t-elle; c'est une âme sensible et généreuse; mais je pense avec peine que votre bonheur, à l'un et à l'autre, est bien dépendant des hommes et des circonstances. L'honneur est votre guide, le sentiment est le sien ; mais vous n'avez point en vous-même un appui qui vous réponde de votre sort ; prenez-y garde, Léonce, Dieu veut être notre premier ami, notre seul maître, et la soumission entière à sa volonté est l'unique moyen d'être affranchi de tout autre joug. Léonce, ajouta-t-elle d'une voix émue, Léonce ! je voudrois emporter l'idée que vous serez heureux ; mais je crains bien que vous n'en ayez pas pris la route. Si je pouvois obtenir de vous que vous élevassiez notre enfant dans mes principes ! mais, hélas ! ce pauvre enfant, qui sait s'il vivra ? Il sera bientôt, peut-être, un ange dans le sein de Dieu. — Tout à coup elle s'arrêta, comme si une idée l'avoit troublée, et demanda son confesseur avec instance ; Léonce crut apercevoir qu'elle étoit inquiète d'avoir nourri son enfant trop long-temps. Il alla chercher le confesseur, et lui dit : — Monsieur, vous nous avez fait bien du mal, tâchez de le réparer autant qu'il est en votre puissance ; écartez de Matilde toute idée de remords. — Je ferai mon devoir, répondit le confesseur, et il entra chez Matilde. — C'est un homme tout à la fois rempli de fanatisme et d'adresse ; convaincu des opinions qu'il professe, et mettant cependant à

convaincre les autres de ces opinions, tout
l'art qu'un homme perfide pourroit employer ;
imperturbable dans les dégoûts qu'il éprouve,
et toujours actif pour les succès qu'il peut obtenir ; portant enfin dans une persévérance
que rien ne rebute, cette dignité religieuse
qui s'honore des humiliations, et place son
orgueil dans les souffrances même et dans
l'abaissement.

Il resta plusieurs heures enfermé avec Matilde, et quand Léonce la revit, elle lui parut
calme et ferme, et ne cherchant aucune occasion de lui parler seule. Pendant toute la nuit
qui précéda sa mort, cette jeune et belle Matilde supporta courageusement toutes les cérémonies dont les catholiques environnent
les mourans. J'étois retiré dans un coin de la
chambre, derrière les domestiques qui écoutoient à genoux les prières des agonisans; j'apercevois dans une glace le lit de Matilde, et je
voyois son confesseur approcher souvent la
croix de ses lèvres mourantes. J'éprouvois à
ce spectacle un tressaillement intérieur que
tout l'effort de ma volonté ne pouvoit vaincre.
A-t-on raison, me disois-je, d'entourer nos
derniers momens d'un appareil si sombre, de
surpasser en effroi la mort même, et de frapper par tant d'idées terribles l'imagination

des infortunés qui expirent ? le sacrifice même est à peine aussi redoutable que ses préparatifs ? ne vaut-il pas mieux laisser venir la fin de l'homme comme celle du jour, et faire ressembler, autant qu'il est possible, le sommeil de la mort au sommeil de la vie ! Oui, je le crois, celui qui meurt regretté de ce qu'il aime doit écarter de lui cette pompe funèbre ; l'affection l'accompagne jusqu'à son dernier adieu, il dépose sa mémoire dans les cœurs qui lui survivent, et les larmes de ses amis sollicitent pour lui la bienveillance du ciel ; mais l'être infortuné qui périt seul, a peut-être besoin que sa mort ait du moins un caractère solennel ; que des ministres de Dieu chantent autour de lui ces prières touchantes, qui expriment la compassion du ciel pour l'homme, et que le plus grand mystère de la nature, la mort, ne s'accomplisse pas sans causer à personne ni pitié ni terreur.

Léonce étoit resté toute la nuit appuyé sur le pied du lit de Matilde, absorbé dans les impressions profondes qu'il éprouvoit. Il m'a dit depuis, qu'en voyant mourir avec le calme le plus parfait, une femme si belle et si jeune, il se demandoit pourquoi dans les peines du cœur on s'efforçoit de vivre, puisque la mort causoit si peu d'effroi, même au milieu de toutes les prospérités de la vie ; tant il est vrai que, dans la destinée la plus heureuse, il y a toujours une fatigue secrète d'exister, qui console d'arriver au terme, quelque court qu'ait été le voyage !

Vous savez combien la physionomie de Léonce est expressive, et surtout combien la douleur s'y peint avec un charme et une énergie singulière ; il avoit passé la nuit dans la même attitude, debout et immobile ; ses cheveux étoient défaits, et sa beauté étoit vraiment alors très-remarquable. Matilde, qui avoit fermé les yeux depuis assez long-temps, les ouvrit ; le premier objet qui frappa ses regards, ce fut Léonce. — O mon Dieu ! s'écria-t-elle, est-ce mon époux ? est-ce un messager du ciel que je vois ? — A peine eut-elle dit ces mots, que son visage pâle se couvrit d'une vive rougeur ; elle appela son confesseur, et lui parla bas pendant quelques minutes ; j'entendis seulement qu'il lui répondoit : — Vous pouvez, madame, dire à M. de Mondoville un dernier adieu, vous le pouvez ; mais, après l'avoir prononcé, vous devez rester seule avec nous. — Léonce, dit alors Matilde en serrant la main de son époux dans les siennes, Léonce, répéta-t-elle avec un regard où se peignoient à la fois et les ombres de la mort, et le sentiment le plus vif de la vie, je vous ai toujours aimé; ne conservez de moi que ce souvenir ! Jésus-Christ lui-même n'a-t-il pas dit qu'*il seroit beaucoup pardonné à qui a beaucoup aimé?* ne dédaignez point ma mémoire, ne foulez point aux pieds, sans tressaillir, le tombeau de celle qui n'a chéri que vous sur la terre. — Léonce se précipita vers Matilde en pleurant; peu de secondes après, le confesseur s'approcha du lit, et dit à Léonce : Éloignez-vous, monsieur; madame de Mondoville ne se doit plus maintenant qu'à la prière et aux intérêts du ciel. — Léonce irrité se releva, Matilde prévit qu'il alloit exprimer sa colère, et se hâta de lui dire : — Léonce, c'est mon dernier, c'est mon plus grand sacrifice; mais il le faut, il le faut! — Léonce, accablé par cet ordre, se retira, et ne revit plus Matilde; une heure après elle expira.

Depuis ce moment, Léonce n'a point quitté son fils, dont l'état est fort dangereux, et je suis bien sûr qu'il n'a pas l'idée de s'en éloigner dans ce moment. Mais je ne doute pas non plus que, si son enfant étoit mieux, il ne partît à l'instant pour rejoindre Delphine. Il ne m'a pas encore prononcé son nom ; mais ce matin, comme nous étions ensemble à la fenêtre, au moment où le jour commençoit à paroître, il me dit : — Voyez, mon ami ! c'est du côté de la Suisse que le soleil se lève, c'est de là que viennent tous ses rayons ! — Et il se tut, craignant d'exprimer ses pensées secrètes; mais son visage trahissoit des sentimens d'espoir qu'il auroit voulu cacher.

Mandez-moi dans quel lieu demeure Delphine, il faut en instruire Léonce; ah ! maintenant, rien ne s'oppose plus à son bonheur ! Que l'infortunée Matilde le pardonne, mais je bénis le ciel d'avoir enfin réuni pour toujours deux êtres qui s'aimoient, et qui désormais ne seront plus séparés ! Élise et moi, mademoiselle, nous vous offrons nos tendres et respectueux hommages.

Henri de Lebensei.

LETTRE V.

Mademoiselle d'Albémar à M. de Lebensei.

Montpellier, ce 27 juillet.

Gardez-vous bien, monsieur, de laisser partir Léonce pour la Suisse; il n'est point de dessein plus funeste. Il faut vous révéler un secret affreux, un secret qui anéantit toutes nos espérances, au moment où le sort avoit écarté tous les obstacles. Les persécutions de

M. de Valorbe, la barbare personnalité d'une femme, un enchaînement de circonstances enfin, dont l'ascendant étoit inévitable, ont précipité madame d'Albémar dans la plus malheureuse des résolutions; elle est religieuse dans l'abbaye du Paradis, à quatre lieues de Zurich. M. de Valorbe, l'auteur de tous les chagrins de Delphine, est mort désespéré, lorsqu'il ne pouvoit plus rien réparer. Madame d'Albémar ne se repent que trop, je le crois, des vœux imprudens qui la lient pour jamais; et cependant elle ignore encore la mort de Matilde! Je ne puis penser sans horreur au désespoir que vont éprouver Léonce et Delphine, quand elle apprendra qu'il est libre, quand il saura qu'elle ne l'est plus. On ne peut éviter qu'ils ne connoissent une fois leur sort; mais il faut les y préparer, si toutefois il est possible qu'ils l'apprennent sans en mourir.

Je suis retenue dans mon lit par un accident assez fâcheux; remplissez à ma place, monsieur, les devoirs de l'amitié; vous avez plus de force et de caractère que moi, vos conseils leur seront plus utiles que mes larmes; secourez nos amis, jamais ils ne furent plus malheureux.

LETTRE VI.

M. de Lebensei à mademoiselle d'Albémar.

Paris, ce 2 août.

Quelle nouvelle vous m'apprenez, juste ciel ! et il est parti ce matin, avant que votre lettre me fût arrivée ! Je vais le rejoindre; dans deux heures j'aurai mon passe-port, et je serai sur ses traces. J'ignore ce que je lui dirai, ce que je pourrai faire pour lui; mais enfin il ne sera pas seul. L'infortuné ! quels événemens funestes ont précédé le malheur qui va l'accabler ! Avant-hier, il reçut la nouvelle qu'une maladie violente l'avoit privé de sa mère, et deux heures après, son fils est mort dans ses bras ! Au moment où ce pauvre enfant a cessé de vivre, Léonce s'est jeté sur son berceau, avec des convulsions de douleur qui me faisoient craindre pour lui : — Mon ami, s'est-il écrié, tous mes liens sont brisés, tous, hors un seul ! mais celui-là, si je le retrouve, je puis vivre; oui, sur le tombeau de ma famille entière, barbare que je suis, l'amour peut encore me rendre heureux. — Hélas ! et j'entendois ces paroles sans me douter de ce qu'elles avoient d'horrible. Je croyois à l'espérance qu'il invoquoit alors à son secours : depuis ce moment il ne m'a plus prononcé le nom de Delphine.

Le lendemain, il a suivi l'enterrement de son fils jusqu'au cimetière de Bellerive, où il a voulu qu'on l'ensevelît. J'y ai été avec lui ; rien n'est plus touchant que les honneurs rendus au cercueil d'un enfant : cette cérémonie n'a rien de sombre ; il semble qu'on devroit plaindre davantage celui qui perd la vie avant d'avoir goûté ses beaux jours, et cependant j'éprouvois un sentiment tout-à-fait contraire : ce qui attriste dans la mort, ce sont les longues douleurs qui l'ont précédée, les espérances trompées, les efforts pénibles qui n'ont pu conduire au but, et n'ont creusé que l'abîme où le temps et la douleur précipitent tous les hommes ; mais j'aime ces mots d'Hervey sur la tombe d'un enfant : « *La coupe de la vie lui a paru trop amère, il a détourné la tête.* » Heureux enfant ! dispensé de l'épreuve ! pauvre enfant ! que va devenir ton père ? prieras-tu pour lui dans le ciel ? ta mère se réunira-t-elle à toi ? Oh ! quel est l'esprit assez fort pour ne pas appeler ceux qui ne sont plus, au secours des vivans qu'ils ont aimés ! Quel est le cœur qui n'invoque pas ce qu'il ignore, quand il succombe à ce qu'il éprouve ! Hélas ! maintenant que je sais de quel sort Léonce est menacé, il me semble que l'expression de sa physionomie en étoit le présage; il y avoit des rayons d'espoir qui l'illuminoient tout à coup; mais il retomboit l'instant d'après dans la tristesse la plus profonde, comme si l'image du bonheur lui étoit apparue, et qu'une voix secrète eût empêché son âme de s'y confier.

Quand la cérémonie fut achevée, il se mit à genoux sur le gazon qui recouvroit les restes de son fils. Je n'avois jamais pensé qu'à la douleur d'une mère; lorsque je vis la mâle expression des regrets paternels, ce jeune homme pleurant sur l'enfance, cette âme forte abattue, je fus touché profondément; les femmes sont destinées à verser des larmes; mais quand les hommes en répandent, je ne sais quelle corde habituellement silencieuse résonne tout à coup au fond du cœur.

En sortant de l'église, Léonce me demanda d'aller avec lui dans le jardin de Bellerive; quand nous fûmes arrivés à la grille du parc, il s'appuya sur un des barreaux sans l'ouvrir, et, après quelques minutes d'hésitation, il me dit: — Non, cela me feroit mal, de me rappeler le passé; qui sait si j'ai un avenir, qui le sait? et sans cet espoir, comment affronter ces lieux! Mon enfant, dit-il en levant les yeux sur l'église de Bellerive, mon enfant! tu reposes près du séjour où ton père a goûté les seuls instans fortunés de sa vie; toutes les espérances de mon cœur sont ensevelies ici. O destinée! que me rendrez-vous? — Sa voix s'altéra en prononçant ces derniers mots; mais vous savez combien il a d'empire sur lui-même; il reprit des forces, s'éloigna du jardin, et me fit signe de remonter en voiture avec lui.

Il ne me dit rien pendant la route; mais quand nous fûmes arrivés chez lui, il m'annonça qu'il partoit pendant la nuit. — Vous savez où je vais, me dit-il; mon fils, ma femme, ma mère n'existent plus; il n'y a plus qu'un seul objet d'espoir pour moi sur la terre; si je l'ai conservé, je vivrai; s'il m'étoit ravi, quel droit le ciel même auroit-il sur l'être privé de tout ce qui lui fut cher? Adieu. — Peu d'heures après, Léonce étoit parti, et ce n'est que ce matin que j'ai reçu votre lettre. Je me suis décidé à l'instant même; je suivrai Léonce, et dès que je l'aurai retrouvé, je verrai ce que m'inspirera sa situation. Mais quand je pourrois lui proposer une ressource salutaire, ses opinions lui permettroient-elles de l'accepter? Enfin, il faut le rejoindre, il faut qu'un ami soit près de lui, dans le plus cruel moment de sa vie. Madame de Lebensei a consenti à mon absence ; j'ai obtenu un passe-port pour un mois ; ma première lettre sera datée de Suisse. Adieu, mademoiselle, adieu, bonne et malheureuse amie ; que pourrons-nous faire pour sauver Delphine et Léonce ? quels conseils suivront-ils, si l'on osoit leur en donner ?

LETTRE VII.

Léonce à M. Barton.

Lausanne, ce 5 août.

JE suis venu ici en moins de trois jours ; je puis m'arrêter, maintenant que j'habite une ville où elle a été ; je n'ai pas encore de renseignemens précis sur son séjour actuel ; mais me voici sur ses traces, et bientôt je l'atteindrai. Mon cher Barton, que je suis honteux de l'état de mon âme ! je viens de perdre une mère que je chérissois, une femme estimable, un fils qui m'avoit fait connoître les plus tendres affections de la paternité. Eh bien ! vous l'avouerai-je ? il y a des momens où mon cœur tressaille de joie. L'idée de revoir Delphine, de la retrouver libre, d'unir mon sort au sien ; cette idée efface tout, l'emporte sur tout ; cependant ne croyez pas que j'aie foiblement senti les malheurs qui m'ont frappé : mon état est extraordinaire, mais mon âme n'est pas dure, jamais même elle ne fut plus sensible ! J'éprouve au fond du cœur une tristesse profonde, je ne puis être seul sans verser des larmes; quand j'aurai retrouvé Delphine, je me livrerai à mes regrets, je pleurerai à ses pieds; de long-temps, même auprès d'elle, je ne serai consolé; mais dans l'attente où je suis, ce que je sens ne peut être ni du plaisir ni de la peine; c'est une agitation qui confond dans le trouble l'espérance comme la douleur.

Vous m'avez connu de la fermeté, eh bien! à présent je suis très-foible, je crains, comme une femme, tous les mouvemens subits; ce qui va se décider pour moi est trop fort; il y a trop loin du désespoir à ce bonheur; j'ai peur des émotions même que me causera sa présence, et je me surprends à souhaiter un sommeil éternel, plutôt que ces secousses morales, si violentes que la nature frémit de les éprouver. — Ah, Delphine! qu'ai-je dit! c'est toi, oui, c'est toi qui fermeras toutes les blessures de mon cœur ! Le premier son de ta voix, de ta voix fidèle à l'amour, va me rendre en un moment toutes les jouissances de la vie. Il me reste toi, toi que j'ai tant aimée; d'où viennent donc mes inquiétudes ? — Mon ami! ne sais-je pas qu'elle m'aime, ne connois-je pas son caractère vrai, tendre, dévoué? Je crains, parce que la revoir me semble un bonheur surnaturel; depuis huit mois j'invoque en vain son image, depuis huit mois je souffre à tous les instans, je n'ai plus foi au bonheur; mais c'est une foiblesse que ce doute; n'a-t-il pas existé un temps où je la voyois? un temps où chaque jour je passois trois heures avec elle? Pourquoi ces heures ne reviendroient-elles pas? elles ont été dans ma vie, elles peuvent encore s'y retrouver.

LETTRE VIII.

Léonce à M. Barton.

Zurich, ce 7 août.

Je suis à six lieues de madame d'Albémar, je viens de le savoir, presque avec certitude; je ne doute pas, d'après ce qu'on m'a dit, que ce ne soit elle qui s'est retirée, il y a trois mois, dans l'abbaye du Paradis; sensible Delphine! c'est dans la retraite la plus profonde qu'elle a passé le temps de notre séparation : depuis qu'elle a quitté Zurich, on n'a pas une seule fois entendu parler d'elle; personne, même ici, ne la connoît sous son véritable nom; mais sa généreuse conduite dans tous les détails de la vie, mais l'impression que ses charmes ont produite sur ceux qui l'ont vue, ne me permettent pas de m'y méprendre. J'ai reconnu ses traces divines, mon cœur en est assuré; il est sept heures du soir, les couvens ne s'ouvrent pas pendant la nuit, mais demain, avec le jour, demain je la verrai!

O mon cher maître! quel avenir se prépare pour moi! comme l'espérance ouvre mon âme à toutes les plus nobles pensées! comme elle la dispose à la vertu! ah! qu'elle me deviendra facile, quand cet ange sera ma femme! elle sera un de mes devoirs; elle, un devoir! Félicités éternelles, divinités tutélaires! toutes mes veines battent pour le bonheur; que les morts me le pardonnent! j'irai peut-être les rejoindre bientôt, une vie si heureuse ne sauroit être longue; mais qu'on me laisse m'enivrer de ce moment.

P. S. J'apprends à l'instant que Henri de Lebensei est arrivé de Paris, et qu'il demande à me voir. Quel peut être le motif de ce voyage? J'aime M. de Lebensei, mais je ne sais pourquoi j'aurois voulu qu'il ne vînt point; je n'ai besoin de me confier à personne, mon âme est toute remplie d'elle-même; il m'en coûte de parler. C'est à vous seul, mon ami, qu'il m'étoit doux d'exprimer ce que j'éprouve. Combien je suis fâché que M. de Lebensei soit ici!

LETTRE IX.

M. de Lebensei à mademoiselle d'Albémar.

Ce 7 août.

Il est minuit; j'ai vu Léonce ce soir, et je n'ai pu me résoudre à lui annoncer son malheur. Il lui reste une ressource, s'il avoit le courage de l'embrasser; j'essaierai de l'y préparer. Je verrai madame d'Albémar dans peu d'heures, et je ferai tout pour secourir ces infortunés! Jamais aucun des événemens de ma propre vie n'a si vivement agité mon cœur!

Depuis sept heures du soir, je suis à Zurich; Léonce y étoit arrivé le même jour. J'ai appris d'abord où il demeuroit; je l'ai prévenu par un mot de mon arrivée, et j'ai été le voir un quart d'heure après; il m'a bien reçu, mais avec une distraction très-visible; j'ai supposé qu'une affaire personnelle m'avoit obligé de venir à Zurich; il ne m'écoutoit pas; enfin, je lui ai dit que j'avois reçu de vos nouvelles; votre nom rappela son attention, et il me dit qu'il partoit à quatre heures du matin pour être à l'abbaye du Paradis, au moment où l'on en ouvroit les portes; il ajouta qu'il se croyoit sûr d'y trouver Delphine. Je frémis de son projet, et j'eus la présence d'esprit de lui dire sans hésiter, que vous me mandiez par votre dernière lettre que madame d'Albémar avoit quitté ce couvent depuis quinze jours, pour se retirer dans une campagne près de Francfort; il tressaillit à ces mots, et me dit: — Encore quatre jours, quand je comptois sur demain! — Et il porta sa main à son front avec douleur. — Si vous voulez, repris-je, je vous accompagnerai jusqu'à Francfort. — Je proposois ce voyage seulement dans l'intention de gagner encore quelques jours. — Vous êtes bon, me répondit-il, peut-être accepterai-je votre offre, nous en parlerons demain matin. — Je voulois insister, et savoir quelque chose de plus sur ses projets, mais il me regardoit avec une sorte d'inquiétude qui me faisoit mal, et je résolus d'aller d'abord, sans qu'il le sût, chez madame d'Albémar, pour la prévenir à tout événement de l'arrivée de Léonce. Ce dessein arrêté, je me promis de laisser encore à mon malheureux ami ce jour de repos, et je lui proposai d'aller nous promener ensemble sur le bord du lac de Zurich; il y consentit, et ne me dit pas un mot pendant le chemin.

Arrivés dans une allée de peupliers qui conduit au tombeau de Gessner, nous nous avançâmes jusque sur le rivage du lac; Léonce regarda tour à tour pendant quelque temps le ciel parsemé d'étoiles, et les ondes qui les répétoient : — Mon ami, me dit-il alors, croyez-vous qu'enfin je doive être heureux?— Et il s'arrêta pour attendre ma réponse; je baissai la tête, en signe de consentement, mais je ne pus articuler un seul mot; il ne remarqua point ce qui se passoit en moi, tant il étoit absorbé dans ses pensées. — Pourquoi ne le serois-je pas? continua-t-il. Ceux qui ne se sont point occupés des idées religieuses, les croyez-vous l'objet du courroux de la Divinité qu'ils auroient ignorée? Il y a tant de mystères dans l'homme, hors de l'homme; celui qui ne les a pas compris, doit-il en être puni? sera-t-il condamné sur cette terre à ne jamais posséder ce qu'il aime? s'il a respecté la morale, s'il a servi l'humanité, s'il n'a point flétri dans son âme l'enthousiasme de la vertu, n'a-t-il pas rendu un culte à ce qu'il y a de meilleur dans la nature, quelque nom qu'il ait attribué au principe de tout bien? Il est vrai, je l'avoue, j'ai attaché trop de prix à l'estime et à l'opinion publique; mais qu'ai-je fait de condamnable pour les obtenir? Ce que j'ai fait! s'écria-t-il, j'ai soupçonné Delphine ! je pouvois l'épouser, et j'ai pris Matilde pour femme ! Matilde que je n'aimois point, et que je n'ai pas su rendre aussi heureuse qu'elle le méritoit. Mon cher Henri, reprit Léonce d'une voix plus sombre, quel homme, en examinant sa vie, peut se trouver digne du bonheur ! et cependant comment l'espérer, si l'on n'en est pas digne ? — Combien n'y a-t-il pas dans votre vie, lui dis-je, de bonnes et de nobles actions, qui doivent vous inspirer de la confiance ? — Oh ! reprit-il, la source de ce qui est bien est-elle entièrement pure ? On veut les suffrages des hommes pour récompense d'une bonne conduite, et c'est ainsi que la vertu n'est jamais sans mélange ; mais dans le mal, il n'y a que du mal. Je repasse toute ma jeunesse dans mon souvenir, et j'y découvre des torts qui ne m'avoient point frappé. Serai-je heureux, serai-je heureux ! Est-il vrai que je vais revoir Delphine, m'unir à son sort pour toujours ? Je suis foible, bien foible, il suffit du moindre présage, de votre silence, quand je vous interroge, pour m'effrayer. — Je voulus m'excuser alors. — Asseyons-nous, me dit-il ; j'ai une palpitation de cœur très-douloureuse, parlez-moi, je ne peux plus parler ; mais ayez soin de ne me rien dire qui me trouble. Je vous en prie, donnez-moi du calme, si vous le pouvez. —

Vous concevez, mademoiselle, ce que je devois souffrir ; je voyois mon malheureux ami comme un homme frappé de mort à son insu, et je n'osois ni le consoler ni l'inquiéter, car il auroit suffi d'un mot pour bouleverser son âme ; je voulus tâcher de découvrir sa disposition sur les idées qui m'occupoient, et je lui demandai si, pour posséder Delphine, il s'exposeroit cette fois, s'il le falloit, au blâme universel de la société. — Pourquoi cette question ? s'écria-t-il, en se levant avec colère. Madame d'Albémar n'est-elle pas le choix le plus honorable, le caractère le plus estimé ? Que savez-vous ? que croyez-vous ? — Je ne sais rien, interrompis-je, qui ne soit à la gloire de celle que vous aimez ; mais dans les momens les plus agités de la vie, j'aime qu'on soit capable de réfléchir et de raisonner. — Je ne le suis pas, me répondit-il brusquement, et il s'éloigna. — Je le suivis, la bonté de son caractère le ramena ; il revint à moi et me dit, en me tendant la main : — Vous qui saviez si bien trouver, il y a quelques mois, ce que j'avois besoin d'entendre, pourquoi, depuis que vous êtes ici, l'état de mon âme est-il beaucoup moins doux ? —

C'est que l'attente se prolonge, lui répondis-je. Partons demain pour Francfort. — Eh bien ! oui, me répondit-il, je vous verrai demain.— Et il me quitta pour rentrer chez lui.

Dans quelques heures, je serai à l'abbaye du Paradis; madame d'Albémar soutiendra, je le crois, avec plus de force la nouvelle que j'ai à lui annoncer, elle n'a pas un instant cessé de souffrir; mais ce qui me fait trembler pour Léonce, c'est qu'il a repris à l'espoir du bonheur, avec confiance et vivacité. Je vous apprendrai dans ma première lettre comment j'aurai trouvé madame d'Albémar, et quel conseil elle adoptera dans son malheur. Ah ! je voudrois qu'elle se confiât entièrement à mes avis, sa situation ne seroit pas encore désespérée.

Je ne vous dis pas, mademoiselle, combien vos peines m'affligent ! je fais mieux que vous plaindre, je souffre autant que vous.

LETTRE X.

M. de Lebensei à mademoiselle d'Albémar.

Près de l'abbaye du Paradis, ce 9 août.

Tous mes efforts ont été vains; ce que je craignois le plus est arrivé; sans le souvenir de ma femme et de mon enfant, je ne sais si ma raison me suffiroit pour supporter l'affreux spectacle de douleur dont je suis témoin. Il paroît que Léonce ne s'étoit pas entièrement confié à ce que je lui avois dit du prétendu départ de Delphine pour Francfort, ou qu'il vouloit du moins s'informer d'elle dans un lieu qu'elle avoit habité long-temps. Hier matin, il partit sans m'en prévenir pour l'abbaye du Paradis; je le sus un quart d'heure après, au moment où je montois moi-même à cheval pour m'y rendre. Je me flattois encore de le rejoindre avant qu'il fût arrivé, et jamais, je crois, on n'a fait une course plus rapide que la mienne. Le soleil commençoit à se lever, je parcourois le plus beau pays du monde sans distinguer un seul objet. J'aperçus enfin Léonce à un quart de lieue de l'abbaye, mais à deux cents pas de moi; je redoublai d'efforts pour l'atteindre, et, comme s'il eût craint que je ne le joignisse, il hâtoit tellement le pas de son cheval, qu'il m'étoit impossible d'approcher de lui, même à la distance de la voix. Enfin, il descendit à la porte de l'abbaye, et dit à l'instant même, ainsi que je l'ai su depuis, qu'il demandoit à parler à une dame qui demeuroit dans le couvent, de la part de mademoiselle d'Albémar.

Je ne sais par quel malheureux hasard la tourrière qui se trouvoit là, se rappela que ce nom avoit été souvent prononcé par Delphine; elle monta pour la prévenir que quelqu'un vouloit la voir de la part de mademoiselle d'Albémar; et j'arrivois lorsqu'on disoit à Léonce que la personne qu'il demandoit étoit prête à le recevoir.

Je voulus le retenir au moment où il montoit les premières marches de l'escalier du couvent. — Au nom du ciel! m'écriai-je, écoutez-moi, Léonce, arrêtez! — M'arrêter! dit-il en se retournant vers moi; qui sur la terre oseroit me le proposer? — Daignez m'entendre, répétai-je, vous ne savez pas.... — Je sais que Delphine est ici, interrompit-il avec fureur, et que vous vouliez me le cacher! c'en est trop, ne prononcez pas un mot de plus! — Il ouvrit la porte en finissant ces dernières paroles; il n'étoit plus temps de rien essayer, le sort avoit tout décidé.

Comme Léonce entroit dans le parloir, Delphine parut revêtue de son voile noir derrière la fatale grille; à ce spectacle, un tremblement affreux saisit Léonce; il regardoit tour à tour Delphine et moi, avec des yeux dont l'expression appeloit et repoussoit la vérité presque en même temps : — Est-elle religieuse ! s'écria-t-il ; l'est-elle ! — A ces accens, Delphine reconnut Léonce ; elle tendit les bras vers lui ; il s'élança vers la grille qu'il saisit, qu'il ébranla de ses deux mains, avec une contraction de nerfs impossible à voir sans frémir, et dit avec une voix dont les accens ne sortiront jamais de mon souvenir : — Matilde est morte ; Delphine, pouvez-vous être à moi ? — Non, lui répondit-elle, mais je puis mourir ! — Et elle tomba par terre sans mouvement.

Léonce la considéra quelque temps avec un regard fixe et terrible ; puis, se retournant vers moi, il s'appuya sur mon bras et s'assit avec un calme apparent, que démentoit l'affreuse altération de son visage ; il se mit à me parler alors, mais il m'étoit impossible de le comprendre, car ses dents frappoient les unes contre les autres avec une grande violence, et ses idées se troubloient tellement, qu'il n'y avoit plus aucun sens dans ce qu'il disoit. Delphine, revenant à elle, fit demander à l'abbesse la permission d'entrer dans la chambre extérieure ; madame de Ternan, effrayée de l'arrivée de son neveu, n'osa ni se montrer, ni refuser ce que lui demandoit Delphine. Mon malheureux ami n'entendoit déjà ni ne voyoit plus rien; lorsqu'on ouvrit la grille à Delphine, elle se précipita dans l'instant aux genoux de Léonce, et tint ses mains glacées dans les siennes, en lui prodiguant les noms les plus tendres. Léonce alors, sans revenir tout-à-fait à lui, reconnut cependant son amie, et la prenant dans ses bras, il la pressa sur son cœur avec un mouvement si passionné, des regards tellement enthousiastes, qu'involontairement je levai les mains au ciel pour le prier de les réunir tous les deux! Peut-être m'a-t-il exaucé! Léonce, serrant dans ses mains tremblantes les mains tremblantes de Delphine, et déjà dans le délire de la fièvre qui ne l'a point quitté depuis, lui disoit : — D'où vient donc, mon amie, que tu m'apparois couverte de ce voile? quel présage m'annonce cet habit lugubre? n'est-ce pas avec des parures de fête que notre hymen doit être célébré? Oh! dégage-toi de ces ombres noires qui t'environnent, viens à moi vêtue de blanc, dans tout l'éclat de ta jeunesse et de ta beauté; viens, l'épouse de mon cœur, toi sur qui je repose ma vie. Mais pourquoi pleures-tu sur mon sein? tes larmes me brûlent; quelle est la cause de ta douleur? N'es-tu pas à moi, pour jamais à moi, à moi!.... — Sa voix s'affoiblissoit toujours plus; en répétant ces paroles déchirantes, il pencha sa tête sur mon épaule, et perdit absolument connoissance.

Delphine me reconnut alors, et me dit : — Vous le voyez, je lui donne la mort; je ne sais quel être je suis, je porte le malheur avec moi, je ne fais rien que de funeste; sauvez-le, sauvez-le. — Écoutez-moi, lui dis-je, vos vœux ne sont point irrévocables, ils peuvent être brisés, ils le seront. — Ces paroles la firent frissonner, mais elle les entendit sans en conserver le souvenir; elle posa la tête défaillante de son ami sur son sein, et m'envoya chercher du secours; je revins avec deux tourières du couvent. Tous nos efforts pour rappeler Léonce à la vie furent d'abord vains; Delphine, dont l'effroi redoubloit à chaque instant, pressant Léonce dans ses bras, cherchoit à le soutenir, à le ranimer, et lui répétoit, avec cet abandon de tendresse qui fait d'une femme un être céleste, un être qui n'exprime et ne respire que l'amour : — Mon ami, mon amant, ange de ma vie! ouvre les yeux; n'entends-tu donc plus cette voix d'amour qui t'appelle, cette voix de ta Delphine? nous mourrons ensemble, mais reviens à toi, pour me dire encore une fois que tu m'aimes; ne sens-tu pas mon cœur sur ton cœur? ma main qui presse la tienne? Je ne sais ce que je suis, je ne sais quels liens m'enchaînent, mais mon âme est restée libre, et je t'adore : l'excès du sentiment que j'éprouve n'auroit-il donc aucune puissance? la vie qui me dévore, ne puis-je la faire passer dans tes veines? Léonce, Léonce! — Il ouvrit les yeux à ces accens, mais il les referma bientôt après, repoussant de sa main Delphine même, comme s'il ne se trouvoit bien que dans l'engourdissement de la mort.

Je remarquai l'embarras des religieuses, témoins de cette scène, et je résolus de faire transporter Léonce dans une maison voisine du couvent, où l'on pourroit le secourir. Delphine ne s'opposa point aux ordres que je donnai, et quand on emporta l'infortuné Léonce, sans qu'il eût repris ses sens, elle se mit à genoux sur le seuil de la porte, le suivit de ses regards tant qu'elle put l'apercevoir, et baissant ensuite son voile, elle se releva, et rentra dans son couvent.

Depuis ce moment, je n'ai pas quitté Léonce; il n'a pas cessé d'être en délire ; cependant les médecins me donnent l'espoir de sa guérison. Je vous manderai dans peu de jours, mademoiselle, ce que je veux tenter pour nos malheureux amis; il faut que je recueille mes pensées, pour l'importante résolution que je dois leur proposer; en attendant, je leur prodiguerai tous les soins qui peuvent conserver leur vie. Ne vous affligez pas trop d'être loin d'eux; daignez croire que mon amitié ne négligera rien pour les secourir.

LETTRE XI.

M. de Lebensei à mademoiselle d'Albémar.

Près l'abbaye du Paradis, ce 11 août 1792.

Léonce ne peut pas survivre à son malheur, et je suis certain qu'il a résolu de terminer sa vie. Il m'a interrogé plusieurs fois sur le récit que Delphine m'a fait des événemens qui l'ont amenée à se faire religieuse; une circonstance se retrace sans cesse à lui, c'est la terrible crainte qu'a éprouvée Delphine de se voir perdue de réputation; il sent que c'est surtout à cause de lui qu'elle n'a pu supporter l'idée d'être même injustement soupçonnée, et il se regarde comme l'auteur de son propre malheur. Sa fièvre a cessé, mais c'est parce qu'il est décidé, qu'il est calme : il m'a annoncé, avec une sorte de solennité, que dans quatre jours il vouloit avoir un entretien, seul avec Delphine. — Madame de Ternan, me dit-il, ne me le refusera pas, après le mal qu'elle m'a fait; elle me craint, elle redoute de me parler; mais elle n'osera pas s'exposer inconsidérément à m'irriter. Je veux revoir Delphine près de cette église où elle a permis que les restes de M. de Valorbe fussent déposés.—Je connois Léonce, son caractère, sa passion, sa douleur; je ne sais ce que moi-même je trouverois à lui dire dans sa situation, pour l'engager à vivre, mais je sais mieux encore qu'il ne veut rien écouter. Delphine, vous n'en doutez pas, n'existera pas un jour après Léonce, et je laisserois périr ainsi ces deux nobles créatures ! Non, que tous les préjugés de la terre s'arment contre moi, n'importe! je suis sûr que je fais une bonne action, en essayant de rendre à la vie deux êtres dignes du bonheur et de la vertu ; je dédaigne ceux qui me blâmeront, ils ne m'atteindront pas dans l'asile de mon cœur, où je suis content de moi ; ils n'ébranleront point cette parfaite conviction de l'esprit, qui est aussi une conscience pour l'homme éclairé. Vous saurez dans deux jours, mademoiselle, l'issue de mon projet; j'espère que vous l'approuverez ; votre suffrage m'est nécessaire; et plus je sais m'affranchir des vaines clameurs, plus j'ai besoin de l'estime de mes amis.

LETTRE XII.

M. de Lebensei à mademoiselle d'Albémar.

Ce 13 août, près de l'abbaye du Paradis.

Je crois que mon projet a réussi, cependant vous en allez juger ; madame d'Albémar m'a particulièrement recommandé de ne vous laisser rien ignorer. J'ai été la voir hier matin. — Léonce va terminer sa vie, lui ai-je dit, sa résolution est irrévocablement prise, voulez-vous le sauver ? — Dieu ! s'écria-t-elle, comment pouvez-vous me parler ainsi ! ai-je un autre espoir que de mourir avec lui ? peut-il en exister un autre ? que prétendez-vous, en faisant naître en moi des émotions si violentes ? laissez-moi périr résignée. — Vous avez fait des vœux, repris-je, sans aucune des formalités ordonnées, ils vous ont été surpris cruellement ; je suis fermement convaincu que les scrupules les plus religieux pourroient vous permettre de réclamer votre liberté, si vous en aviez le moyen ; ce moyen, je vous l'offre. Il existe un pays, et ce pays, c'est la France, où l'on a brisé par les lois tous les vœux monastiques ; venez l'habiter avec Léonce, et, bravant l'un et l'autre d'absurdes préjugés, unissez-vous pour jamais à la face du ciel qui l'approuvera. — Que me proposez-vous ? s'écria-t-elle avec un tremblement affreux, puis-je y consentir sans honte ? le croyez-vous ? seroit-il possible ? — Vous souvenez-vous, lui dis-je, qu'il y a près d'un an, lorsque je vous écrivis sur la possibilité du divorce, vous me répondîtes que vous ne connoissiez qu'un devoir, un devoir dont ils dérivoient tous, celui de faire le plus de bien possible, et de ne jamais nuire à qui que ce fût sur la terre ; eh bien ! je vous le demande, qui faites-vous souffrir en brisant ces vœux insensés que le désespoir seul a pu vous arracher ? et vous sauvez Léonce ! lui, pour qui vous avez pris la fatale résolution qui vous perd ! Ne m'avez-vous pas avoué que l'amour seul vous l'avoit inspirée ! eh bien ! que l'amour délie les nœuds funestes qu'il a formés ! — Quoi ! me dit encore Delphine, vous croyez impossible de consoler Léonce, de fortifier assez son âme pour qu'il puisse consacrer sa vie à la gloire et à la vertu ? Ne vous embarrassez pas de mon sort, je me sens frappée à mort, je sens que la nature va bientôt venir à mon secours : s'il veut vivre, je pourrai mourir en paix. — Non, lui répondis-je, je ne dois pas vous le cacher, rien ne peut engager Léonce à supporter sa destinée. — Et lui-même, reprit Delphine, accepteroit-il un parti si contraire à ses idées habituelles, à l'opinion, qu'il a toujours profondément respectée? — Les grands malheurs, lui répondis-je, les malheurs réels font disparoître les défauts qui sont l'ouvrage des combinaisons factices de la société; les loisirs et l'agitation du monde irritent les peines de l'imagination; mais aux approches de la mort, on ne sent plus que la vérité; Léonce, prêt à périr, saisira avec transport le moyen secourable qui ferme le tombeau sous ses pas; permettez seulement que je lui donne cet espoir. — Laissez-moi, interrompit Delphine, j'ai besoin de quelques heures pour réfléchir sur l'idée la plus inattendue, sur celle qui bouleverse tout à coup mes esprits. Avant que le jour soit fini, vous aurez ma réponse. — Je la quittai; le soir, elle m'envoya la lettre qu'elle avoit reçue de Léonce, avec la réponse qu'elle m'avoit promise; les voici toutes deux.

Léonce à Delphine.

DELPHINE, dans le jardin de ta prison, non loin des lieux où tu n'as pas refusé un sombre asile même à ton ennemi, je veux te voir; ne sois pas effrayée, j'ai besoin de quelques momens doux avant le dernier, je ne veux pas cesser de vivre dans la disposition où je suis ; il faut que ta voix m'ait attendri ; il ne faut pas que mon âme s'exhale dans un moment de fureur ; rends-la digne du ciel vers lequel elle va remonter. Infortunée ! veux-tu mourir avec moi, le veux-tu ? c'est quelque chose qui ressemble au bonheur, que de quitter la vie ensemble ; je te donnerai le poignard qu'il faut plonger dans mon cœur ; tu le sentiras, ce cœur, à ses palpitations terribles ; je guiderai le fer et ta main. Bientôt après tu me suivras.... non.... attends encore, je le veux ; mais qui oseroit exiger de moi que je survécusse à cette rage du destin qui nous sépare, lorsque tant de hasards nous réunissoient ! Je reste seul dans cet univers, où rien de ce qui me fut cher n'est plus auprès de moi. Qui maintenant a le secret de mes douleurs ? qui a connu ma vie passée ? pour qui ne suis-je pas un être nouveau ? faudroit-il recommencer l'existence avec un cœur déchiré ? je la supportois avec peine, même avant d'avoir souffert ; que ferois-je maintenant ?

Ah ! Delphine, donnons un dernier jour à nous voir, à nous entendre ; il y a, crois-moi, beaucoup de douceur dans la mort, je veux la savourer tout entière. Je me fais de ce jour un long avenir; oui, tous les sentimens que l'homme peut éprouver se trouveront réunis, confondus, et quand le soleil se couchera, la nature, qui m'aura laissé goûter toutes les affections les plus tendres, ne sera-t-elle pas quitte envers moi?

Lorsque je te reverrai, je porterai déjà la mort dans mon sein : vers la fin du jour, mes yeux s'obscurciront par degrés; mais les derniers traits que j'apercevrai seront les tiens. Delphine, demain je te dirai tout ce que je pense, dans cette situation sans avenir, sans espérance; mon âme s'épanchera tout entière dans la tienne; je goûterai les délices de l'abandon le plus parfait; les liens de la vie seront brisés d'avance, je n'attendrai plus rien d'elle qu'un dernier jour, une dernière heure d'amour passée près de toi. Delphine, ne crains rien, demain te laissera un doux souvenir; espère demain, au lieu de le redouter. Que la mort de ton amant, ainsi préparée, te paroisse ce qu'elle est pour lui, un heureux moment dans un sort funeste! Adieu.

Delphine à M. de Lebensei.

Voilà sa lettre, monsieur, elle achève de me déterminer; écrivez-lui vos motifs; ce qu'il décidera, je l'accepterai.

J'aurois voulu pouvoir consulter une amie, madame de Cerlebe, que la maladie de son père retient loin de moi depuis plusieurs jours; son esprit n'égale sûrement pas le vôtre; mais elle est femme, et son opinion sur les devoirs d'une femme doit être plus scrupuleuse; n'importe, je m'en remets à vous. Je n'ignore pas cependant à quel malheur je m'expose; il se peut que Léonce condamne ma résolution, et que je sois moins aimée de lui pour l'avoir prise; je préférerois les tourmens les plus affreux à ce danger; mais il s'agit de la vie de Léonce, et non de la mienne, tout disparoît devant cette pensée. Je n'ai pu goûter un moment de repos, depuis qu'un homme que je n'aimois point a péri pour moi, et je serois destinée à donner la mort au plus aimable, au plus généreux des hommes! Non, la honte même, la honte, du moins celle qui n'est point unie aux remords, est plus facile à supporter que le désespoir de ce qu'on aime!

Au fond de mon cœur, je ne me crois point coupable; mais tout m'annonce que je serai jugée ainsi, que j'offense l'opinion dans toute sa force, dans toute sa violence. Il suffira peut-être à Léonce de savoir que je n'ai pas repoussé un tel dessein, pour cesser de m'aimer.

Eh bien! néanmoins qu'il sache que je ne l'ai pas repoussé! Si je lui deviens moins chère, il pourra vivre sans moi, je n'aspire qu'à sa vie, tous les sacrifices sont possibles quand il s'agit de le sauver. Demain, il veut mourir; demain, s'éteindroit dans mes bras cette âme héroïque et pure : la dernière fois que je l'ai vu, mes cris, mes pleurs l'ont ranimé, et dans quelques jours il seroit de même étendu sans mouvement à mes pieds, de même, mais pour toujours! Je me dégrade peut-être à ses yeux ; mais soit qu'il refuse ou qu'il accepte, il vivra ; l'impression qu'il recevra de ce que vous allez lui proposer arrêtera son funeste projet : si je détruis ainsi l'amour de Léonce pour moi, je saurai mourir, mais alors il me survivra ; c'est tout ce que je veux. Écrivez-lui donc, j'y consens.

DELPHINE.

Après avoir reçu la lettre de Delphine, j'écrivis à l'instant à Léonce ce que vous allez lire.

M. de Lebensei à M. de Mondoville.

SEREZ-VOUS capable d'écouter un conseil courageux, salutaire, énergique ; un conseil qui vous sauve de l'abîme du malheur, pour élever Delphine et vous à la destinée la plus parfaite et la plus pure? Saurez-vous suivre un parti qui blesse, il est vrai, ce que vous avez ménagé toute votre vie, les convenances; mais qui s'accorde avec la morale, la raison et l'humanité?

Je suis né protestant, je n'ai point été élevé, j'en conviens, dans le respect des institutions insensées et barbares qui dévouent tant d'êtres innocens au sacrifice des affections naturelles; mais faut-il moins en croire mon jugement, parce qu'aucune prévention n'influe sur lui? l'homme fier, l'homme vertueux ne doit obéir qu'à la morale universelle; que signifient ces devoirs qui tiennent aux circonstances, qui dépendent du caprice des lois, ou de la volonté des prêtres, et soumettent la conscience de l'homme à la décision d'autres hommes, asservis depuis long-temps sous le joug des mêmes préjugés, et surtout des mêmes intérêts? Certes, la morale est d'une assez haute importance, pour que l'Être suprême ait accordé à chacune de ses créatures ce qu'il faut de lumières pour la comprendre et pour la pratiquer; et ce qui répugne aux cœurs les plus purs, ne peut jamais être un devoir! écoutez-moi. Les lois de France dégagent Delphine des vœux que de fatales circonstances ont arrachés d'elle; venez vivre sur le sol fortuné de votre patrie, et, vous unissant à celle que vous aimez, soyez l'homme le plus heureux et le plus digne de l'être. Vous voulez mourir plutôt que de renoncer à Delphine, et l'idée que je vous présente ne s'est point encore offerte à votre esprit! est-ce un époux qui vous enlève votre amie? quel est le devoir véritable qui la sépare de vous? un serment fait à Dieu? ah! nous connoissons bien peu nos rapports avec l'Être suprême; mais sans doute il sait trop bien quelle est notre nature, pour accepter jamais des engagemens irrévocables.

La veille du jour où madame d'Albémar a prononcé ses vœux, toute son âme n'étoit-elle pas livrée aux plus cruelles incertitudes? ces funestes vœux ne furent que l'acte d'un moment, suivi du plus amer repentir; et toute sa destinée seroit attachée à cet instant passionné, qui l'entraîna comme une force extérieure, dont elle ne seroit en rien responsable! Hélas! d'un âge à l'autre, il y a souvent dans le même caractère plus de différence, qu'entre deux êtres qui se seroient totalement étrangers; et l'homme d'un jour enchaîneroit l'homme de toute la vie! qu'est-ce que l'imagination n'a pas inventé pour se fixer elle-même! mais de toutes ses chimères, les vœux éternels sont la plus inconcevable et la plus effrayante. La nature morale se soulève, à l'idée de cet esclavage complet de tout notre avenir; il nous avoit été donné libre, pour y placer l'espérance, et le crime seul pouvoit nous en priver sans retour.

Quand le sort des autres est intéressé dans nos promesses, alors sans doute des devoirs sacrés peuvent en consacrer à jamais la durée; mais l'Être tout-puissant et souverainement bon n'a pas besoin que sa créature soit fidèle aux vœux imprudens qu'elle lui a faits. Dieu, qui parle à l'homme par la voix de la nature, lui interdit d'avance des engagemens contraires à tous les sentimens, comme à toutes les vertus sociales; et si d'infortunés téméraires ont abjuré, dans un moment de désespoir, tous les dons de la vie, ce n'est pas le bienfaiteur dont ils les tiennent, qui peut leur défendre d'appeler de ce suicide, pour faire du bien et pour aimer.

Je n'ai pas besoin de vous parler davantage sur la folie des vœux religieux, vous pensez à cet égard comme moi; mais si le malheur ne vous a point changé, la crainte du blâme agit fortement sur vous; et lorsqu'à Zurich je voulois vous préparer à l'événement cruel qui vous menaçoit, je vous vis tressaillir, au moment où j'osai vous conseiller le mépris de l'opinion, ce mépris sans lequel je prévoyois que le bonheur ne pouvoit vous être rendu. Peut-être aussi éprouvez-vous de la répugnance à faire usage des lois françoises, qui sont la suite d'une révolution que vous n'aimez pas.

Mon ami, cette révolution que beaucoup d'attentats ont malheureusement souillée, sera jugée dans la postérité par la liberté qu'elle assurera à la France; s'il n'en devoit résulter que diverses formes d'esclavage, ce seroit la période de l'histoire la plus honteuse; mais si la liberté doit en sortir, le bonheur, la gloire, la vertu, tout ce qu'il y a de noble dans l'espèce humaine est si intimement uni à la liberté, que les siècles ont toujours fait grâce aux événemens qui l'ont amenée!

Au reste, ai-je besoin de discuter avec vous ce qu'on doit penser des lois de France? jugez vous-même les circonstances qui ont accompagné les vœux de Delphine, la précipitation de ces vœux, les moyens employés par madame de Ternan pour abréger le noviciat; quel est le tribunal d'équité, dans quelque lieu, dans quelque époque que ce fût, qui ne releveroit pas Delphine de semblables engagemens! Aucun sentiment de délicatesse, aucun scrupule de conscience, ne s'opposent au parti que je vous propose; il n'est donc question que d'un seul obstacle, d'un seul danger, le blâme de la plupart des personnes de votre classe avec qui vous avez l'habitude de vivre.

Avez-vous bien réfléchi, mon cher Léonce, sur la peine que vous causera cet injuste blâme, quand il seroit vrai qu'il fût impossible de l'apaiser? Heureux, le plus heureux des mortels dans votre intérieur, vivez dans la solitude, et renoncez à voir ceux dont l'opinion ne seroit pas d'accord avec la vôtre. Vous oublierez les hommes que vous ne verrez pas, et vous transporterez ailleurs qu'au milieu d'eux, votre considération et votre existence. L'imagination ne peut se guérir, quand la présence des mêmes objets renouvelle ses impressions; mais elle se calme, lorsque pendant long-temps rien ne lui rappelle ce qui la blesse. Il y a dans presque tous les hommes quelque chose qui tient de la folie, une susceptibilité quelconque qui les fait souffrir, une foiblesse qu'ils n'avouent jamais, et qui a plus d'empire sur eux cependant que tous les motifs dont ils parlent; c'est comme une manie de l'âme, que des circonstances particulières à chaque homme ont fait naître; il faut la traiter soi-même, comme elle le seroit par des médecins éclairés, si elle avoit dérangé complétement les organes de la raison ; il faut éviter les objets qui reveilleroient cette manie, se faire un genre de vie et des occupations nouvelles, ruser avec son imagination, pour ainsi dire, au lieu de vouloir l'asservir ; car elle influe toujours sur notre bonheur, alors même qu'on l'empêche de diriger notre conduite. Je ne viens donc point avec des lieux communs de philosophie, vous conseiller de triompher de vos inquiétudes sur tout ce qui tient à l'opinion ; mais je vous dis d'adopter une manière de vivre qui vous mette à l'abri de ces inquiétudes.

Votre amour pour Delphine doit vous rendre la solitude bien douce avec elle ; n'admettez dans votre intimité que quelques amis exempts de préjugés et qui jouiront de votre bonheur. Vous voulez mourir, dites-vous ? Mais n'est-ce pas immoler aussi Delphine ? elle ne vous survivra pas, vous n'en pouvez douter ; et vous renonceriez l'un et l'autre à la plus belle des destinées, à l'amour dans le mariage, parce qu'il existera quelques hommes qui vous blâmeront ! Rappelez-vous un à un ces hommes dont vous redoutez le jugement ; en est-il qui vous parussent mériter le sacrifice d'un jour, d'une heure de la société de Delphine? et pour tous réunis, vous lui donneriez la mort! Vous pouvez généraliser d'une manière assez noble les sentimens qu'inspire la crainte de blesser l'opinion des hommes, mais représentez-vous en détail ce que vous redoutez. Une visite qu'on ne fera pas à votre femme, une invitation qu'elle ne recevra pas, une révérence qui lui sera refusée; vous aurez honte de mettre en balance le bonheur et l'amour avec ces misérables égards de politesse, que le pouvoir obtient toujours, quelque mal qu'il ait fait, chaque fois qu'il menace d'en faire plus encore.

Ah! si votre conscience étoit d'accord avec ce que les hommes diroient de vous, chacun d'eux pourroit vous humilier, car votre cœur ne conserveroit en lui-même aucune force pour se relever; mais est-ce vous, Léonce, est-ce vous à qui l'amour et la vertu, les affections du cœur et le repos de la conscience ne suffiroient pas pour supporter la vie! Si vous vous trouviez tout à coup transporté sur les rives de l'Orénoque avec Delphine, vous y seriez heureux, parfaitement heureux. Eh bien! vous avez de plus les plaisirs et les jouissances que la fortune et les arts de la civilisation peuvent donner. Seroit-il possible, que des êtres qui n'ont pour vous aucun genre d'attachement, des êtres qui emploieroient un quart d'heure de leur journée à vous blâmer, mais qui n'en auroient pas consacré autant à vous rendre le plus important service, seroit-il possible qu'ils se plaçassent entre Delphine et vous, et vous empêchassent de vous reunir! Ils seroient bien étonnés, Léonce, des sacrifices que vous leur feriez, ces redoutables censeurs; ils seroient bien fiers d'avoir blessé de leurs petites armes, un caractère qu'ils croyoient eux-mêmes au-dessus de leurs atteintes!

Votre sang, celui de Delphine, couleroient, non pour l'amour, non pour le remords, mais pour les frivoles discours de telle société, de tel cercle de femmes, parmi lesquelles vous ne daigneriez pas choisir une amie, mais à qui vous croyez devoir immoler celle que le ciel vous a donnée dans un jour de munificence!

Léonce, j'ai réduit votre désespoir à son unique cause; désormais il ne peut plus en exister d'autres; j'ai dégradé dans votre esprit jusqu'à votre douleur. Repoussez les fantômes qui pourroient vous intimider encore; regardez le ciel, revoyez la nature, parcourez pendant quelques heures les montagnes qui nous environnent, considérez la terre de leur sommet, et dites-moi si vous ne sentez pas que toutes les misérables peines de la société restent au niveau du brouillard des villes, et ne s'élèvent jamais plus haut. Croyez-moi, les rapports continuels avec les hommes troublent les lumières de l'esprit, étouffent dans l'âme les principes de l'énergie et de l'élévation; le talent, l'amour, la morale, ces feux du ciel, ne s'enflamment que dans la solitude. Léonce, vous pouvez être heureux dans la retraite, vous le serez avec Delphine. Vous êtes tous les deux pleins de jeunesse, d'amour et de vertu, et vous formez le projet d'anéantir tous ces dons avec la vie! Dans les beaux jours de l'été, sous un ciel serein, la nature vous appelle, et la méchanceté des hommes vous rendroit sourds à sa voix! L'intention du Créateur ne se manifeste qu'obscurément dans toutes ces combinaisons de la société, que les passions et les intérêts ont compliquées de tant de manières ; mais le but sublime d'un Dieu bienfaisant, vous le retrouverez dans votre propre cœur, vous le comprendrez au milieu des beautés de la campagne, vous l'adorerez aux pieds de Delphine! Mon ami, c'en est assez, votre cœur doit s'indigner de mon insistance.

Delphine sait le conseil que je vous donne,

Delphine l'approuve ; c'est aux femmes peut-être qu'il est permis de trembler devant l'opinion ; mais c'est aux hommes, c'est à Léonce surtout qu'il convient de la diriger, ou de s'en affranchir.

H. DE LEBENSEI.

On porta cette lettre à M. de Mondoville ; il resta trois heures enfermé, depuis le moment où elle lui fut remise ; enfin, après ce temps, il donna sa réponse à mon domestique, d'un air calme, mais sérieux. Il ne me fit point demander ; il défendit à ses gens d'entrer dans sa chambre le reste de la soirée. Voici cette réponse.

M. de Mondoville à M. de Lebensei.

DELPHINE a donné son consentement à votre proposition, je l'accepte ; elle change mon sort, elle change le sien ; nous vivrons, et nous vivrons ensemble ; quel avenir inattendu! demain devoit être mon dernier jour, il sera le premier d'une existence nouvelle; Delphine enfin sera donc heureuse! Adieu, mon ami; je vous dois la vie ; je vous dois bien plus, puisque vous croyez que Delphine ne m'auroit pas survécu ; achevez de terminer les arrangemens nécessaires à notre départ et à notre établissement, je me sens incapable de tout, après de si violentes secousses.

LÉONCE DE MONDOVILLE.

Dans les premiers momens, j'étois parfaitement content de cette lettre, et je la portai, plein de joie, à Delphine; elle la lut d'abord vite, une seconde fois lentement; puis me la remettant, elle me dit:— Le parti qu'il prend lui coûte cruellement; examinez quelle est sa première pensée, le consentement que j'ai donné à ce parti; et plus loin, il espère *que je serai heureuse!* dit-il un seul mot de lui? et cette manière de vous charger de tous les détails, n'est-ce pas une preuve qu'ils lui sont tous pénibles? et bien d'autres nuances encore..... Mais il vivra, l'impression est faite, il vivra. Mon ami, ajouta-t-elle, ne terminez rien, je veux seule conserver la décision de mon sort. J'obtiendrai de madame de Ternan, que ma douleur fatigue, et qui redoute le ressentiment de Léonce, la permission d'aller prendre les eaux de Baden, près de Zurich; l'état de ma santé motive cette demande, elle ne me sera point refusée. Je serai seule avec Léonce, nous causerons librement ensemble, et, quoi qu'il arrive, je l'aurai fait du moins renoncer au projet funeste qui menaçoit sa vie.—

Voilà, mademoiselle, dans quelle situation se trouvent maintenant, les deux personnes du monde qui mériteroient le plus d'être heureuses. J'espère que pendant le séjour de madame d'Albémar à Baden, ses inquiétudes et les peines de Léonce se dissiperont entièrement ; je leur ai donné tous les secours que l'amour peut recevoir de l'amitié ; leur sort maintenant ne dépend plus que d'eux seuls. (1)

La lettre de Léonce à M. de Lebensei donna, comme on le voit, beaucoup d'inquiétude à Delphine. Cependant, l'espoir de s'unir à Léonce lui causoit tant de bonheur, qu'elle écartoit sans s'en apercevoir tout ce qui pouvoit troubler une impression si douce ; elle résolut cependant de ne prendre aucun parti avant deux mois, et de passer ce temps avec Léonce aux eaux de Baden ; le

---

(1) C'est ici que commençoit l'ancien dénoûment de Delphine ; je remplis les intentions de ma mère, en y substituant celui que l'on va lire, tel que je l'ai trouvé dans ses manuscrits. Mais comme l'ancien dénoûment contient des beautés que l'on peut admirer, indépendamment de leur liaison avec le reste du tableau, je l'ai placé, en variante, à la fin de ce volume.

(*Note de l'Éditeur.*)

mauvais état de sa santé, et la crainte qu'avoit madame de Ternan de rien refuser à Léonce, rendoient facile pour elle d'obtenir la permission de s'absenter pendant quelque temps ; elle prit donc une maison de campagne assez solitaire, auprès de Baden, et c'est là qu'elle revit Léonce. En se retrouvant, ils éprouvèrent un sentiment de bonheur qui s'exprima par beaucoup de larmes. Je ne sais s'il existoit au fond du cœur de l'un et de l'autre des pensées pénibles, si la délicatesse de Delphine lui reprochoit de rompre ses vœux, et si Léonce pressentoit confusément ce qu'il éprouveroit, lorsque le monde sauroit la résolution de Delphine et la sienne, mais tous les deux évitoient de se parler sur leur avenir, et sembloient goûter le présent en repoussant la crainte, et même l'espérance. A Bellerive, Léonce souhaitoit avec fureur de posséder celle qu'il aimoit ; dans la solitude, près de Baden, il ne se seroit pas permis un témoignage d'amour qui auroit pu faire croire à Delphine qu'il n'étoit pas déterminé à l'épouser. Ses manières avec elle étoient tendres et respectueuses ; il tomboit souvent dans de profondes rêveries ; en la regardant, ses yeux se remplissoient de pleurs. Quand Delphine lui adressoit quelques paroles sensibles, et souvent même aussi quand elle paroissoit calme et heureuse, Léonce éprouvoit une émotion qui sembloit autant appartenir à la mélancolie qu'à la joie. Ils lisoient ensemble, ils faisoient de la musique ensemble, ils éprouvoient chaque jour davantage que leur esprit et leur âme étoient parfaitement en harmonie; cependant, il y avoit *un point par où leurs cœurs ne se touchoient pas*, et, d'un commun accord, ils évitoient ce qui pouvoit le leur faire sentir.

Delphine étoit inépuisable dans la solitude; elle embellissoit de mille manières cette existence idéale, que l'imagination et l'amour peuvent rendre si animée et si douce; elle savoit trouver dans les poètes, dans les ouvrages dramatiques, ces morceaux qui appartiennent aux plus heureux momens de l'inspiration, et font éprouver à l'âme la délicieuse sensation de l'enthousiasme, le pur sentiment de l'élévation: ils sont en petit nombre, ces vers délicieux, ou ces pages sensibles, qui répondent parfaitement à nos impressions secrètes, et développent en nous une existence nouvelle : il suffit d'un mot froid ou déplacé, pour nous tirer tout à coup de cette extase du cœur qui fait oublier le reste du monde; mais, quand l'émotion est complète, quand rien n'en détourne, et que l'on peut admirer de toute la puissance de sa sensibilité, quel bonheur de faire partager cette impression à ce qu'on aime, de pleurer près de lui, de voir son attendrissement, de sentir sa main pressée par la sienne, d'être averti enfin, par les plus douces impressions, que le même sentiment remplit deux âmes à la fois, et que si les portes du ciel s'ouvroient dans cet instant, elles y entreroient ensemble !

Léonce et Delphine passoient de la poésie à la musique, mystérieuse puissance qui jette dans le vague nos pensées, et nous plonge quelquefois dans une rêverie toute céleste. Il semble que c'est aux sons de la musique qu'on voudroit passer de ce monde dans une meilleure vie ; il semble qu'il y a des secrets de notre nature que notre esprit ne peut découvrir, et qui nous sont comme indiqués par l'exaltation qu'inspire la musique ; et, s'il nous arrive souvent d'éprouver cette exaltation dans la solitude, quelles paroles pourront la peindre, quand elle est partagée par ce qu'on aime ! Delphine, en jouant de la harpe, en écoutant Isore, qu'un maître habile accompagnoit, savoit Léonce près d'elle ; elle se sentoit regardée par lui, environnée de son intérêt protecteur ; elle éprouvoit ce repos délicieux qu'on ne peut goûter que quand le cœur est parfaitement satisfait. Sa santé étoit moins bonne qu'autrefois; mais cet état de foiblesse ajoutoit au charme de sa situation. Quand il lui venoit quelques inquiétudes sur les dispositions futures de Léonce, sur le bonheur qu'il goûteroit, lorsqu'il seroit uni avec elle, l'idée confuse que peut-être elle ne vivroit pas long-temps amortissoit ses inquiétudes; un nuage couvroit ses craintes, et laissoit à sa félicité présente toute sa vivacité. On s'étonnera peut-être que Delphine, dont l'esprit étoit si pénétrant, ne cherchât point à découvrir l'avenir avec certitude; mais qui n'a pas éprouvé cette sorte d'aveuglement, quand le bonheur présent avoit une grande force ! Ne se fait-on pas quelquefois illusion jusqu'au moment du départ, sur la douleur même de la séparation ? Tant que l'on voit l'objet qu'on aime, on n'a pas l'idée de l'absence, et l'imagination, ébranlée par le cœur, est tantôt follement inquiète, tantôt follement rassurée.

Léonce et Delphine se promenoient ensemble dans ce beau pays, où la nature est si poétique; ils en sentoient les merveilles avec délices ; quelquefois ils s'arrêtoient pour considérer les accidens des nuages au milieu des montagnes ; ils écoutoient le vent, ils regardoient tomber les torrens, et trouvoient je ne sais quel charme dans le frémissement qu'inspire une nature sombre, dans le besoin qu'elle donne de s'appuyer l'un sur l'autre, et d'animer le désert par nos sentimens et nos espérances. Quelquefois il échappoit à Léonce de dire : « Oh! que la nature seroit belle, si le souvenir des hommes ne nous y poursuivoit pas! » et il parloit avec amertume de la société. Delphine exprimoit des sentimens plus doux ; elle se sentoit heureuse, son cœur étoit plein d'indulgence. « Qui peut, disoit-elle à Léonce, connoître et mesurer les diverses circonstances qui disposent de la conduite et des opinions des hommes ; je pardonne beaucoup, par exemple, à ceux qui souffrent, de quelque manière que ce soit. On ne sait pas quel ravage le malheur produit dans le cœur ; je ne suis sévère que pour la prospérité, et c'est bien rarement qu'on la rencontre. Il y a tant de souffrances cachées au fond de l'âme! Mon ami, il faut beaucoup plaindre ; car la plupart des torts sont précédés par de grandes douleurs. — Oui, dit Léonce en soupirant ; mais pourquoi ?... Puis il s'arrêta, et voulut rassurer Delphine, comme s'il lui eût confié ce qui l'occupoit. Elle le regarda avec étonnement; un sentiment de terreur s'empara d'elle; Léonce le vit et le dissipa; car il aimoit, car il étoit aimé, et rien ne résiste à cette magie. Delphine étoit véritablement fascinée par l'amour: après deux années de peines, elle avoit tellement besoin d'être heureuse, qu'elle rejetoit loin d'elle tous les doutes, comme cette mère qui répétoit sans cesse pendant la maladie de son enfant: *Il ne mourra pas, non, il ne mourra pas, car Dieu sait que je ne pourrois pas le supporter.*

Léonce reçut une lettre d'un de ses amis émigrés, qui le prioit d'aller le trouver à son passage à Lausanne. Delphine ne put voir Léonce s'éloigner, même pour peu de jours, sans éprouver une peine très-vive: peut-être craignoit-elle d'avoir du temps pour réfléchir, et pour approfondir ce qu'elle ne vouloit pas s'avouer; mais elle versa beaucoup de larmes avant de le quitter; et, descendant pour l'accompagner jusque sur le seuil de la porte, elle répéta: « O mon Dieu! protégez-nous, bénissez-nous! » Léonce s'arrêta, prêt à monter à cheval, et lui demanda avec inquiétude, quel sentiment lui inspiroit cette prière. « Aucun qui doive vous alarmer, lui dit-elle; mais quand le cœur est plein d'affection, ne faut-il pas prier Dieu pour ce qu'on aime? Nos plus vifs sentimens ont si peu de puissance, comment ne pas frémir en se séparant, si l'on n'en appelle pas au secours du ciel. »

Léonce écrivit à Delphine pendant son absence, qui se prolongea quelques jours; ses lettres étoient tendres, mais courtes; il donnoit toujours un prétexte pour les abréger; il étoit aisé de voir qu'il craignoit de développer ses sentimens. Les impressions qu'on éprouve se trahissent plus facilement encore peut-être dans les lettres que dans la conversation. La présence de la personne qu'on aime vous attendrit toujours, quand vous lui parlez ; mais séparé d'elle, ce que vous écrivez appartient à vos sentimens les plus profonds et les plus habituels. Si vous aimez parfaitement, si vous êtes dans une situation simple, vous êtes inépuisable en expressions passionnées; mais, s'il faut expliquer des combats, modifier des sentimens, on a peur des mots dont on se sert, des paroles qui vont prendre un caractère de fixité, qui seront relues vingt fois, et dont l'impression profonde ne pourra peut-être plus s'effacer.

Delphine, en recevant les lettres de Léonce, éprouvoit d'abord une sensation très-pénible; mais, comme il se servoit cependant des mêmes termes de tendresse, elle se disoit que ses lettres prouvoient sa sécurité, et que l'amour, certain d'obtenir ce qu'il souhaite, ne pouvoit pas avoir le même langage que la passion agitée. Elle relisoit ces lettres; elle cherchoit, dans une expression contenue, les trésors de sentiment dont son cœur avoit besoin; elle retardoit enfin de tous ses efforts ce cruel moment où l'on commence à juger ce qu'on aime, à connoître avec précision le degré de sentiment que l'on inspire.

Léonce cependant n'étoit pas moins amoureux de Delphine; elle lui étoit aussi chère que jamais; mais il frémissoit à la pensée de l'effet que produiroit dans le monde son mariage avec une femme qui rompoit ses vœux, quittoit l'état de religieuse, et s'appuyoit de lois que l'opinion n'avoit point encore sanctionnées, pour faire une démarche si hasardée. Il n'avoit osé parler de son projet à aucun des amis qu'il avoit rencontrés à Lausanne; mais il avoit essayé, dans la conversation générale, de mettre en avant quelques thèses qui pussent les engager à montrer leur manière de voir, et tous ses essais avoient été les plus malheureux du monde. Ses amis quittoient la France par haine des principes qui auroient pu favoriser la rupture des vœux; et tout ce qu'ils disoient, trop d'accord avec les idées de Léonce, lui faisoit souffrir mille morts. Il revint à Baden, plus décidé que jamais à se séparer entièrement du monde ; il se flattoit encore que, s'il ne rencontroit personne qui lui parlât de sa situation, il parviendroit à oublier ce que les autres en pourroient penser. Mais tous ces combats qui se passoient en lui-même, remplissoient son cœur de tristesse, et il revit Delphine sans que cette tristesse fût dissipée. Elle n'osa pas l'interroger sur le sentiment qui l'occupoit ; et, gardant Isore auprès d'elle, elle évita de rester seule avec lui.

Isore vouloit fêter le retour de Léonce ; elle avoit préparé pour le lendemain, avec quelques-unes de ses petites compagnes, dans un bosquet du jardin, des fleurs, de la danse et de la musique. Delphine ne s'opposa point au désir d'Isore, et conduisit vers le soir Léonce près des lieux que sa petite amie avoit entourés de guirlandes. Léonce éprouva d'abord un sentiment d'inquiétude sur cette fête ; il craignoit ce qu'Isore pouvoit dire ; il craignoit sa propre émotion ; enfin, il avoit au fond du cœur un malaise qu'il parvenoit à cacher, lorsque rien d'inattendu ne le surprenoit, mais qui lui faisoit craindre vivement tout ce qui pouvoit troubler son âme. Cependant, la grâce

charmante d'Isore, sa gaîté, la simplicité de
ses chants, qui n'exprimoient que la reconnoissance, le calme et le bonheur, tout ce qu'il
y avoit de champêtre et de paisible dans sa
petite fête éloigna par degrés de la mémoire de
Léonce, les souvenirs importuns de la société, et
il se livra sans arrière-pensée aux douces émotions qu'il éprouvoit. Au milieu de cette fête, et
dans le moment où il regardoit son amie avec
le plus d'amour et d'espoir, deux instrumens
à vent, d'une justesse et d'une beauté par-
faites, se firent entendre à quelque distance,
et les petites filles elles-mêmes suspendirent
leur danse, pour écouter ces sons si doux et si
mélancoliques. « Pourquoi, dit Léonce à Delphine, mêler aux joies de l'enfance des impressions d'une nature si sérieuse ? » Delphine
ne répondit rien, et les instrumens conti-
nuèrent à jouer la complainte de Marie Stuart,
air écossais de la plus touchante et de la
plus noble simplicité. Léonce, profondément
ému, répéta encore avec un accent douloureux : « Delphine, pourquoi des larmes au
milieu du bonheur ? Vous me faites mal, bien
mal ! — Léonce, lui dit-elle alors, j'ai voulu
attacher mon souvenir à cet air; dans quelque
lieu du monde que vous l'entendiez, je veux
qu'il vous rappelle Delphine. — Grand Dieu !

reprit-il avec force, est-ce que vous vous imaginez que nous serons jamais séparés? que voulez-vous dire? expliquez-vous: » et il l'entraîna loin du jardin et de la fête.

Ils se trouvèrent ensemble dans le bois qui environnoit leur maison, près d'une salle de verdure, où les habitans de Baden avoient coutume de se réunir. Delphine gardoit le silence, et les vives prières de Léonce ne pouvoient pas obtenir d'elle une seule réponse; elle marchoit appuyée sur lui; elle vouloit parler, mais elle frémissoit de tout ce qui pouvoit naître du premier mot, et prolongeoit le vague du silence aussi long-temps qu'elle pouvoit. Tout à coup ils entendirent dans le lointain une marche vive et animée; et, s'approchant pour l'écouter, ils virent passer des jeunes filles qui ramenoient de l'église une charmante personne, qui venoit de se marier avec l'homme qu'elle aimoit; Léonce et Delphine les avoient entendu nommer; ils les avoient vus passer une fois, et les reconnurent à l'instant. Une émotion inexplicable s'empara de tous les deux au même moment; ils s'approchèrent de la salle de danse où se rendoit la joyeuse troupe, et ils contemplèrent long-temps le jeune homme et la jeune femme, qui étoient l'image du plus parfait bonheur : la physionomie de l'homme exprimoit cet intérêt calme et tendre, qui devoit servir de guide et d'appui à sa douce compagne ; sa femme le regardoit avec confiance, comme le généreux souverain de son cœur et de sa vie ; ils s'avançoient ensemble, comme Adam et Ève dans le paradis, la main dans la main, *hand in hand*, et goûtoient tous les plaisirs de la vie ; exaltés par l'amour, ils dansoient avec une légèreté, avec une gaîté remarquable ; les airs vifs des allemandes-suisses étoient encore animés par un tambour qui marquoit la mesure avec force ; ils regardoient les compagnons de leur enfance, ils s'entremêloient à leurs danses, pour se montrer reconnoissans de la bienveillance qu'on leur témoignoit ; mais on voyoit bien qu'ils existoient seuls l'un pour l'autre dans l'univers. Ils se cherchoient, ils ne se perdoient pas de vue, et quand ils se retrouvoient, il sembloit que la terre bondissoit sous leurs pieds, et qu'ils étoient portés dans l'air sur les ailes d'un bonheur céleste. Quel spectacle pour Delphine ! Il y avoit bien long-temps qu'elle n'avoit vu de fête, et depuis un an surtout, elle n'avoit vécu que dans la retraite et la douleur ; elle se sentit comme étourdie par tant de sensations diverses ; et, s'appuyant contre un arbre, ses regards étoient attachés sur cette femme couronnée de fleurs, entourée des bras de son ami, et s'enivrant de la plus délicieuse coupe de la vie, de l'amour dans le mariage.

Léonce étoit près de Delphine; et quoiqu'il ne parlât point, Delphine sentoit qu'il partageoit toutes ses impressions. Il avoit des regards si éloquens, une expression si touchante! « Léonce, lui dit-elle en lui montrant l'heureux couple, ils sont heureux, et moi, jamais! jamais! — Il faut que je vous parle, s'écria Léonce, il le faut; écoutez-moi ce soir, je le veux. — Moi, répondit-elle, je le veux aussi; » et ils s'éloignèrent en silence. Il étoit tard quand ils revinrent chez eux; tout dormoit dans la maison; Léonce, en se voyant seul avec Delphine, se jeta à ses pieds, et lui avoua toutes les pensées qui l'avoient troublé. Elle voulut à l'instant lui rendre sa parole, retourner dans son couvent; mais il lui exprima son amour avec tant de vérité, mais il chercha tellement à la convaincre que, dans la solitude, avec elle, il seroit parfaitement heureux, qu'elle consentit doucement à l'entendre développer ses projets. Il étoit parti de France avec un passe-port; il pouvoit y retourner sans danger; il lui proposa de la mener à sa terre de Mondoville, de l'épouser à son arrivée, et de s'y fixer pour toujours. Quand elle s'inquiétoit des sacrifices qu'il lui faisoit, en quittant ainsi le monde, il lui représentoit qu'au milieu des événemens cruels qui déchiroient son pays, il n'y avoit ni honneur, ni sûreté que dans la solitude. Delphine revenoit souvent à la crainte qui l'agitoit le plus; elle demandoit à Léonce si, dans le fond de son cœur, il ne l'estimoit pas moins, pour le sacrifice même qu'elle étoit disposée à lui faire. « Je sais, lui dit-elle, que l'amour, et l'amour seul, pouvoit vaincre la répugnance que j'éprouve à sortir de ma retraite; je ne m'explique pas précisément la nature du devoir qui pouvoit m'y retenir; mais je sens cependant que, de quelque manière que les vœux m'aient été arrachés, il eût été plus délicat de m'y soumettre; je le sens, et mon irrésistible passion pour toi m'entraîne; le reste du monde ne recevra pas cette excuse; mais si tu l'acceptes, Léonce, c'en est assez. Ah, Dieu! si ton cœur se blâsoit sur l'excès même de mon affection, si ton imagination, qui ne peut rien souhaiter au-delà de ce que j'éprouve, se lassoit de notre bonheur, alors tu réfléchirois sur ma faute. »

Léonce interrompit Delphine par les protestations les plus vives et les plus sincères. Dans ce moment, le jour commençoit à paroître; leur entretien avoit duré toute la nuit sans qu'ils s'en fussent doutés. Les premiers rayons du soleil levant leur causèrent à tous deux une grande émotion ; ils se sentirent un témoin, et, s'avançant vers la fenêtre, ils se dirent qu'ils s'aimoient en présence du ciel. L'aspect de l'horizon étoit singulièrement majestueux ; la nature se réveilloit, les êtres vivans dormoient encore ; Léonce et Delphine célébroient seuls la toute-puissance du Créateur. Léonce, qui jusqu'alors s'étoit peu occupé d'idées religieuses, parut les saisir avec ardeur; il vouloit échapper aux hommes; il cherchoit un asile au fond de sa conscience: car dans le sein de l'homme vertueux, dit Sénèque, *Je ne sais quel Dieu, mais il habite un Dieu*. Tous les sentimens désintéressés, toutes les idées élevées, toutes les affections profondes, ont un caractère religieux; chacun entend à sa manière cette révélation de l'âme ; mais il n'existe aucune émotion tendre et généreuse qui ne nous fasse désirer un autre monde, une autre vie, une région plus pure, où la vertu retrouve sa patrie. Léonce mit un genou en terre devant Delphine ; Delphine se pencha sur lui, et ses cheveux couvrirent

presque en entier la belle tête de son amant.
Il se releva en la pressant sur son cœur; et,
passant à son doigt un anneau, gage de sa
foi, il lui promit devant Dieu de la prendre
pour son épouse. « Être tout-puissant, s'écria
Delphine en élevant ses mains vers le ciel,
je n'aurai jamais ni plus de bonheur ni plus
d'amour: fermez mes yeux pour toujours; en
ce moment, j'ai touché les bornes de l'existence! pourquoi redescendre vers l'incertain
avenir! — Quel souhait! s'écria Léonce; arrête! arrête! » et il trembloit, comme si les
paroles de Delphine avoient pu attirer la mort
sur sa tête. Pourquoi trembloit-il? pourquoi
crioit-il, arrête? Quand la pauvre Delphine
formoit ce vœu, peut-être étoit-il inspiré par
son bon génie.

Le lendemain, Léonce et Delphine partirent pour Mondoville, et ce voyage fut encore
très-heureux. Il n'y a rien de si doux que de
voyager avec ce qu'on aime! Le sentiment
d'isolement que fait éprouver cette situation,
ce sentiment pénible, quand on est seul, est
précisément ce qui rend les jouissances de
l'affection plus délicieuses. Vous ne connoissez personne, personne ne vous connoît; vous
traversez des pays nouveaux, votre curiosité
est agréablement satisfaite, mais rien ne vous

distrait de l'idée profonde qui remplit votre cœur; vous aimez à sentir à chaque instant la différence de cet univers étranger qui passe devant vos yeux, avec cet être si cher, si intime, que vous avez près de vous, et qu'aucune affaire, aucune relation de société ne vous enlèvera, même pour un moment.

La santé de Delphine étoit restée très-foible, depuis les peines qu'elle avoit éprouvées à l'abbaye du Paradis; les soins de Léonce pour elle étoient inépuisables; elle étoit placée dans sa voiture entre Isore et lui, et l'enfance et l'amour rivalisoient auprès d'elle de tendresse. Léonce étoit l'ange tutélaire de son amie, dans les plus petites comme dans les plus grandes circonstances. Cette protection habituelle, le commencement de la vie domestique, plongeoit Delphine dans la rêverie enchanteresse du bonheur; à chaque poste elle s'étonnoit que le chemin fût si court; elle perdoit du temps sous mille prétextes; elle ralentissoit le voyage, elle craignoit d'arriver, soit qu'un pressentiment l'avertît qu'elle devoit craindre le séjour de Mondoville, soit que dans un état heureux, le moindre changement fasse peur. Tout conspire en nous-mêmes comme au dehors de nous, contre ces impressions si délicates et si vives, qui satisfont à la fois l'imagination et le cœur, et le plus simple hasard suffit pour les détruire.

Léonce fut reçu avec beaucoup d'affection et de respect, dans la terre qu'avoient habitée long-temps son père et sa mère. Mondoville étoit près de la Vendée, où se rassembloient les royalistes, et l'ancienne considération que l'on avoit pour les seigneurs de terres s'y étoit conservée; on y détestoit assez généralement tout ce qui tenoit à la révolution, et les opinions nouvelles n'y avoient point encore pénétré. Delphine s'enferma chez elle avec Isore, pendant que Léonce vit les personnes auxquelles il avoit affaire. Léonce, en arrivant, donna quelques jours à la vive douleur que lui causa la nouvelle de la mort de son respectable ami, M. Barton : il vouloit le consulter, se confier à lui : il n'étoit plus. A peine eut-il passé quelque temps à Mondoville, que le bruit s'y répandit sourdement qu'il avoit amené avec lui une religieuse, et qu'il comptoit l'épouser; il ne sut point précisément quel effet produisit ce bruit; personne ne l'en avertit, mais il vit une sorte de contrainte dans la manière de quelques vieux serviteurs de ses parens, et, comme il craignoit d'en découvrir la cause, il n'interrogea personne;

mais chaque jour il devenoit plus sombre, et, sous des prétextes divers, il éloignoit souvent les occasions de s'entretenir avec Delphine. Delphine s'en aperçut promptement. La crainte d'être moins aimée l'emportant sur tout, l'empêchoit de réfléchir sur ce que sa situation avoit d'horrible; mais néanmoins un sentiment d'humiliation aiguisoit quelquefois son désespoir; sa dépendance, son isolement, le sacrifice de sa réputation, de son existence, toutes ces preuves de dévouement qu'il lui avoit été si doux de donner, lui causoient quelquefois, non des regrets, mais une crainte délicate et naturelle : elle sentoit que Léonce se croiroit obligé à l'épouser, et cette idée lui étoit affreuse. Enfin, un matin, l'altération de Delphine, dont la santé dépérissoit chaque jour, frappa tellement Léonce, qu'il fut tout à coup saisi par un sentiment de terreur et de remords; et, après lui avoir prodigué les expressions d'amour les plus tendres, il sortit de chez elle, résolu d'aller à l'instant chez le maire, pour déclarer l'intention où il étoit de se marier, et de choisir le jour où il conduiroit Delphine à l'autel.

Au moment où il arriva, l'on recevoit la nouvelle des massacres qui avoient eu lieu le deux septembre à Paris, et toutes les femmes s'étoient précipitées dans la salle de l'hôtel de ville, pour en apprendre les détails. Plusieurs d'entre elles connoissoient quelques-uns de ceux qui avoient péri, et tous les esprits étoient très-agités par cette horrible nouvelle. Léonce étoit tellement troublé de ce qu'il alloit faire, qu'il ne s'informa point du sujet de la rumeur générale; et, s'avançant rapidement vers le maire, il lui annonça, avec une voix d'autant plus haute et d'autant plus ferme, qu'il vouloit cacher son agitation intérieure, la résolution où il étoit d'épouser madame d'Albémar. Le maire, qui avoit été autrefois attaché à la famille de Mondoville, baissa les yeux, soupira, et écrivit en silence le nom de Léonce, et celui de madame d'Albémar. A l'instant un murmure retentit dans toute la salle, et Léonce entendit plusieurs voix qui disoient : *Quoi, notre jeune seigneur va épouser une religieuse qui fuit de son couvent! quoi, il déshonore ainsi son nom ! ah ! que diroient ses parens, s'ils vivoient encore !* Aucun homme sur la terre ne pouvoit éprouver une douleur égale à celle que ces paroles causèrent à Léonce; cependant, il fit effort sur lui pour marcher à travers la foule avec sa contenance accoutumée; on se tut en le voyant passer; mais il aperçut sur tous les visages cette désapprobation muette, tourment de ceux qui ont besoin de l'estime des autres. En sortant, il trouva rangés devant la porte de l'hôtel de ville quelques soldats qui avoient autrefois servi dans son régiment ; ils lui présentèrent les armes ; mais l'instant d'après, par un mouvement tout-à-fait irréfléchi, ils baissèrent tristement leurs fusils devant lui, comme ils ont coutume de le faire devant des funérailles illustres. Léonce, frappé de cette action, leur dit : « Vous avez raison, mes amis ; ce n'est plus moi, c'est à peine mon ombre : je vous remercie de me pleurer : » et il s'éloigna rapidement.

Passant devant l'église, il vit ouverte la porte qui conduisoit à la chapelle où tous ses ancêtres avoient été ensevelis ; il recula d'abord en l'apercevant ; puis, triomphant de sa première impression, il entra dans la chapelle, pour épuiser toutes les douleurs dans un même jour. La première pierre qu'il aperçut étoit celle qui couvroit la tombe de son respectable ami Barton : il en fut à peine ému. « Je suis bien aise, dit-il tout haut, que tu ne sois pas témoin de cela ; » et il se reposa quelques momens sur cette pierre. Il vit dans le fond de la chapelle un tombeau plus remarquable que tous les autres, et qui n'y étoit point encore lorsqu'il avoit quitté Mondoville; il frémit à cet aspect, sans pouvoir comprendre lui-même d'où venoit son effroi. Dans ce moment, un vieil officier, qui avoit servi sous son père, entra dans l'église, le reconnut, et se jeta à ses pieds. « Que faites-vous, s'écria Léonce; que faites-vous? — Je suis arrivé hier, lui dit-il, de la campagne où je vis, pour vous voir, pour embrasser encore une fois avant de mourir le fils de mon général; j'ai appris, faut-il le croire! que vous, noble jeune homme, que vous, héritier d'un sang illustre, vous alliez faire une action déshonorante; je ne sais pas ce qu'on peut dire pour excuser votre résolution, mais je sais que vous n'oserez plus regarder sans rougir les anciens amis de vos parens, et je viens vous supplier, pendant qu'il en est temps encore, d'abjurer cette erreur d'un jour, que démentent votre caractère et votre vie. — Laissez-moi, s'écria Léonce, laissez-moi; vous ne savez pas!.... — Oserez-vous me refuser, dit le vieillard en se relevant, si j'embrasse ce tombeau en suppliant? » et il alla s'appuyer, les mains jointes, sur le marbre noir qui étoit placé au fond de la chapelle. « Quel est ce tombeau, s'écria Léonce; quel est-il? — C'est celui de votre mère, répondit le vieil officier ; elle m'a ordonné d'apporter ici son cœur. Je suis venu du fond de l'Espagne avec ces précieux restes, elle m'a commandé de les déposer dans cette chapelle, pour reposer près de vous, quand le temps vous auroit frappé à votre tour; mais si votre conduite flétrit la gloire de votre famille, au nom de votre mère, si noble, si fière, si délicate sur l'honneur, je vous défends de placer votre tombe auprès de la sienne; je bannis votre cendre loin des cendres de vos aïeux! » Pendant qu'il parloit, Léonce fit quelques pas en chancelant, pour arriver jusqu'au tombeau de sa mère; mais l'excès de son émotion surpassant enfin ses forces, il tomba comme mort sur le pavé de l'église; on le transporta chez lui, et la malheureuse Delphine le vit arriver dans cet état. Comme elle se jetoit sur lui pour l'embrasser et mourir avec lui, l'impitoyable vieillard qui l'avoit suivi, lui dit : « Madame, c'est vous qui plongez M. de Mondoville dans le désespoir; c'est le combat de l'amour et de l'honneur, c'est l'effroi que lui cause la honte à laquelle vous le condamnez en vous épousant, qui causera sa mort; de grâce, éloignez-vous, ne sentez-vous pas que vous le devez à vous-même? » Il n'en falloit pas tant pour anéantir Delphine; et, malgré son inquiétude mortelle pour Léonce, elle tomba sur une chaise, derrière le lit où on l'avoit posé, et ne prononça pas un seul mot. Léonce, en revenant à lui, ne la vit pas ; il aperçut l'officier, dont les paroles avoient produit sur lui une impression si terrible qu'il étoit encore dans le délire. « Malheureux, s'écria-t-il, vous voulez que je lui plonge un poignard dans le sein ! que je l'abandonne, quand elle a tout sacrifié pour moi, quand elle sera seule dans cet univers, quand elle mourra ! et moi, qu'est-ce que je veux ? le déshonneur, la honte ? Opinion ! exécrable fantôme ! me poursuivras-tu jusque dans la retraite, jusqu'auprès de cet ange qui m'aime ? Non, ce n'est pas l'ombre de ma mère, homme cruel, que vous avez fait parler; non, ce n'est pas elle, c'est l'opinion; c'est son inflexible puissance que vous avez armée contre moi. Si les morts pensent encore à nous, c'est avec des sentimens plus doux, plus purs, plus dégagés des misérables préjugés des hommes ; mais, moi, comment ferai-je pour supporter la honte, ces soldats, ces femmes, ces tombeaux ? Tuez-moi, s'écria-t-il en regardant le vieillard qui se taisoit; tuez-moi, » et il s'élança pour saisir son épée.

Dans ce moment, un cri de Delphine la fit reconnoître ; il comprit qu'elle avoit tout entendu ; il voulut s'approcher d'elle, la prendre dans ses bras; un froid mortel l'avoit déjà saisie, elle ne pouvoit plus ni parler ni faire un mouvement; elle n'étoit pas tombée sans connoissance, mais son état étoit plus effrayant. Encore immobile, le regard fixe, on auroit dit qu'elle se relevoit du cercueil, sans avoir repris la vie. Léonce la porta dans sa chambre, et renvoya avec fureur, loin du château, tous ceux dont la vue pouvoit retracer à Delphine ce qui venoit de se passer. Pendant dix jours et dix nuits, il ne la quitta pas un instant; mais tous ses soins furent inutiles, le poignard étoit entré dans le cœur, et de ses coups jamais on ne revient. Delphine cependant recouvra la parole, et quand, examinant son état, elle se crut certaine que sa maladie étoit mortelle, elle fut plus calme.

Lorsque Léonce vit combien l'état de Delphine étoit dangereux, il tomba dans le plus sombre désespoir, et, se reprochant avec amertume d'être la cause de sa mort, irrité contre son propre caractère, il conçut pour lui-même un sentiment de haine qui suffit à lui seul pour rendre la vie odieuse, et il résolut fermement de ne pas survivre à son amie. Elle s'aperçut de ce dessein; des paroles échappées à Léonce l'en informèrent, et surtout une résignation triste et sombre qui n'étoit pas dans le caractère de son ami. Quand le médecin vouloit lui donner quelque espérance sur l'état de Delphine, il la repoussoit, et disoit presque froidement devant elle, qu'il étoit certain qu'elle ne pouvoit être sauvée. « Mais, généreuse Delphine, ajoutoit-il, ton cœur a tant de bonté, que tu consentiras sans peine à ce départ de la vie, avec le coupable ami qui t'a percé le cœur. » Quelquefois cependant il perdoit entièrement cette sorte de calme qui lui coûtoit tant d'efforts; et considérant son amie, que la douleur avoit déjà si fort changée, il se jetoit par terre, avec des convulsions de désespoir. « C'est moi, s'écrioit-il, c'est moi qui prive le monde de cette douce et noble créature; c'est moi qui ai empoisonné sa jeunesse; c'est moi qui la traîne dans le tombeau! qu'importe que je l'y suive, moi, si violent, si amer, si irritable; c'est du repos pour moi que la mort: mais elle, qui n'a jamais éprouvé que des sentimens d'affection et de bonté, pourquoi faut-il qu'elle meure désespérée? Innocent objet, s'écria-t-il en se jetant au pied de son lit, tu me regardes encore avec une expression si touchante, tu sembles me demander de vivre; hélas! je ne puis te sauver; je t'ai déchiré le cœur, mais je n'ai pas la puissance de te soulager; tu sais bien

que le mal est irréparable ! Insensé que j'étois !
j'ai foulé sous mes pas ta destinée, et je voudrois te relever maintenant, pauvre fleur que
j'ai flétrie ; mais tu retombes, et l'inflexible
nature me punit. Ah ! Delphine, si la mort
ne dépendoit pas de nous, si je ne pouvois
pas te suivre, quel supplice, quel tourment
égaleroit ce qui se passe dans mon sein ! Mais,
Delphine, entends-moi ; je ne te quitte pas,
je suis là, près de toi ; je t'accompagne dans la
mort, dans ses mystères ; ton ami sera près de
toi, Delphine ! Delphine ! » Il l'appeloit ; son
amie vouloit répondre, mais sa foiblesse ne lui
permettant pas de parler long-temps, elle lui
dit qu'elle désiroit d'être seule ; et quand il
l'eut laissée aux soins de ses femmes et d'Isore,
elle essaya de lui écrire, et lui fit dire plusieurs fois, lorsqu'il vouloit rentrér chez elle,
qu'elle lui demandoit encore quelques instans,
pour achever de lui faire connoître ses derniers sentimens et ses dernières volontés.
Voici ce qui fut remis, de sa part, à M. de
Mondoville.

LETTRE XIII ET DERNIÈRE.

Delphine à Léonce.

Je vois avec douleur, mon ami, combien vous vous reprochez la peine que vous croyez m'avoir causée, et je frémis des résolutions que vous vous plaisez à entretenir. La plus douce pensée qui me reste, c'est l'espoir que vous me survivrez, et que le noble objet de toutes mes affections sur cette terre, conservera de moi ce qui vaut la peine d'être sauvé, mon souvenir. Il ne faut pas beaucoup regretter ma vie; je suis convaincue que j'avois un caractère qui ne m'auroit jamais permis d'être heureuse; je ne sais si c'est le monde ou ma disposition qu'il faut blâmer, mais il est certain que j'ai toujours senti entre ma manière de voir et celle de la société, une sorte de désaccord qui devoit, tôt ou tard, me causer de grands chagrins. Il me semble qu'il y a de la dureté dans la plupart des hommes, de la dureté surtout pour les peines du cœur. On parvient assez à inspirer de la pitié pour ces maux qu'on appelle incontestables, et que les êtres les plus vulgaires redoutent pour eux-mêmes; mais on froisse, mais on déchire sans scrupule les âmes sensibles : leur délicatesse, leur exaltation, s'appellent bientôt de la folie, et quand on a dit à ces pauvres personnes qu'elles n'ont pas raison de souffrir, on passe, assez satisfait de la barbare consolation qu'on croit leur avoir donnée. Voyez ce vieillard qui nous a fait tant de mal; il m'a dit les paroles les plus cruelles sans en éprouver le moindre remords, et cependant, je le sais, ce n'est pas un méchant homme : si mes peines avoient été dans l'ordre de ses idées, dans le cours des sentimens qu'il conçoit, il m'auroit volontiers secourue; mais parce que ma situation heurtoit ses préjugés, il a été sans pitié; le monde est ainsi, et l'indépendance et l'irréflexion même de mon caractère, m'exposent sans cesse à irriter contre moi ce monde qui trouve toujours le moyen de se venger. On ne peut, quoi qu'on fasse, s'isoler entièrement de la société, et l'opinion des autres est une sorte de poison qui s'insinue dans l'air que l'on respire.

Ne vous blâmez point, mon ami, d'avoir frémi en voyant l'effet que produiroit votre mariage avec moi : c'est un sentiment naturel dans un homme d'honneur; c'est moi qui ai eu tort, extrêmement tort de ne considérer que votre sentiment et le mien. Si le cœur pouvoit ainsi porter son univers avec lui, l'existence seroit trop douce ; Dieu, sans doute, a voulu que quelque chose consolât de mourir, et c'est la société, ce sont nos relations nécessaires avec elle qui nous lassent de vivre. Un cœur long-temps flétri par l'injustice, l'ingratitude et la dureté, se repose dans le tombeau, et, toute jeune que je suis, je sens déjà cette fatigue qui doit accabler à la fin du voyage. Mon ami, j'avois quelques défauts, peut-être même quelques qualités, qui me livroient sans défense à tous les coups de la destinée ; j'ai pensé souvent que mon malheur ne venoit que de la fatalité des circonstances; mais je le crois à présent, la plupart de nos circonstances sont en nous-mêmes, et le tissu de notre histoire est toujours formé par notre caractère et nos relations.

Léonce, vous me regretterez : je ne puis souhaiter que vous m'oubliiez. Je ne vaux rien pour moi, je valois peut-être quelque chose pour vous : car une affection complète et profonde ne se trouve pas deux fois, dans la vie même de l'homme le plus brillant et le plus aimable; mais vous auriez été malheureux par la situation où mes propres imprudences m'ont placée. Dieu, qui m'auroit trouvée trop punie, si j'avois vu votre attachement pour moi diminuer, m'a rappelée à lui, et je sens que j'y serai bien. En effet, n'est-il pas temps que votre pauvre amie ne souffre plus ? mon cœur est épuisé ; il a reçu je ne sais quelle blessure qui m'empêche de respirer, et tout, dans ma nature désolée, appelle le sommeil de la mort. Ne savez-vous pas que je joins à une grande sensibilité, une imagination qui m'offre sans cesse, sous mille formes différentes, ou le passé ou l'avenir? des regrets, des craintes agitent mon âme, et tous ces regrets, et toutes ces craintes, inspirés par mes affections, me font éprouver une oppression, un serrement de cœur qui auroit dû me donner déjà plusieurs fois la secourable maladie dont je meurs. Pardon, Léonce, de nommer ainsi ce qui me sépare de toi : mais ne falloit-il pas te quitter ? Et quel supplice que de vivre, après avoir déchiré tous nos liens ! quelle occupation, quel intérêt me seroit-il resté, qui ne renouvelât ton souvenir? Je n'ai eu dans ma vie qu'une idée, qu'un sentiment, c'est toi : tout est empreint de ton image ; mon esprit, je le développois pour toi ; mes talens avoient pour but de te plaire ; ma rêverie ou ma gaîté, les plus petits de mes plaisirs, les plus grandes de mes pensées, tout me ramenoit à toi. Léonce, que ferois-je seule? nulle femme n'a plus besoin d'appui que moi : je n'ai point de confiance en mes propres forces : j'invoque un bras protecteur sur cette terre, comme un juge miséricordieux dans le ciel : je ne puis rien pour moi-même ; ce qu'on appeloit ma supériorité, n'est qu'une vaine louange donnée à quelques dons brillans et inutiles ; mon âme est foible et tremblante, et tout ce que cette âme peut éprouver de souffrances, je le sentirois loin de toi. Léonce, ne m'envie pas la mort ; songe au cruel changement de destinée qui me menaçoit ; songe à tous ces longs jours recommencés sans toi, à cette solitude, à cette lutte pour vivre, à ces heures si délicieuses pendant nos entretiens, arides et brûlantes lorsque leur poids retomberoit sur moi seule ; songe enfin que peut-être, au milieu de ces peines insupportables, je finirois par m'aigrir contre toi, par te blâmer de mon malheur : mon caractère, qui est doux, deviendroit âpre, irritable, douloureux pour moi-même et pour les autres. Léonce, je meurs sans avoir un moment cessé de t'admirer, sans avoir éprouvé contre toi un seul sentiment amer. Ah ! qu'il eût été horrible, le moment où tout cet amour que j'ai pour toi m'eût excitée à me plaindre, à t'accuser ! et qui peut se répondre que la douleur à la fin n'altère pas le caractère? Nous avons tant besoin d'être heureux, que nous perdons toute justice quand tout espoir nous est ôté. Et que deviendrois-je, le jour où je te croirois coupable de ma douleur, où j'éprouverois un sentiment amer en pensant à toi? Ah, Léonce! qu'il est doux de mourir, lorsque les affections sont encore dans tout leur charme, et lorsque l'on peut exhaler une âme douce et pure dans le sein de celui qui nous l'a donnée!

Mais vous, Léonce; mais vous, pourquoi voudriez-vous me suivre? Sans doute, je le sais, vous serez quelque temps malheureux; vous le serez jusqu'au moment où de grands intérêts, le désir d'être utile à vos amis ou à votre patrie, ranimeront votre espérance. Le bonheur d'un homme se recommence, sa destinée se répare, son avenir renaît; mais ce cœur tout plein d'affection, que les pauvres femmes possèdent, ce cœur qui ne sait qu'aimer, qui ne voit dans les idées, dans les opinions, dans les succès, que des moyens d'être aimé, que voulez-vous qu'il devienne, quand la source de sa félicité est tarie? Léonce, laisse-moi te précéder dans ce monde inconnu qui m'attend. Oui, peut-être ai-je épuisé sur cette terre toutes les douleurs que je méritois, et ne trouverai-je qu'indulgence auprès du Tout-Puissant! S'il en est ainsi, je demanderai de revenir, quand il sera temps, auprès de ton lit de mort, et d'accompagner ton âme dans ce cruel passage. Mon ami, j'en conviens, il me cause quelque effroi : je crains la mort, sans regretter la vie; l'être le plus malheureux ne voit pas approcher sans terreur cet inconcevable moment, dont la jeunesse et l'amour écartoient si doucement l'idée ; je me contemple avec une sorte de pitié : ces yeux éteints qui t'exprimoient autrefois tant de tendresse, ces traits abattus, ces mains déjà sans couleur.

O Léonce ! te souviens-tu de ce jour de fête où nous dansâmes ensemble ? que de roses alors ornoient ma tête! que d'espérances remplissoient mon cœur! Il y a à peine trois années depuis ce temps, et tout est dit. Mais je ne meurs pas seule : ta main chérie soutiendra ma tête, que je n'ai déjà plus la force de soulever ; je vais te rappeler, et de cet instant tu ne me quitteras plus : mon avenir est court, mais il est sans nuage, et les dernières lueurs que j'apercevrai te montreront encore à moi. Ah, cher Léonce! et tant d'amour cependant ne pouvoit nous donner une félicité parfaite! Madame de Vernon ne m'a-t-elle pas répété que les différences de nos caractères nous auroient empêchés d'être heureux ensemble, quand même aucun obstacle ne se seroit opposé à notre union? J'ai toujours repoussé cette idée, et cependant il me semble que je l'accepte, à présent qu'il faut me détacher de la vie; je craindrois de mourir désespérée, si je me persuadois que des événemens seuls se sont opposés au bonheur suprême que je pouvois goûter avec toi; mais quand je me dis qu'une fatalité invincible nous séparoit, qu'il y avoit en moi des défauts qui ne m'empêchoient pas de te paroître aimable, mais qui troubloient ton repos et inquiétoient ton caractère: je suis bien aise de cesser de vivre; je me détache de moi sans peine, puisque je ne pouvois rendre ta destinée tout-à-fait heureuse. Adieu, Léonce; adieu! je laisse à la douce Isore la plus grande partie de ma fortune; tu la conduiras près de ma bonne amie, mademoiselle d'Albémar. Songe que cette pauvre petite va se trouver seule dans le monde, et que tu me dois de ne la pas quitter avant de l'avoir remise entre les mains de ma sœur; c'est le seul devoir que je laisse après moi: mon ami, il faut que tu l'accomplisses. Adieu encore, tu vas revenir; ne parlons plus de la mort: que mes derniers momens ne soient remplis que de ma tendresse pour toi ; je me sens beaucoup de calme, aucun départ ne m'a causé moins d'effroi ; ne trouble pas la bienfaisante intention de la Providence, elle veut que je meure en paix dans tes bras : ouvre-les pour me recevoir : je croirai que le ciel descend au-devant de moi, et que le précurseur des anges me console, et me rassure en leur nom.

———

Cette lettre ne changea point les résolutions de Léonce, mais elle le détermina à faire sur lui-même un effort presque surnaturel pour montrer du courage à son amie dans ses derniers momens. Il rentra dans la chambre de Delphine; elle le reçut avec un sourire angélique, et lui fit signe de s'asseoir auprès de son lit : elle fit venir Isore qui la croyoit seulement indisposée, et ne se doutoit pas de son danger. Delphine ne vouloit pas épouvanter l'enfance par cette idée de la mort que la nature ne lui révèle que plus tard ; elle lui parla seulement de la confiance qu'elle devoit avoir en Léonce. La petite l'écoutoit avec attention, et, quand Delphine lui parloit de l'amitié que M. de Mondoville auroit pour elle, elle répondoit toujours : « Mais, maman, je n'ai pas besoin d'un autre ami que toi. »

Cette simple réponse émut Delphine; et, se sentant affoiblir, elle ordonna qu'on éloignât Isore, et elle pria une de ses femmes de lui lire quelques morceaux qu'elle préféroit dans les Psaumes, dans l'Évangile, et dans quelques écrivains religieux : tous ceux qu'elle avoit choisis étoient pleins de douceur et de miséricorde. « Tu le vois, dit-elle à Léonce, ce sont des paroles de paix; écoute-les dans tes jours malheureux, elles rameneront le calme dans ton cœur. Il y a quelques rapports secrets, quelque noble intelligence entre nous et l'idée d'un Dieu souverainement bon. Je ne sais si toutes les espérances qu'elle inspire à notre âme se réaliseront, mais il me semble impossible de se résigner à ce qui nous est donné sur cette terre : le cœur mérite mieux que cela ; il faut donc qu'il ait une autre destinée. O Léonce! si je la connois avant toi, ne pourrai-je pas t'en informer par quelques douces et secrètes pensées? » Le désespoir de Léonce l'emportoit toujours davantage sur ses résolutions, et Delphine sentit qu'elle devoit éviter de l'entretenir trop long-temps, puisque chacune de ses paroles ajoutoit à sa douleur. « Écoute, dit-elle à Léonce, le jour baisse; quand il fera nuit, nous serons plus tristes encore ; je voudrois cependant vivre jusqu'à l'aurore de demain ; tu sauras pourquoi je le voudrois. Fais venir dans la chambre à côté de la mienne, cet orgue dont les sons harmonieux ont attiré notre attention l'autre jour : j'ai toujours pensé qu'il me seroit doux de mourir en entendant une musique belle et simple. Oh! je suis plus heureuse que je ne l'espérois ; je comptois tirer de moi seule les consolations que ta présence me donnera. O mon ami! mets ta main sur mon cœur; ne sens-tu pas qu'il bat doucement? je te le dis, je suis heureuse ; mais ne t'éloigne pas. Peut-être est-il barbare d'exiger de toi que tu sois témoin de ma mort : mais nous avons toujours trouvé de la douceur l'un et l'autre à nous pénétrer de notre amour ; et quelque amer que soit cet instant, si c'est celui où nous nous sommes le plus aimés, il ne faut pas l'abréger. »

Léonce se leva pour ordonner ce que Delphine avoit demandé ; il se promena quelque temps dans sa chambre, tourmenté par le désir le plus violent de finir sa vie avant que Delphine eût expiré, et se reprochant néanmoins la cruauté qu'il y auroit à l'abandonner ainsi. Pendant que ce combat absorboit ses pensées, la musique que Delphine avoit demandée se fit entendre ; et sa douceur pénétrant jusque dans l'âme de Léonce, il put se jeter au pied du lit de Delphine, et répandre, pendant long-temps, des torrens de larmes. Enfin, soulevant sa tête, et regardant le malheureux objet de sa tendresse : « Céleste créature, lui dit-il, que j'ai précipitée dans le tombeau, est-il vrai que tu voies sans horreur ce coupable ami, plein d'orgueil, d'irritation, d'injustice; mais cet ami, qui cependant n'a jamais cessé de t'adorer, et qui, du jour où il t'a vue, n'a plus eu dans le cœur un sentiment dont tu ne fusses l'objet? hélas! cet amour ne t'a conduite qu'à la mort! Ange de beauté, de jeunesse, te voilà donc frappée par moi, immolée par moi; peux-tu pardonner à ton assassin? et s'il te rejoint bientôt, ton ombre indignée ne se détournera-t-elle pas de lui? — Te pardonner, s'écria Delphine avec toute la force qu'elle put rassembler, ah! ne m'as-tu pas tendrement aimée? Après un tel bonheur, tu pouvois me causer de grandes peines sans épuiser le don que tu m'as fait, sans en effacer la reconnoissance; tu m'avois aimée, tu m'aimes encore, toutes les jouissances du cœur subsistent encore pour moi; je n'ai pas un sentiment amer, pas une inquiétude, je m'endors, et voilà tout. Ah! Léonce, cesse de t'accuser; mais si tu m'accordes quelques droits sur tes volontés, jure-moi de me survivre, jure-le devant Dieu, désormais l'unique protecteur de ton amie, et ne l'irrite pas contre nous deux, en trahissant tes devoirs et ta promesse! — Va, lui dit Léonce, je pourrois te tromper, pour rendre tes derniers momens plus calmes; mais toi, qui oses me demander de vivre, réponds-moi, supporterois-tu l'existence, si c'étoit moi que tu visses sur ce lit de douleur?» Delphine se tut un moment; mais bientôt après, désespérée du trouble qu'elle avoit montré, elle s'efforçoit avec agitation et avec crainte, de dissimuler la cause de son silence: «Ne cherche pas à cacher ta pensée, noble Delphine, reprit Léonce; dans toute la force de ton esprit, jamais tu n'en eus le pouvoir, et ta touchante foiblesse me laisse plus facilement encore lire au fond de ton âme. Mais écoute-moi : Je conduirai Isore près de ton amie, et j'irai servir ensuite dans le parti que je crois le plus malheureux et le plus juste; n'exige rien, ne demande rien de contraire à ce projet; et si j'ose encore en appeler à l'ascendant que j'avois sur toi, ne prononce pas un mot sur une résolution invariable.» Le respect que Delphine avoit toute sa vie ressenti pour Léonce, lui imposa même encore dans ce dernier moment, et elle espéra d'ailleurs que Léonce retrouveroit à la guerre un genre d'intérêt qui pourroit le rattacher à la vie.

Une grande partie de la nuit s'étoit déjà passée, et plusieurs fois Delphine étoit tombée dans des évanouissemens si profonds, qu'on avoit craint de ne pouvoir la ranimer. En revenant de cet état, elle dit à Léonce : « Je vais me lever, pour m'approcher de la fenêtre; je voudrois encore revoir le soleil. » Léonce s'éloigna quelques instans; Delphine fit placer son fauteuil en face du jour, qui ne devoit pas tarder à paroître. Au moment où Léonce rentroit, l'orgue qui s'étoit souvent fait entendre pendant la nuit, de distance en distance, exécuta une marche que Delphine et Léonce reconnurent à l'instant pour celle qui avoit été jouée dans l'église, lorsque Léonce et Matilde alloient ensemble à l'autel. « Ah! c'en est trop, s'écria Léonce; cessez, répéta-t-il avec les cris les plus sombres, cessez! » La musique s'arrêta; Delphine, que cet air avoit aussi vivement émue, se remit bientôt cependant, et dit à Léonce : « Mon ami, pourquoi ce désespoir? pourquoi repousser le souvenir que le ciel nous envoie dans ce moment? Ne dois-je pas reconnoître sa bonté dans le hasard qui me rappelle ce que j'ai souffert de plus cruel pendant la vie, au moment où je dois braver la mort. Ah! depuis l'époque terrible et solennelle de ton mariage avec Matilde, ai-je goûté un seul jour de véritable bonheur? pourquoi donc ces déchiremens? pourquoi ce désespoir? mon ami, mon ami! entends encore ma voix mourante; ne repousse pas cette main qui s'avance vers toi; retiens, si tu peux, le reste de chaleur qui l'anime encore. » A ce mot, Léonce, qui étoit tombé à terre, se releva, prit cette main, et la réchauffa contre son cœur; il sembloit se flatter, dans son ardeur, de prolonger ainsi l'existence de Delphine : elle fit signe à la femme qui la servoit de lui donner l'anneau qu'elle avoit reçu de Léonce, et qu'elle ne pouvoit plus porter depuis quelques jours, à cause de son extrême maigreur; elle le mit à son doigt, et dans ce moment les rayons du soleil commencèrent à pénétrer dans sa chambre. « Reconnois-tu cet anneau, dit-elle à Léonce, et te rappelles-tu quand je l'ai reçu de toi? de même l'aurore commençoit à paroître, de même tu étois à mes pieds; tu jurois alors d'unir ton sort au mien; eh bien! l'accomplissement de ta promesse n'est que retardé. O Dieu! dit-elle en se soulevant sur le bras de Léonce, ce soleil que vous envoyez pour saluer mes derniers instans, il fut témoin du plus beau moment de ma vie;

il sembloit alors éclairer pour moi tous les plaisirs de la terre ; puisse-t-il maintenant me tracer ma route vers le ciel ! O Léonce ! Léonce ! le nuage s'élève, je ne te vois plus ; es-tu là ? Adieu. » Léonce prit Delphine dans ses bras avec des convulsions de douleur ; il l'appela, répéta son nom, lui adressa les paroles les plus passionnées ; elle parut les entendre encore, tressaillit, et expira.

Un mois après, Léonce, ayant recouvré quelque force, conduisit Isore à l'infortunée mademoiselle d'Albémar, qui ne pouvoit survivre à Delphine que pour accomplir ses dernières volontés ; il se rendit ensuite immédiatement à la Vendée, et se fit tuer à la première action où il se trouva.

O mort ! ô douce mort ! quel bien vous faites à ceux qui s'aiment, lorsqu'ils sont pour jamais séparés !

ANCIEN DÉNOUEMENT
DE DELPHINE.

LETTRE XIII.

Delphine à mademoiselle d'Albémar.

Bade, ce 18 août 1792.

Vous avez su, ma sœur, par M. de Lebensei, tout ce qui me concerne; les nouvelles de France l'ont forcé à nous quitter, son inquiétude pour sa femme ne lui laissoit plus un moment de repos. Ce matin, à mon arrivée à Bade, il est venu me voir avec Léonce, pour prendre congé de moi; je n'avois pas revu Léonce depuis les propositions faites par M. de Lebensei, j'avois cru plus convenable de lui défendre de revenir à mon couvent; mais cependant sa résignation à cet ordre m'a étonnée. Son émotion, en me retrouvant ce matin, m'a profondément touchée, et du moins j'ai vu que je n'avois rien perdu dans son cœur. Nous ne nous sommes point parlé seuls; je le craignois, mais lui aussi ne l'a pas cherché; nous nous sommes uniquement occupés l'un et l'autre du départ de M. de Lebensei : il étoit simple que moi je ne parlasse que de ce départ; mais, Léonce, pourquoi ne me forçoit-il pas à m'entretenir d'un autre sujet?

Louise, cet espoir d'être à Léonce, en rompant mes vœux, ne m'avoit d'abord inspiré que de la terreur; il s'est emparé de mon âme maintenant avec toutes ses séductions : ne croyez pas cependant que si je démêle dans Léonce une peine, un regret, je ne sache pas briser ce dernier lien, avec la vie que l'amitié de M. de Lebensei a su tout à coup renouer pour moi. — Non, Léonce, si mon cœur n'est pas content du tien, je ne t'en accuserai point, je te pardonnerai, mais je saurai te rendre au monde, à ses gloires ; et, quand ma perte ne sera plus pour toi qu'un regret qui te permettra de vivre, il me sera libre de mourir. — Il y a bien long-temps, ma chère Louise, que je n'ai reçu de vos lettres; êtes-vous malade, ou plutôt ne voulez-vous pas me parler sur ma situation? Vous avez raison, je craindrois de connoître votre opinion, si elle ne s'accorde pas avec mes désirs. Je suis dans un de ces momens de la vie où l'on ne veut se soumettre qu'aux événemens; je ne demande aucun conseil, je suis entraînée par un sentiment tellement irrésistible, que rien de ce qui n'est pas lui ne peut avoir d'empire sur moi; je ne crois point, non, je ne crois point que je prenne l'heureuse et terrible résolution qui me rendroit libre ; mais ce n'est aucun des motifs qu'on pourroit me présenter qui me fait hésiter. Je suis fière de ma passion pour Léonce, elle est ma gloire et ma destinée, tout ce qui est d'accord avec elle m'honore à mes propres yeux : depuis que je ne crains plus de troubler par mon amour le bonheur de personne, je m'y abandonne comme les âmes pieuses à leur culte. Je ne suis rien que par Léonce ; s'il m'aime, s'il me choisit pour compagne, devant qui pourrois-je rougir ? Qui ne seroit pas au-dessous de moi ! Mais lui que pense-t-il ? qu'éprouve-t-il ? ma sœur, le devinez-vous ? pourriez-vous me l'apprendre ? Ah ! ne me parlez que de lui.

LETTRE XIV.

Delphine à mademoiselle d'Albémar.

Bade, ce 20 août.

Non, il ne s'abandonne pas sans regrets à notre avenir, non ! Hier au soir, nous nous sommes trouvés seuls pour la première fois depuis près d'une année, après tant d'événemens terribles pour tous les deux ; en entrant, il a cherché des yeux M. de Lebensei, qu'il ne savoit pas encore parti ; autrefois, en me voyant, il ne cherchoit plus personne ! il s'est approché de moi et m'a dit : — Ma chère Delphine, j'ai perdu ma respectable mère, mon fils, ma famille entière. — Il s'est arrêté, puis il a repris : — Mais je vais m'unir à toi, je serai encore trop heureux. — J'ai serré sa main sans rien dire; il faut, hélas! il faut que je l'observe. Heureux le temps où je lisois dans mon propre cœur tout ce que le sien éprouvoit!

Un silence a suivi les derniers mots de Léonce, puis il a passé ses bras autour de moi, et m'a dit : — Delphine, te voilà, c'est bien toi, tu as quitté cet habit qui ressembloit aux ombres de la mort; ah! combien je t'en remercie! — Oui, lui dis-je, je l'ai quitté pour un temps. — Pour toujours! reprit-il; c'étoit pour moi que tu avois prononcé ces vœux, je dois les rompre, je dois te rendre l'existence que tu as sacrifiée pour moi, je dois... — Il s'arrêta lui-même, comme s'il avoit senti que ce mot de *devoir*, si souvent répété, pouvoit blesser mon cœur. — Ah! reprit-il, j'ai tant souffert depuis quelque temps, que je suis encore triste, comme si le malheur n'étoit pas passé. — Nous parlerons ensemble, répondis-je, de tout ce qui nous intéresse, de notre avenir.... — De quoi parlerons-nous? interrompit-il précipitamment; tout n'est-il pas décidé? il n'y a rien à dire. — Plus rien à dire! repris-je. Ah, Léonce! est-ce ainsi... — Il ne me laissa pas finir le reproche inconsidéré que j'allois prononcer. Il se jeta à mes pieds, et m'exprima tant d'amour, que je perdis par degrés, en l'écoutant, toutes mes inquiétudes; quand il me vit rassurée, il se tut, et retomba de nouveau dans ses rêveries. Il vouloit que je fusse heureuse ; mais quand il croyoit que je l'étois, il n'avoit plus besoin de me parler.

Je veux qu'il s'explique, je le veux. Qui, moi, j'accepterois sa main, s'il croyoit faire un sacrifice en la donnant ! Son caractère nous a déjà séparés : s'il doit nous désunir encore, que ce soit sans retour ! Si ce dernier espoir est trompé, tout est fini, jusqu'au charme même des regrets : dans quel asile assez sombre pourrois-je cacher tous les sentimens que j'éprouverois ? Suffiroit-il de la mort pour en effacer jusqu'à la moindre trace ? Ah, ma sœur ! est-ce mon imagination qui s'égare ? est-il vrai ?... Non, je ne le crois point encore ; non, ne le croyez jamais.

LETTRE XV.

Delphine à mademoiselle d'Albémar.

Bade, ce 24 août.

AUJOURD'HUI, Léonce et moi, nous sommes sortis ensemble pour aller sur les montagnes et dans les bois qui environnent Bade ; il étoit huit heures du matin, jamais le temps n'avoit été si beau. — Ah ! me dit Léonce quand nous fûmes à quelque distance de la ville, qu'il est doux de contempler la nature ! elle fait oublier les hommes ! Enfonçons-nous dans ce bois, que je ne voie plus les habitations, qu'il n'y ait que toi et moi dans l'univers; ah! que nous y serions bien alors! — Et quel mal nous font, lui répondis-je, d'autres êtres qui vivent et meurent comme nous, s'aiment peut-être, souffrent du moins presque autant que s'ils s'aimoient, et méritent notre pitié, alors même que nous avons le plus de droit à la leur? — Quel mal ils nous font? reprit Léonce avec véhémence, ils nous jugent! mais n'importe, oublions-les! — Et il marcha plus vite vers la forêt où il me conduisoit : je pâlis, les forces me manquèrent; depuis quelque temps, je souffre assez, et peut-être la nature me délivrera-t-elle des perplexités de mon sort. Léonce vit l'altération de mes traits; il en éprouva la peine la plus vive et la plus touchante; il me conjura de m'asseoir, et, me prodiguant les expressions et les promesses les plus tendres, il ne s'aperçut pas qu'en me rassurant sur ses pensées les plus secrètes, il me les révéloit, et m'apprenoit ce qu'il ne m'avoit pas dit encore.

Je ne laissai rien échapper, en lui répondant, qui pût lui faire remarquer ce que j'avois observé; mais je revins, résolue de l'interroger demain solennellement, et de le dégager de toutes les promesses qu'il m'avoit faites; mais dans quel état sera-t-il, quand je lui découvrirai son propre cœur? que deviendrai-je moi-même? Je cherche en vain une ressource, toutes me sont ravies; une idée me vient, je la saisis d'abord, et la réflexion me prouve qu'elle est impossible. Quand tout espoir est perdu, quand il ne reste plus une situation où l'on puisse être, je ne dis pas heureux, mais soulagé, la vie ne devroit-elle pas cesser d'elle-même? Mais, hélas! la nature, prodigue de douleurs, semble s'arrêter mystérieusement avant la dernière, avant celle qui, surpassant nos forces, nous délivreroit de l'existence.

Je croyois avoir beaucoup souffert, et cependant je ne connoissois pas le supplice d'être contrainte avec celui qu'on aime ; de sentir, lorsqu'on est seule avec lui, le malaise qu'on éprouveroit, s'il y avoit dans la chambre un tiers qui vous empêchât de lui parler. Quand Léonce étoit absent, je l'appelois de mes regrets ; maintenant il est près de moi, et je n'ai pas retrouvé le bonheur ; il m'aime, je le sens, autant qu'il m'a jamais aimée, et néanmoins nous ne nous entendons pas, nos âmes s'évitent ; jamais les devoirs qui nous séparoient, les torts même qu'il m'a supposés, n'ont mis entre nous une semblable barrière ! une explication la renverseroit ; mais nous frémissons l'un et l'autre de cette explication, parce que nous sentons bien qu'il y va de la vie. Je l'exigerai de Léonce cependant, une fois ; mais chaque mot qu'il me dira, oui, chaque mot sera irréparable ! C'est le fond de son cœur que je veux connoître, ce sont les sentimens intimes qui renaîtroient bientôt dans toute leur force, quand un mouvement d'amour les lui auroit fait oublier.

Enfin, demain.... non.... c'est trop tôt; je veux me donner quelques jours pour reprendre des forces; quoi, demain, je saurois tout! Non, retardons encore, conservons ces impressions vagues et indécises qui me suspendent sur l'abîme, mais ne m'y précipitent pas sans retour. Louise, ne me refusez pas votre pitié, jamais le malheur ne m'y a donné plus de droits.

LETTRE XVI.

Delphine à mademoiselle d'Albémar.

Ce 30 août.

Mon sort n'est pas encore décidé, mais l'instant irrévocable approche. Hier, Léonce m'entretint des événemens politiques de la France, de l'indignation qu'il en éprouvoit, et du désir qu'il avoit eu de rejoindre les émigrés, pour faire la guerre avec la noblesse françoise ; il lui échappa même quelques mots qui pouvoient indiquer qu'il avoit encore ce désir. Je restai confondue ; c'étoit la première fois qu'il me parloit de lui, indépendamment de moi ; c'étoit la première fois qu'il m'exprimoit un sentiment, ou me faisoit connoître un dessein, sans le rattacher, ou du moins sans chercher à le rattacher à l'amour ; un froid mortel me saisit au cœur; il me sembla que la nuit couvroit toute la terre, et je n'eus pas la force de prononcer un mot.

Léonce voulut continuer, et fit un grand effort pour articuler ces mots en se levant : — Pourquoi ne suivrois-je pas ce que l'honneur me commande? — Je crus alors que tout étoit dit, et sans doute mon visage exprima le désespoir, car Léonce m'ayant regardée, s'écria : — Barbare que je suis! — et tomba sans connoissance à mes pieds. Dieu! que n'éprouvai-je pas en le voyant ainsi! les mouvemens les plus passionnés de l'amour rentrèrent dans mon âme, je rappelai Léonce à la vie, et quand il put m'entendre, je voulus renoncer à tout, et lui pardonner jusqu'aux sentimens qui nous séparoient; mais chaque fois que je commençois à m'expliquer, il m'interrompoit en me disant : — Au nom du ciel, arrête, je souffre trop; veux-tu me faire mourir? — Et l'altération de ses traits me faisoit craindre qu'il ne retombât dans l'état dont il venoit de sortir.

— C'est au cœur, me dit-il, que j'éprouve une souffrance aiguë. — Et il y portoit la main, comme pour soulager une douleur insupportable; j'étois dans un trouble, dans une émotion qui surpassoit tout ce que j'ai jamais éprouvé; je craignois le mal que je pouvois lui faire en lui parlant, et cependant je souhaitois vivement lui rendre la liberté, et le délivrer d'un combat qui offensoit mon cœur, quoique la peine qu'il en ressentoit dût me toucher. Toute explication me fut impossible ; il évita, il repoussa tout, et me quitta, pouvant à peine se soutenir, mais ne voulant ni rester plus long-temps, ni rompre le silence.

Ah ! puis-je me dissimuler encore quels sont les sentimens qui l'agitent ! Ma sœur, pourquoi faut-il que j'aie eu de l'espérance ! ne savois-je donc pas que je n'échapperois jamais au malheur !

LETTRE XVII.

Delphine à mademoiselle d'Albémar.

Ce 8 septembre 1792.

Le hasard a tout fait, je sais tout, mon parti est pris ; mais, je l'espère, il me coûtera la vie ! Depuis la dernière scène qui s'étoit passée entre Léonce et moi, nous continuions, par une terreur secrète, par un accord singulier, à ne nous point parler de nos projets à venir, et l'on auroit dit, à nos entretiens, que nous n'avions aucun parti à prendre, aucun plan à former, mais seulement une situation douce et mélancolique.

Nous avions ainsi passé la matinée, tous les deux rêveurs, tous les deux craignant de mettre un terme à ces jours où nous tenant par la main, nous nous promenions encore appuyés l'un sur l'autre. J'avois remarqué que Léonce prenoit constamment un détour, pour éviter de traverser la ville en me ramenant à ma maison; je m'attendois ce matin qu'il feroit ce même détour, lorsque nous vîmes quelques personnes qui se hâtoient d'aller à la poste, parce qu'on y racontoit, disoient-elles, de très-mauvaises nouvelles de France; un mouvement irréfléchi nous engagea à les suivre, Léonce et moi; mais lorsque nous fûmes au milieu du groupe qui environnoit la maison de la poste, j'entendis des voix autour de moi qui murmuroient: *Voyez-vous cette religieuse, qui fuit de son couvent pour épouser ce jeune homme!* Des femmes d'une figure aigre et désagréable, disoient: *c'est avec ces beaux principes qu'on assassine en France! comment souffre-t-on un tel scandale ici!* Léonce fit un geste menaçant; je l'arrêtai. — Que voulez-vous? lui dis-je; redoutez un éclat qui seroit plus funeste encore; éloignons-nous. — Il m'obéit; mais je vis des gouttes de sueur tomber en abondance de son front pendant le chemin qui nous restoit à faire, et tour à tour la pâleur et la rougeur couvroient son visage.

Quand nous fûmes montés dans ma chambre, il se jeta sur un canapé, et se parlant à lui-même, en oubliant que j'étois là, il s'écria: — Non, la vie ne peut se supporter sans l'honneur! et l'honneur, ce sont les jugemens des hommes qui le dispensent, il faut les fuir dans le tombeau. — Ces paroles, la violence de l'émotion qu'il éprouvoit en les prononçant, ce que je venois d'entendre au milieu de la foule, tout enfin m'éclaira sur ma faute! je vis la vérité, comme si je l'apercevois pour la première fois; et je ne conçois pas encore comment j'ai pu croire que M. de Mondoville sauroit braver la situation où nous nous serions trouvés, si nous avions suivi les conseils de M. de Lebensei.

— Léonce, lui dis-je, demain je retourne à mon couvent; je renonce pour jamais à la folle espérance qui avoit rempli mon âme; demain je vous quitte; adieu. — Adieu? répéta-t-il. Juste ciel, qu'ai-je donc dit? — Il se leva comme égaré, et retomba l'instant d'après dans l'accablement de la douleur; je me plaçai près de lui, et avec plus de courage que je ne me flattois d'en avoir, je lui dis : — Léonce, ne vous faites point de reproches, nous nous sommes abusés l'un et l'autre; non-seulement un caractère aussi délicat que le vôtre ne devoit pas maintenant supporter l'idée de notre union, mais elle eût fait souffrir tout homme que ses habitudes et ses réflexions n'ont pas affranchi du monde; elle attirera sur vous le blâme universel, il faut y renoncer. — Misérable que je suis! dit-il; oui, je l'avouerai, aujourd'hui j'ai souffert; la honte m'auroit-elle atteint? La honte avec toi! quoi! prêt à te posséder, je te perdrois! mon indomptable caractère nous sépareroit encore une fois! Si tu n'avois pas consenti à me suivre, si tu l'avois regardé comme impossible, je serois mort avec une idée douce, je serois mort sans me détester moi-même ; mais à présent tu te donnes à moi, je puis être ton époux, et cette infernale puissance, qu'on appelle l'opinion des hommes, s'élève entre nous deux pour nous désunir ! Exécrable fantôme ! s'écria-t-il dans un véritable accès de délire; que veux-tu de moi, en me représentant sans cesse sous les plus noires couleurs le mépris! le mépris? qui a pu prononcer ce nom? qui oseroit en témoigner pour moi, pour elle? ne puis-je pas poignarder tous ceux qui auroient l'audace de nous blâmer? Mais il en renaîtra de leur sang, pour nous insulter encore; où trouver l'opinion, comment l'enchaîner, où la saisir? O Dieu! je veux déchirer ce cœur, qui ne sait ni tout immoler à l'amour, ni sacrifier l'amour à l'honneur; j'ai soif de la mort! Dieu qui m'as créé pour tant de maux, détruis ton ouvrage, je t'invoque, je t'offense, anéantis-moi! — Arrête, lui dis-je, arrête; il fera mieux pour nous, ce Dieu que tu méconnois; je me sens mourir. — En effet, j'en éprouvois alors l'espérance. — Tu meurs, reprit Léonce, et tu aurois vécu pour moi, tu aurois été ma femme! viens à l'autel, viens à l'instant même; quand je te posséderai, je serai dans l'ivresse, je ne sentirai rien que mon bonheur ; suis-moi, décidons dans ce moment de notre vie; il est des résolutions qu'il faut prendre avec transport, ne laissons pas aux réflexions amères le temps de renaître ! livrons-nous à l'amour qui nous inspire, ne laissons pas le froid de la pensée nous gagner; je t'en conjure, n'hésite plus, ne tarde plus.... — Insensé que vous êtes! interrompis-je; quel bonheur maintenant pourrois-je goûter avec vous? Si j'avois découvert un seul regret dans votre cœur, il eût suffi pour empoisonner ma vie; et j'oublierois les atroces combats que je viens de voir, je les oublierois! Je fais devant toi, lui dis-je avec force, un serment plus sacré que tous ceux que je voulois rompre, car il est libre, car il est fait dans toute la force de ma raison : Que le ciel me fasse périr à tes yeux, si jamais je suis ton épouse! — Eh bien! s'écria Léonce, que je perde et ton amour et jusqu'à ta pitié, si je survis à cette imprécation! — Et il voulut sortir à l'instant.

Épouvanté de son dessein, je me jetai à genoux pour le conjurer de rester; il fut ému à cet aspect, la pâleur mortelle de mon visage le toucha; il me prit dans ses bras, et me dit d'une voix plus douce : — Pourquoi t'affligerois-tu de ma perte? ne vois-tu pas que nous avons flétri notre sentiment, que je t'ai offensée, que tu dois me haïr, que je déteste ma foiblesse, et que je ne puis en guérir? tout est contraste, tout est douleur dans mon existence, laisse-moi mourir! la fièvre intérieure qui m'agite cessera par degrés, quand mes forces m'abandonneront; mais j'ai trop de vie encore, et les hommes, les hommes savent si bien irriter la puissance de la douleur! comment se venger de ce qu'ils font souffrir? comment satisfaire le mouvement de rage qu'ils excitent? — Dans ce moment, un régiment passa sous mes fenêtres, et une musique militaire très-belle se fit entendre. Léonce, en l'écoutant, releva la tête, avec une expression de noblesse et d'enthousiasme si imposante et si sublime, qu'oubliant toutes mes douleurs, encore une fois je m'enivrai d'amour en le regardant; il devina mes sentimens, et laissant tomber sa tête sur mes mains, je les sentis inondées de ses pleurs. La musique cessa; Léonce, paroissant alors avoir retrouvé du calme, me dit: — Mon âme est plus tranquille, il m'est venu d'en haut, de l'intelligence céleste qui veille sur toi, un secours véritablement salutaire; adieu, mon amie, j'ai besoin de repos; à demain. — A demain, répétai-je. — Oui, répondit-il, adieu! — Et il me quitta sans rien ajouter.

Il n'a point voulu me dire quels sentimens l'avoient occupé pendant qu'il écoutoit cette musique. Auroit-elle réveillé dans son âme le dessein d'aller à la guerre? Ah Dieu! dans quelle situation mes malheurs et mes fautes m'ont précipitée! Demain je veux annoncer à Léonce que je retourne dans mon couvent, que je m'y renferme pour toujours; il saura demain que je lui pardonne, que je le conjure de m'oublier, oui, demain...... Ah! qu'arrivera-t-il?....

LETTRE XVIII.

Léonce à Delphine.

Ce 8 septembre 1792.

En remontant chez moi, j'ai appris les massacres qui ont ensanglanté Paris; tout est douleur, tout est crime! qui a pu se flatter d'être heureux dans ce temps effroyable? Ne vois-tu pas dans l'air quelque chose de sombre, quelques signes, avant-coureurs des événemens funestes? Non, je ne te reverrai plus ; écoute-moi...... que vais-je te dire? Je pars, eh bien! tu le sais...... n'entends-tu pas le reste?....

Notre situation étoit horrible, je rougissois de mes foiblesses sans pouvoir en triompher, tout étoit bouleversé dans nos rapports ensemble. Je te repoussois, toi que j'adore, je repoussois le bonheur sans lequel je ne puis vivre; la douleur alloit faire de moi le plus méprisable insensé, lorsque hier, en écoutant cette musique qui rappeloit les combats, je me suis senti ranimé. J'ai su depuis d'affreuses nouvelles, elles ont achevé de me décider. Dans les combats, les hasards m'appartiennent; et je saurai, quand je voudrai, les diriger sur ma tête. Non, ce n'est qu'au milieu de la guerre que je pouvois soutenir la douleur de te quitter; c'est là que la mort toujours facile, toujours présente, vous aide à supporter quelques derniers jours de vie, consacrés à la gloire; c'est là que j'éprouverai des mouvemens qui soulagent le désespoir même, le sang qu'on doit verser, le péril qui vous menace, l'horreur qui vous environne, et tous ces cris de haine qui suspendent pour un temps les douleurs de l'amour; je serai bien, tant que le glaive sera levé sur moi; je serai mieux encore, quand il aura pénétré jusqu'à mon cœur.

O mon amie ! ne crois pas que ma passion pour toi se soit affoiblie dans cette lutte de mon caractère contre mon amour; je n'ai pu les accorder que par le sacrifice de ma vie, ce n'est pas te moins aimer ; mais devois-je m'unir à toi sans t'honorer, sans pouvoir repousser loin de toi les traits cruels de la censure publique ? Falloit-il éprouver, au milieu du bonheur suprême, un sentiment d'amertume ? rougir de soi-même, parce qu'on n'a pas la force de dompter ce sentiment? rougir devant les autres alors qu'ils le devinent ? aimer avec idolâtrie, et n'être pas heureux avec ce qu'on aime ? t'estimer, t'adorer à l'égal des anges, et te voir flétrie dans l'opinion ? garder dans le fond de son âme une peine qu'il auroit fallu te cacher ? Ah ! cette existence étoit odieuse ! De tous les supplices les plus affreux, le plus extraordinaire n'est-il pas de trouver dans son propre cœur un sentiment qui nous sépare de l'objet de notre tendresse?

d'avoir en soi l'obstacle, quand tous les autres ont disparu? Malheureux! je souffrois encore pendant que je serrois dans mes bras celle que j'adore, pendant que le feu de l'amour couloit dans mes veines; cependant, après avoir pu devenir ton époux, comment souffrir le jour, en s'accusant de la perte d'un tel sort! comment recommencer cette douleur déjà éprouvée, mais la recommencer en se disant à toutes les heures : si je le veux, elle est à moi, et je m'éloigne d'elle, et je la laisse languir dans une solitude déplorable où son amour pour moi l'a précipitée! — Non, non, ma Delphine, quand ces contrastes, ces inconséquences, ces douleurs opposées se sont emparées d'un malheureux, il faut qu'il meure, car il ne peut ni se décider, ni rester incertain, ni vivre après avoir choisi.

Et toi, mon amie, et toi, quelle douleur je te fais éprouver! quel prix de ta tendresse! Mais déjà le trouble que je n'ai pu cacher n'a-t-il point altéré ton affection pour moi? Ne m'as-tu pas dit que jamais tu n'oublierois le moment fatal, l'instant d'incertitude qui avoit désenchanté notre avenir? Ah! je me suis montré si peu digne de ton amour, que peut-être ce souvenir te consolera de ma perte.

O ma Delphine! crois-moi cependant, je t'ai passionnément aimée; non, jamais, jamais tu n'oublieras cet ami plein de défauts, d'orgueil, de véhémence, mais cet ami qui, du jour où il ta vue, sentit que seule dans cet univers tu remplissois son âme, et que sa destinée se composeroit de toi seule.

Oh! c'en est donc fait, et ma volonté nous sépare. Puis-je avoir un ennemi plus cruel que moi-même! te ferai-je jamais comprendre comment il se peut que je te quitte et que je t'adore, que je cherche la mort, quand un bonheur tant souhaité m'étoit offert, et que ma passion pour toi soit au comble de sa violence, dans le moment même où cette passion ne peut dompter mon caractère! O toi, si douce et si tendre! toi qui toujours as su lire dans mon cœur, vois au fond de ce cœur les tourmens qui le déchirent, vois ce que je ne puis dire, et ce que je ne puis supporter; et tout coupable qu'il est, prends encore pitié de ton malheureux ami.

Je ne te demande point de regrets trop amers; vis, ange de paix, pour répandre encore sur les malheureux la douce influence de ta bonté; vis, pour que ma dernière pensée retourne à toi, et que mon nom, inconnu sur la terre, tombant un jour sous tes yeux, parmi les listes des morts, obtienne encore quelques larmes, quelques souvenirs qui te rappellent les jours heureux où tu m'aimois, où je me croyois digne de toi! Ah! je pouvois les recommencer encore...... Non, je ne le pouvois plus. Un regret étoit un outrage qui auroit profané ton culte et le bonheur...... Allons....... Adieu; encore une prière, si tu me pardonnes. Oh!

la meilleure des femmes! quand je ne serai plus, informe-toi de ma tombe, viens te reposer sur la place où mon cœur sera enseveli ; je te sentirai près de moi, et je tressaillerai dans les bras de la mort.

LETTRE XIX.

Delphine à Léonce. (1)

Tu me quittes, tu pars.... je te suivrai.... mais, barbare, tu m'as caché ta route..... je ne sais où te chercher sur la terre, jamais tant de cruauté !.... l'infortuné, non il n'est pas cruel, il va mourir.... Je veux te retrouver...... je veux te dire......; mais seule, où courir ? quel isolement affreux ! ah ! mon Dieu ! mon Dieu, un secours, un appui..... On me demande ; qui veut me voir ? Ce n'est pas lui, qui donc ? O divine Providence, m'avez-vous exaucée ? C'est un ami, c'est M. de Serbellane.

LETTRE XX.

Delphine à mademoiselle d'Albémar.

De tous les hommes, le meilleur, le plus compatissant, c'est M. de Serbellane. Si je meurs, qu'après moi tous

---

(1) Cette lettre, écrite le 9 septembre, après le départ de Léonce, ne lui parvint pas.

mes amis lui témoignent une profonde reconnoissance. Il a rencontré Léonce, et sait dans quels lieux il va chercher la mort ; ce généreux ami n'a pu ramener Léonce, mais il me conduit vers lui ; il espère, il croit que si je le revois, j'apaiserai son désespoir. M. de Serbellane, cet homme dont tout le monde vante la raison parfaite, a pitié de mon cœur égaré, il ne condamne point les conseils du désespoir, il sait secourir la douleur comme elle veut être secourue. Ah ! je le bénis, c'est lui qui sera mon ange tutélaire, c'est lui qui me rendra le bonheur..... le bonheur ! Hélas ! de quel mot ai-je osé me servir ! pourquoi l'effacerois-je ? Louise, je le jure, vous n'entendrez plus parler que de mon bonheur : sur la terre ou dans le ciel ; vous me saurez heureuse.

CONCLUSION.

LES lettres nous ont manqué pour continuer cette histoire, mais M. de Serbellane et quelques autres amis de madame d'Albémar nous ont transmis les détails que l'on va lire. M. de Serbellane, effrayé de l'état où il avoit vu M. de Mondoville, ne résista point au désir et à la douleur de madame d'Albémar, et la conduisit sur les traces de Léonce, à travers l'Allemagne. Suivant toujours M. de Mondoville, sans pouvoir l'atteindre, ils arrivèrent jusqu'à Verdun, où l'armée qui entroit en France se trouvoit réunie. Ce voyage fut cruel, mais la fermeté de M. de Serbellane et sa bonté délicate, tour à tour contenoient et soulageoient les mortelles inquiétudes de madame d'Albémar.

Quand elle entra dans la ville de Verdun, elle frémit, et son impatience parut s'arrêter au moment de tout savoir; elle pria M. de Serbellane d'aller s'informer de M. de Mondoville, et descendit dans une auberge, en attendant son retour. Pendant qu'elle y étoit, un jeune François blessé fut rapporté dans une chambre voisine de la sienne: elle demanda son nom; on lui dit que c'étoit Charles de Ternan; elle ne l'avoit jamais rencontré, mais elle savoit qu'il étoit parent de M. de Mondoville, et pensant qu'il pouvoit l'avoir vu, elle entra dans sa chambre, par un mouvement tout-à-fait irréfléchi; cependant l'embarras la retint sur le seuil de la porte, et elle entendit M. de Ternan qui disoit: — Non, ce n'est pas de moi qu'il faut s'occuper, mais de mon brave compagnon, de mon généreux ami: ne peut-on envoyer personne au camp françois pour le réclamer? Il ne servoit point dans l'armée des étrangers, il venoit seulement d'arriver à Verdun; en nous promenant ensemble, je me suis trop écarté des limites du camp, que mon ami ne connoissoit point; nous avons été attaqués par une patrouille républicaine, j'ai été blessé au premier coup de fusil, et mon ami, sachant que si j'avois été fait prisonnier, j'étois perdu, n'a pris les armes que pour me sauver; je suis arrivé trop tard à son secours, il étoit déjà pris, emmené à Chaumont, pour être jugé, pour être fusillé. Juste ciel, si vous saviez quel mépris de la vie, quel héroïsme d'amitié il a montré! — Delphine, entendant ces paroles, ne douta presque plus de son malheur : couverte d'un voile qui empêchoit de remarquer son éclatante figure, elle s'avança dans la chambre, et, tendant les bras vers M. de Ternan, elle s'écria : — Cet homme généreux, intrépide, infortuné, c'est Léonce de Mondoville? — Oui, répondit M. de Ternan, en retournant la tête; qui l'a deviné? — Moi, répondit Delphine en perdant connoissance : on courut à son secours, on détacha son voile, et ses cheveux tombèrent sur son visage, comme pour le couvrir encore. M. de Serbellane, en arrivant, la vit entourée d'hommes, qui croyoient presque qu'il y avoit quelque chose de surnaturel dans cette apparition d'une femme inconnue, si belle et si touchante.

Il avoit appris de son côté ce que Delphine venoit de découvrir. Quand elle revint à elle, saisissant les mains de M. de Serbellane, avec une force convulsive, elle lui dit : — Vous viendrez avec moi : nous irons à son aide; votre pays n'est point en guerre avec les François; ils vous écouteront, je les implorerai :

n'y a-t-il pas des accens de douleur auxquels nul homme n'a résisté? Partons. —

M. de Serbellane n'hésita pas : il avoit déjà formé le dessein d'aller à Chaumont, et portoit avec lui les passe-ports nécessaires pour s'y rendre : il comprit qu'il étoit impossible de détourner Delphine de le suivre, et ne voulut pas même le lui proposer. Son caractère étoit aussi calme que celui de Delphine étoit passionné ; mais quand les grandes affections de l'âme sont compromises, tous les êtres généreux s'entendent et suivent la même conduite.

Ils partirent ensemble, et furent à Chaumont en moins de dix heures. Peu de momens avant d'arriver, Delphine, se ressouvenant que M. de Serbellane lui avoit dit autrefois qu'il existoit en Italie un poison doux mais rapide, qui terminoit la vie en très-peu de temps, rappela à M. de Serbellane ce poison dont ils s'étoient une fois entretenus ensemble. — Il est dans cette bague; répondit M. de Serbellane en la montrant, je la porte toujours depuis que j'ai perdu Thérèse ; je me sentois plus calme et plus libre, en pensant que si la vie me devenoit insupportable, j'avois avec moi ce qui pouvoit facilement m'en délivrer. — Delphine alors, quelle que fût son intention secrète, et l'idée vague et terrible qui l'occupoit, donna pour motif à M. de Serbellane, en lui demandant cette bague, le désir qu'auroit Léonce, fier et irritable comme il l'étoit, d'échapper au supplice, dans un temps où le peuple pouvoit se permettre des insultes contre l'homme qui lui seroit désigné comme son ennemi. — Je crois à la vérité de ce que vous me dites, répondit M. de Serbellane : si vous vouliez mourir, vous ne me le cacheriez pas; nous parlerions ensemble de ce dessein, avec le courage qui convient à une âme telle que la vôtre, et je vous en détournerois, je l'espère : je vous dirois ce que j'ai éprouvé, c'est qu'on peut encore faire servir au bonheur des autres une vie qui ne nous promet à nous-mêmes que des chagrins, et cette espérance vous la feroit supporter. — Madame d'Albémar répéta avec une sombre tristesse que son dessein, en lui demandant ce funeste présent, étoit de le donner à Léonce, s'il étoit condamné. — Alors M. de Serbellane tira sa bague de son doigt, et la remit à Delphine. — Voilà donc, s'écria-t-elle, voilà donc, ô Léonce! ce qui doit nous réunir! voilà l'anneau nuptial que j'étois destinée à te présenter! O mon Dieu! ajouta-t-elle, donnez-moi de la force jusqu'au dernier moment!

Dès qu'ils furent arrivés à Chaumont, M. de Serbellane alla demander la permission de voir M. de Mondoville. Madame d'Albémar, en l'attendant, s'assit sur un banc, en face de la prison où elle avoit appris que M. de Mondoville étoit renfermé. La beauté de Delphine, et la douleur qui se peignoit dans toute sa personne, avoient attiré l'attention de plusieurs femmes, enfans et vieillards, qui l'environnoient sans qu'elle s'en aperçût; mais au moment où elle se leva, pour aller au-devant de M. de Serbellane qui lui apportoit la permission d'entrer dans la prison, les pauvres gens qui l'avoient vue pleurer, lui dirent: *Vous avez du chagrin, ma bonne dame, nous prierons Dieu pour vous.* — Je vous en remercie, répondit-elle: priez pour un ami que j'ai dans ce monde, et que l'on veut faire périr. Il y a parmi vous peut-être des créatures bien plus innocentes que moi, Dieu les écoutera plus favorablement. Priez donc pour qu'il me fasse grâce; et si vous avez sur la terre un être que vous aimiez, que cet être vous récompense du bien que vous m'aurez fait! — En parlant ainsi, elle attendrit ceux qui l'écoutoient, mais ils ne pouvoient la servir.

M. de Serbellane annonça à Delphine qu'elle pouvoit voir Léonce à l'instant, et qu'il lui resteroit encore le temps d'entretenir celui qui devoit présider le tribunal, avant qu'il s'assemblât pour prononcer sur la vie de Léonce. M. de Serbellane, pendant que Delphine seroit dans la prison, devoit continuer à voir tous ceux qui, dans la ville, pouvoient avoir quelque influence sur le tribunal, et venir reprendre Delphine, quand elle auroit vu M. de Mondoville, et qu'elle auroit su de lui toutes les circonstances qui pouvoient servir à le justifier.

La permission étant présentée au geôlier, il ouvrit la porte de la prison, et Delphine, en entrant dans ce lieu de douleur, vit son amant qui écrivoit avec beaucoup de calme. Le bruit de la porte lui fit lever la tête, et, se jetant à genoux devant elle, il s'écria : — Juste ciel, quel miracle s'accomplit pour moi ! est-ce mon imagination qui me la représente ? Je l'invoquois, et la voilà ! tous ses traits, tous ses charmes sont-ils devant mes yeux ! Delphine, Delphine, est-ce toi ? — Et, la serrant dans ses bras, il perdit entièrement le souvenir de sa situation; mais le cœur de Delphine n'étoit pas soulagé, et les transports de son amant ne lui donnèrent pas même un instant d'illusion.

— Delphine, lui dit encore Léonce en découvrant sa poitrine, vois-tu ce médaillon qui contient tes cheveux ? je n'ai défendu que lui; ils n'ont pu me l'arracher. Si tu n'étois venue près de moi, c'est à lui seul que j'aurois confié mes adieux. Ah ! Delphine, pourquoi t'ai-je quittée ? — C'est moi qui suis coupable de ton sort, répondit-elle, je le sais; si je n'avois pas consenti à sortir de mon couvent, si...; mais que fait cette douleur de plus dans l'abîme des douleurs ! Dites-moi seulement ce que je puis dire à vos juges; j'ignore si j'espère encore, mais je veux leur parler.

— Vous n'obtiendrez rien, mon amie, reprit Léonce; cependant je pourrois consentir à vivre maintenant :

il s'est fait un grand changement dans ma manière de voir. Au milieu des malheurs que je viens d'éprouver, et de la destinée qui me menace, je me suis senti comme humilié d'avoir attaché tant de prix aux jugemens des hommes. La présence de la mort m'a éclairé sur ce qu'il y a de réel dans la vie ; je ne le cache point, j'ai regretté d'avoir sacrifié les jours que tu protégeois. J'ai connu le prix de l'existence simple et douce que j'aurois goûtée près de toi. S'il en étoit temps encore, aucun nuage ne troubleroit plus notre bonheur : vois donc, ô ma Delphine ! si tu peux me sauver, je l'accepte. — O mon Dieu ! s'écria Delphine, — et les sanglots étouffèrent sa voix.

— Je ne sais, reprit Léonce, ce qu'on peut dire pour ma défense ; cependant il me semble que, dans l'opinion même de ceux qui vont me juger, je ne suis pas coupable. J'étois arrivé à Verdun le matin du jour où l'on m'a fait prisonnier ; je cherchois la mort, il est vrai, mais je ne savois point encore quel moyen je prendrois pour atteindre ce but facile. J'ai suivi sans dessein le jeune Ternan, mon ami d'enfance. Je n'étois pas reçu dans l'armée, mon nom même n'y étoit point encore connu. Charles Ternan s'est imprudemment éloigné des limites du camp, une patrouille nous a attaqués, le premier coup de fusil a blessé Charles Ternan ; il ne pouvoit plus se défendre, et, pris en uniforme les armes à la main, son sort n'étoit pas douteux. Je lui ai crié de tâcher de s'éloigner, pendant que j'arrêterois la patrouille par ma résistance, et, afin de le déterminer à me quitter, j'ai ajouté qu'il devoit retourner au camp pour demander du secours; mais avant que le secours arrivât, le nombre m'a accablé : je ne sais par quel hasard je n'ai pas été tué, mais je crois que je le dois au désir que j'avois de prolonger le combat, pour donner à Ternan plus de temps pour s'éloigner : voilà ce qui s'est passé, ma Delphine; ton esprit secourable peut-il trouver dans ce récit les moyens de me justifier avec honneur? — Généreuse conduite! répondit Delphine; mais y croiront-ils? mais en seront-ils émus? Ah! mon ami, sans le secours de la Providence, sans la plus signalée de ses faveurs, quel espoir nous reste-t-il! Cède, ajouta-t-elle, cède à ce que tu pourrois appeler une superstition du cœur; quand même ce que je vais te demander ne te paroîtroit qu'une foiblesse, cède encore; viens prier avec moi le protecteur des malheureux, de m'accorder l'éloquence qui entraîne la volonté des hommes; viens, prions ensemble. Léonce eut un moment d'embarras; mais bientôt, s'abandonnant au mouvement inspiré par Delphine, il se mit à genoux devant les rayons du soleil, qui perçoient à travers les barreaux de sa prison, et dit : — Être tout-puissant, être inconnu! je t'implore pour la première fois de ma vie, je ne mérite pas que tu m'exauces; mais l'un de tes anges attache sa vie à la mienne; sauve-moi, puisqu'elle le souhaite, et je jure de consacrer le reste de mes jours à suivre ton culte; mon amie me l'enseignera. — Delphine, en écoutant ces paroles, eut un moment d'espoir. — Ah! s'écria-t-elle, quelque insensés, quelque coupables que nous soyons, peut-être le Dieu de bonté, qui ne nous a donné que des commandemens d'amour, a-t-il entendu nos prières, a-t-il pris pitié de nous! Adieu, Léonce; à ce soir, il y a encore ce soir. Adieu! — Et elle le quitta en réprimant son émotion. La nature donne toujours un moment de calme dans les situations les plus violentes de la vie, comme un instant de mieux avant la mort; c'est un dernier recueillement de toutes les forces, c'est l'heure de la prière ou des adieux.

Delphine, en sortant de la prison, rencontra M. de Serbellane qui venoit la chercher; il la conduisit chez le président du tribunal. Arrivés devant la maison de celui dont dépendoit la vie de Léonce, Delphine tressaillit, et, comme elle franchissoit le seuil de la porte, elle se sépara de M. de Serbellane, avec un dernier regard qui lui demandoit de faire des vœux pour elle. Elle entra, et trouva le président entouré de quelques secrétaires: elle lui demanda s'il lui seroit permis de l'entretenir sans témoins. — Je n'ai de secrets pour personne, répondit-il en élevant d'autant plus la voix que Delphine cherchoit à la baisser; il ne faut pas qu'un homme public mette de mystère dans sa conduite. — Hélas! monsieur, reprit Delphine, sans doute vous n'avez point de secret, mais je puis en avoir un; me refuserez-vous de ne le confier qu'à vous? — Je vous ai déjà dit, reprit le juge, que je ne veux point éloigner de moi ceux qui m'entourent ; je ne le dois point. — Delphine, se retournant alors vers ceux qui étoient dans la chambre, leur dit avec une noble douceur : — Messieurs, je vous en conjure, éloignez-vous pendant quelques momens; soyez assez généreux pour me prouver ainsi votre pitié. — La voix et le regard de Delphine exprimoient l'émotion la plus profonde, et produisirent un effet inespéré; tous ceux qui étoient dans la chambre s'éloignèrent doucement, sans proférer un seul mot.

Quand Delphine se vit seule avec celui qui pouvoit absoudre ou condamner son amant, ses lèvres tremblèrent avant de prononcer les paroles qui devoient appeler ou repousser la conviction, donner la vie ou causer la mort : tout annonçoit dans le juge un homme inflexible ; cependant Delphine avoit aperçu sur son bureau le portrait d'une femme tenant un enfant dans ses bras, et ce tableau, lui apprenant qu'il étoit époux et père, lui avoit un moment donné l'espoir de l'attendrir. Elle tâcha d'exposer avec calme le récit des faits qui prouvoient que Léonce n'avoit pris aucun grade dans l'armée ennemie, que le danger seul de son ami l'avoit forcé à le secourir; et, racontant avec courage et simplicité toutes les circonstances qui avoient engagé Léonce à quitter la Suisse, elle se donna tous les torts, en cherchant à prouver au juge que Léonce n'avoit cédé qu'à la douleur qu'il éprouvoit, et qu'aucun motif politique, aucune résolution ennemie n'étoit entrée pour rien dans les circonstances qui l'avoient conduit à Verdun. Le juge s'étoit d'abord montré inaccessible à la conviction; et, regardant Léonce comme coupable, il étoit résolu à le condamner; le récit déchirant de Delphine lui persuada que la conduite de Léonce n'avoit pas été telle qu'il se l'imaginoit; mais il sentit l'impossibilité de persuader à ses collègues que Léonce pouvoit être absous, quand toutes les apparences l'accusoient; ne voulant pas prendre sur lui de le faire mettre en liberté sans qu'il eût été jugé, il ne voyoit aucun moyen de le sauver; et, la pitié que lui inspiroit madame d'Albémar le faisant souffrir, il cherchoit à lui répondre en termes vagues, et à terminer le plus tôt possible ce cruel entretien. Une timidité douloureuse enchaînoit Delphine; elle sentoit qu'il n'existoit plus pour elle qu'une ressource, c'étoit de se livrer sans contrainte à toute l'émotion qu'elle éprouvoit; mais l'idée que cet espoir une fois détruit il n'en resteroit plus, lui faisoit essayer des moyens d'un autre genre, qui n'épuisoient pas encore sa dernière espérance. Enfin, le juge fit quelques pas pour sortir, en déclarant que, dans cette affaire, il ne pouvoit être éclairé que par l'opinion de ses collègues, et que c'étoit à eux seuls qu'il vouloit s'en remettre.

L'infortunée Delphine, à ces mots, ne se connoissant plus, se précipita vers la porte et s'écria : — Non, vous n'avancerez pas, non, vous n'irez pas commettre l'action la plus barbare! il n'est pas criminel, celui que vous allez condamner, il ne l'est pas, vous le savez ; je vous ai prouvé qu'il n'avoit point porté les armes, qu'il n'étoit pas votre ennemi, que la générosité, l'amitié, l'avoient seules entraîné ; et quand il seroit vrai que vos opinions et les siennes sur la guerre actuelle ne fussent pas d'accord, n'est-il pas le meilleur et le plus sensible des êtres, celui que le hasard a jeté dans un parti différent du vôtre ? Les hommes se ressemblent comme pères, comme amis, comme fils ; c'est par ces affections de la nature que tous les cœurs se répondent, mais les fureurs des factions ne peuvent exciter que des haines passagères, des haines qu'on peut sentir contre des ennemis puissans, mais qui s'éteignent à l'instant, quand ils sont vaincus, quand ils sont abattus par le sort, et que vous ne voyez plus en eux que leurs vertus privées, leurs sentimens et leur malheur. Ah! celui pour qui je vous implore, si vous étiez en péril, et que je lui demandasse de vous sauver, il n'hésiteroit pas, non-seulement à vous absoudre, mais à vous secourir de tous ses moyens, de tous ses efforts; si vous donnez la mort à qui ne l'a pas méritée, vous ne savez pas quelle destinée vous vous préparez, vous ne savez pas quels remords vous attendent! plus de repos, plus de douces jouissances; au sein de votre famille, au milieu de vos concitoyens, vous serez poursuivi par des craintes, par une agitation continuelle; vous ne compterez plus sur l'estime; vous ne vous fierez plus à l'amitié; et quand vous souffrirez, et quand les maladies vous feront redouter une fin cruelle, une vieillesse douloureuse, vous vous accuserez de l'avoir mérité, et votre propre pitié vous manquera dans vos propres maux. — Jeune femme, vous m'insultez, lui dit le juge, parce que je veux obéir aux lois de mon pays. — Moi, je vous insulte! s'écria Delphine en se jetant à ses pieds; ô Dieu! s'il m'est échappé une seule parole qui puisse vous blesser, si mon trouble ne m'a pas permis d'être maîtresse de mes discours, ah! n'en punissez pas mon ami. Est-il coupable de mon imprudence, de ma foiblesse, de ma folie? Dites, seroit-ce moi qui vous irriterois contre lui, moi qui ai déjà fait tomber tant de douleurs sur sa vie! Ah! je me prosterne devant vous; juste ciel! voudrois-je vous offenser? quelle réparation voulez-vous? parlez; — et l'infortunée, à genoux, penchoit son visage jusqu'à terre, dans un état si déplorable que le juge en fut touché. — Non, madame, lui dit-il en la relevant ; vous ne m'avez point offensé; non, soyez tranquille, si je pouvois sauver M. de Mondoville, ce seroit pour vous que je le ferois. — Delphine étonnée, saisie d'un premier espoir qui redoubloit encore la violence de son état, s'appuya sur le bras de cet homme qui ne l'effrayoit plus, et lui dit dans une sorte d'égarement: — Ce seroit pour moi que vous le sauveriez ! vous savez donc que je vais mourir aussi ? En effet, vous n'avez pu croire que je survécusse à cet être si bon et si tendre. Il va porter dans le tombeau tant d'affection pour moi, pour moi, pauvre insensée, qui ne lui ai fait que du mal ! Qu'importe au reste que je meure ! la mort est mon unique espoir ; mais vous qui pouvez tout, me refuserez-vous ce mot sacré, ce mot du ciel qui absout l'innocent et rend la vie aux infortunés qui le chérissent ? Hélas ! dans les temps orageux où nous vivons, savez-vous quel sera votre avenir ? il y a six mois que toutes les prospérités de la terre environnoient mon malheureux ami ; et maintenant, jeté dans les prisons, près de périr, il n'a plus qu'une amie qui verse des pleurs sur son sort. Vous êtes le président du tribunal; vous pouvez, je le sais, s'il vous est prouvé que M. de Mondoville ne servoit pas dans l'armée ennemie, vous pouvez décider qu'il n'y a pas lieu à le juger criminellement, et le faire mettre en liberté. — Vous ne savez pas, madame, interrompit le juge, en cessant de se contraindre et laissant voir un caractère qui avoit en effet beaucoup de bonté, vous ne savez pas ce que vous me demandez; vous ignorez à quels périls je m'exposerois si je voulois soustraire M. de Mondoville au cours naturel des lois. Sans doute j'aurois souhaité que la liberté pût s'établir en France, sans qu'un seul homme pérît pour une opinion politique; mais puisque la guerre étrangère excite une fermentation violente, n'exigez pas d'un père de famille, qui s'est vu forcé d'accepter dans ces temps difficiles un emploi pénible, mais nécessaire, n'exigez pas qu'il compromette ses jours pour conserver ceux d'un inconnu. — D'un inconnu ! reprit Delphine, s'il est innocent; d'un inconnu ! si sa vie dépend de vous! ah ! qu'il doit nous être cher, l'homme infortuné que nous pouvons sauver d'une mort injuste et certaine ! Oui, j'en conviens, ce que je vous demande exige du courage, de la générosité, du dévouement; ce n'est point une pitié commune que j'attends de vous, c'est une élévation d'âme qui suppose des vertus antiques, des vertus républicaines, des vertus qui honoreront mille fois plus le parti que vous défendez, que les plus illustres victoires. Eh bien ! soyez cet homme supérieur aux autres hommes, cet homme qui se sacrifie lui-même à ce qui est noble et bon ! Écrivez sur ce papier, dit-elle en s'avançant pour le prendre sur le bureau du juge, écrivez que M. de Mondoville doit sortir de prison; tout est dit alors, son nom ne sera point cité, il quittera la France, il partira pour la Suisse, et dans ce pays vous avez deux êtres à vous; venez les retrouver, et vous apprendrez ce que c'est que la reconnoissance dans les cœurs généreux; jamais lien plus sacré put-il unir les âmes ? Ah ! si le libérateur de Léonce me demandoit ma vie, au bout du monde, après vingt années, cette vie seroit encore à lui. Signez, signez..... —

Le juge, étonné des impressions qu'il éprouvoit, mit sa main sur ses yeux pour ne pas voir Delphine, et retrouvant alors dans le fond de son âme la crainte que l'émotion combattoit, il fit un dernier effort pour étouffer son attendrissement, et refusa nettement ce que madame d'Albémar se croyoit près d'obtenir. A ces mots, elle tomba sur une chaise, presque sans vie, comme frappée d'un coup mortel et inattendu. Dans ce moment une femme ouvrit la porte, et Delphine la reconnut pour celle dont le portrait l'avoit frappée : cette femme, voyant que son mari n'étoit pas seul, voulut se retirer ; Delphine, inspirée par son désespoir, s'avança vers elle et la conjura d'entrer. — Je venois, répondit-elle, prier mon mari de monter pour voir le médecin, qui est très-inquiet de notre fils. — Votre fils, s'écria Delphine, votre fils ! Oui, madame, répondit la femme, je n'ai que cet enfant, et il est bien malade. — Votre enfant est malade ! répéta Delphine ; eh bien ! dit-elle en se retournant vers le juge, avec un regard solennel, si vous livrez Léonce au tribunal, votre enfant, cet objet de toute votre tendresse, il mourra ! il mourra ! — Le juge et sa femme reculèrent, effrayés de cette voix et de cet accent prophétique. — Oui, reprit-elle, vous ne savez pas combien est infaillible la punition du ciel, quand on s'est refusé à la pitié. Vous serez frappés dans ce que vous avez de plus cher. La douleur qu'on redoute, c'est la douleur qui nous atteint, et l'être qui nous punit sait où porter ses coups ; mais ajouta-t-elle en versant un torrent de pleurs, si vous sauvez mon ami, si vous signez sa délivrance, votre unique enfant vivra, et bénira le nom de son père jusqu'à son dernier jour. — A ces mots, la femme du juge, sans parler, supplioit son mari de ses regards, de ses mains élevées, demandoit ainsi la grâce de Léonce, presque sans s'apercevoir elle-même de ce qu'elle faisoit. Le mari, regardant tour à tour Delphine et sa femme, dit : —Non, je ne refuserai rien pendant que mon fils est en danger ; non, quoi qu'il puisse m'en arriver, madame, vous avez vaincu : — et, prenant la plume, il écrivit l'ordre de mettre en liberté M. de Mondoville. Delphine n'osoit ni respirer, ni parler, de peur que le moindre mouvement ne changeât quelque chose à la résolution inespérée du juge. Il lui dit en lui remettant l'ordre : — Je vous donne, madame, la vie de M. de Mondoville; mais ne tardez pas à le faire partir; si un commissaire de Paris venoit ici, je n'y serois plus le maître; je lui répéterois sans doute, comme vous me l'avez attesté, comme je le crois, que M. de Mondoville n'a point porté les armes; mais ce seroit peut-être en vain alors que je m'efforcerois encore de le sauver. Vous avez su toucher mon cœur, madame, par je ne sais quelle éloquence, quelle sensibilité surnaturelle. C'est à vous que votre ami doit la vie, jouissez-en tous les deux et.... — Priez pour mon fils, ajouta la mère. —

Delphine, dont l'émotion rendoit les paroles à peine intelligibles, reçut l'ordre à genoux, et, pressant sur son cœur la main secourable de son bienfaiteur : — Que je ne meure pas, lui dit-elle, homme généreux, sans avoir fait sentir à votre âme un peu du bonheur que je lui dois! adieu. — Elle courut à la prison, craignant de perdre une seconde, ralentissant quelquefois ses pas, pour ne pas attirer l'attention de ceux qui la regardoient, mais ne pouvant calmer la frayeur que lui causoit le danger du moindre retard. En entrant dans la chambre de Léonce, elle lui tendit l'ordre, et resta quelques instans sans pouvoir prononcer un seul mot. Léonce lut l'ordre, et, profondément attendri, il répéta plusieurs fois à Delphine : —

C'est toi qui m'arraches à la mort! que ma vie sera heureuse avec toi! — Quand elle eut repris ses forces, elle se hâta d'expliquer qu'il falloit partir à l'instant, que le moindre délai pouvoit être funeste, et pressa le geôlier avec une ardeur passionnée, d'aller remplir une dernière formalité, nécessaire pour sortir de la prison et de la ville; il partit.

Léonce alors se livra à tous les projets de bonheur les plus doux. — Ma Delphine, disoit-il, te souviens-tu de cette maison sur le côteau de Baden, dont le site nous rappeloit Bellerive? Nous pouvons l'acquérir, nous nous y établirons; quelques légers changemens la rendront tout-à-fait semblable à ce séjour où nous avons passé des momens heureux, mais troublés, tandis que dans notre habitation nouvelle une félicité parfaite nous est promise. Tu ne seras point poursuivie dans un pays protestant; je suis sûr d'ailleurs d'en imposer à madame de Ternan, et notre destinée obscure n'excitant l'envie de personne, nous n'aurons point d'ennemis. Oh! que cet avenir se présente à moi sous un aspect enchanteur! Delphine, ma céleste amie, ajoute donc quelques traits à ce tableau, peins-moi le sort qui nous attend, que l'espérance nous y transporte. — Delphine ne répondoit point, son âme agitée n'avoit point retrouvé de calme. —Craindrois-tu, lui dit encore Léonce, de retrouver en moi quelques traces des foiblesses qui nous ont séparés ; me ferois-tu cette offense? — Non, non ! interrompit Delphine. — Même avant ton arrivée, continua Léonce, ton souvenir et mon amour avoient entièrement dissipé les erreurs de mon caractère; je te l'avouerai, certain de périr, la mort que j'avois désirée ne m'inspiroit plus qu'un sentiment assez sombre : il me sembloit que la nature m'accusoit d'avoir méconnu ses bienfaits; et mon imagination se retournant tout à coup, je n'ai plus vu, prêt à perdre l'existence, que les affections délicieuses qui devoient me la rendre chère; ah ! j'avois peut-être besoin de cette épreuve, mais je n'en perdrai jamais le fruit; je vivrai pour être heureux, pour être aimé.... — Hélas ! reprit Delphine, le temps se passe, le geôlier ne revient point. — Cette inquiétude augmentant son trouble à chaque minute, elle n'entendoit plus ce que Léonce lui disoit pour la calmer, et, s'approchant des barreaux de la prison, à travers lesquels on entrevoyoit la rue, elle y resta fixement attachée. Tout à coup elle s'écria : — O mon Dieu ! ô mon Dieu ! d'une voix si déchirante, que Léonce en frémit, et courant à elle, il lui dit : — Qu'avez-vous ? Votre accent me cause un effroi que de ma vie je n'avois éprouvé. — Que viennent faire, lui dit Delphine, ces deux hommes vêtus de noir, qui accompagnent le geôlier ? — Apporter l'ordre pour mon départ, lui répondit Léonce. — Non, non, reprit Delphine, cela n'est pas naturel, cela ne l'est pas. — La porte de la prison s'ouvrit, et les deux hommes, peu d'instans après être entrés, déclarèrent que le commissaire de Paris étoit arrivé, qu'il avoit déchiré l'ordre donné par le juge, et qu'il étoit décidé que M. de Mondoville ne sortiroit pas de prison, et seroit jugé. A cette nouvelle, Léonce détourna la tête, ne voulant point montrer son émotion. Delphine, levant les yeux au ciel, s'avança d'un pas assez ferme, pour demander aux deux hommes envoyés s'il ne lui seroit pas permis de voir le commissaire. — Non, madame, lui répondirent-ils, vous ne pouvez pas sortir, vous êtes en arrestation ici jusqu'à demain. — Léonce tendit alors la main à Delphine, avec un sentiment qui n'étoit pas sans quelque douceur; les stupides témoins de cette scène voulurent rassurer Delphine sur son propre sort, croyant qu'il étoit l'objet de son inquiétude, et lui dirent qu'elle pouvoit être tranquille, qu'elle sortiroit au moment même où le jugement de M. de Mondoville seroit exécuté. A ces affreuses paroles, Delphine fut près de succomber; mais prenant sur elle, elle dit seulement à voix basse : — En est-ce assez, mon Dieu ! — et demanda ensuite à ceux qui venoient de parler, si un étranger qui l'avoit accompagnée, M. de Serbellane, ne devoit pas venir la voir. — Il nous a chargés de vous dire, lui répondirent-ils, qu'il seroit ici dans une heure, quand le tribunal, qui est assemblé maintenant, aura prononcé. Il fait ce qu'il peut pour vous être utile; mais à présent que le commissaire de Paris est arrivé, cela ne se passera pas comme ce matin. — Léonce, assez vivement irrité, les interrompit en leur disant: — Je ne suis pas condamné à votre présence, laissez-moi. — Ils murmurèrent intelligiblement quelques paroles d'humeur, mais le regard de Léonce leur en imposa, et ils sortirent. Léonce alors, se rapprochant de Delphine, la serra dans ses bras avec l'émotion la plus passionnée; elle ne répondoit à rien, n'exprimoit rien, et sembloit tout entière renfermée en elle-même. — Dieu! prononça-t-elle à demi-voix, Dieu qui m'avez abandonnée, préservez-moi de sentimens impies! que je supporte ce cruel jeu de la destinée sans cesser de croire en vous! La mort, après tout, la mort.... Eh bien! mon ami, dit-elle en se jetant dans les bras de Léonce, nous la recevrons ensemble; c'est un reste de pitié de la Providence envers nous. Pressons nos cœurs l'un contre l'autre, que leurs derniers battemens cessent au même instant; le seul mal au-delà des forces humaines, c'est de vivre ou de mourir séparés. —

Léonce, inquiet de la résolution de Delphine, voulut lui parler de ses devoirs, de son sort après lui: — Je te défends de m'entretenir sur ce sujet, interrompit-elle; ignore mes desseins, quels qu'ils soient;

ne m'interroge plus, et passons ces dernières heures dans la confiance et l'abandon qui peuvent encore leur donner du charme. — Léonce lui obéit; il sentoit que sur un pareil sujet, il ne pouvoit rien obtenir d'elle; mais il se flattoit que M. de Serbellane veilleroit sur le sort de son amie, quand il n'existeroit plus, et c'étoit à lui qu'il se proposoit de la confier.

Léonce et Delphine gardèrent donc le silence, l'un à côté de l'autre, pendant assez long-temps. Ils attendoient M. de Serbellane, quoiqu'ils n'en espérassent rien; enfin il arriva, portant sur son visage l'empreinte des sentimens qui le déchiroient.

— Demain, à huit heures du matin, dit-il à Léonce, vous devez être conduit dans une plaine, à une demi-lieue de la ville, pour être fusillé; un espoir cependant reste encore; le juge généreux de qui madame d'Albémar avoit obtenu votre liberté, vient de sortir du tribunal même pour me parler; il m'a dit que si je pouvois lui apporter à l'instant une déclaration signée de vous, qui attestât positivement que vous n'avez point eu l'intention de porter les armes, et que vous traversiez l'armée en voyageur, pour revenir en France, cette déclaration pourroit vous sauver. — Delphine, à ce mot, leva les yeux, qu'elle avoit tenus fixés sur la terre jusqu'alors; Léonce répondit à M. de Serbellane, avec la plus noble simplicité : — Quand j'ai été fait prisonnier, j'en conviens, je n'avois point encore porté les armes; j'étois venu à Verdun, non pour seconder aucune cause, mais dans l'espoir de mourir; qu'importent toutefois ces détails connus de moi seul ? Les François qui sont dans l'armée des étrangers ont dû croire que je venois pour servir avec eux; une déclaration contraire leur paroîtroit un mensonge que je ferois pour sauver ma vie; mon intention d'ailleurs n'étoit point de rentrer en France; je ne puis donc, sans m'avilir, attester ce qui paroîtroit faux aux yeux des autres, ou ce qui le seroit réellement. — Delphine, en entendant ce refus décisif, baissa de nouveau les yeux, sans prononcer une parole; elle savoit que Léonce n'appelleroit jamais d'une résolution qu'il croyoit honorable.

M. de Mondoville, touché de la douleur que lui témoignoit M. de Serbellane, lui prit la main et lui dit: — Généreux ami, vous avez tout fait pour nous; il ne me reste plus, relativement à moi, qu'un service à vous demander. Si mon nom étoit calomnié, quand j'aurai cessé de vivre, donnez à la vérité l'appui de votre respectable caractère: n'oubliez pas que la mémoire d'un homme qui fut passionné pour l'honneur, est un dépôt qu'il confie aux soins scrupuleux de ses amis. — J'accepte avec reconnoissance ce glorieux dépôt, répondit M. de Serbellane; votre réputation, sans doute, ne sera point attaquée; mais, si jamais je pouvois être appelé à la défendre, quelle force, quelle énergie ne trouverois-je pas dans l'admiration que m'inspire votre courageuse conduite ! — Maintenant, reprit Léonce, encore une prière, et la plus sacrée de toutes ! —

Il conduisit M. de Serbellane vers la fenêtre, pour lui recommander Delphine, quand il ne seroit plus. Il auroit pu parler devant elle sans qu'elle l'entendît ; ses réflexions l'absorboient entièrement. Immobile et pâle, quelquefois elle tressailloit, mais elle n'écoutoit ni ne voyoit plus rien, et ne versoit pas même une larme. Quand toute espérance est perdue, toute démonstration de douleur cesse, l'âme frissonne au dedans de nous-mêmes, et le sang glacé n'a plus de cours.

Léonce entra dans les plus grands détails avec M. de Serbellane, sur la conduite qu'il devoit tenir pour conserver les jours de Delphine, si sa douleur lui inspiroit le désir de les terminer. M. de Serbellane, non-seulement lui promit tout ce qu'il désiroit, mais sut presque le rassurer, en se montrant digne de soutenir et de consoler l'infortunée remise à ses soins. Léonce, touché de son noble caractère, ne put lui témoigner sa reconnoissance sans avoir les yeux remplis de larmes : il étoit resté ferme contre le malheur ; mais en retrouvant la pitié, il s'attendrit. — Adieu, mon ami, lui dit-il ; laissez-moi seul avec elle ; demain, avec le jour, revenez la chercher ; vous recevrez le dernier serrement de main d'un homme qui vous estime et vous honore. Adieu. — M. de Serbellane, en s'en allant, s'approcha de Delphine, et lui demanda sa main qu'elle abandonna : — Madame, lui dit-il d'une voix émue, courage et résignation ! Les plus vives douleurs ont encore cette ressource. — Un profond soupir souleva le sein de Delphine : — N'oubliez pas Isore, lui répondit-elle : Adieu. —

M. de Serbellane sortit, se promettant de revenir le lendemain auprès de ses infortunés amis. Alors Léonce et Delphine se trouvèrent seuls, au commencement de cette nuit solennelle qu'ils devoient passer ensemble, dans cette sombre prison qu'éclairoit une lumière pâle et tremblante ; ils entendirent le geôlier refermer sur eux les verroux. — Ah ! s'écria Delphine, si ces portes pouvoient ne plus s'ouvrir ; si le jour pouvoit ne jamais se lever, quels lieux de délices vaudroient cette prison ! Léonce, pourront-ils t'arracher à moi ? — Et elle le serroit dans ses bras avec une force surnaturelle, à laquelle succédoit le plus profond abattement. Léonce, effrayé de son état, voulut fixer sa pensée sur quelques idées plus douces, et, passant ses bras autour d'elle, il lui dit : — Ma Delphine, tu crois à l'immortalité, tu m'en as persuadé ; je meurs plein de confiance dans l'Être qui t'a créée. J'ai respecté la vertu, en idolâtrant tes charmes ; je me sens, malgré mes fautes, quelques droits à la miséricorde divine, et tes prières me l'obtiendront. Mon ange, nous ne serons donc pas pour jamais séparés; même avant de nous réunir dans le ciel, tu sentiras encore mon âme auprès de toi; tu m'appelleras toujours, quand tu seras seule. Plusieurs fois tu répéteras le nom de Léonce, et Léonce recueillera peut-être dans les airs les accens de son amie. Cherche, ma Delphine, tout ce qu'il y a de doux, de sensible dans la douleur; remplis ta vie des hommages solitaires et tendres que l'on peut rendre encore à la mémoire de l'objet que l'on regrette. — Arrête, interrompit Delphine, que parles-tu de ma vie ? As-tu donc osé penser que je pourrois te survivre ? Oui, sans doute, mon cœur s'est toujours confié dans l'immortalité de l'âme, quand il ne s'agissoit que de mon sort; cette noble croyance suffisoit à mon repos : mais est-ce assez de cette espérance, qu'un nuage couvre encore aux regards des plus vertueux des mortels ? est-ce assez d'elle pour supporter l'existence après ta mort ? Non, rien ne peut me soutenir contre l'horreur de ta perte. Léonce, en ton absence, le moindre souvenir de toi, un mot que tu m'avois dit, des lieux que nous avions vus ensemble, mille hasards qui retracent une idée toujours présente, me faisoient succomber sous la douleur d'une émotion déchirante, et j'aurois ces mêmes souvenirs, mais avec les traits de la mort ! je m'écrierois sans cesse : Jamais !

jamais! mes pleurs, mes cris n'obtiendroient pas de la nature entière un son de ta voix, la trace de tes pas, une ombre de tes traits ! Léonce, ami si tendre, toi qui, dans mes chagrins, as si souvent eu pitié de moi, je me précipiterois, désespérée, sur la terre qui te renfermeroit, sans qu'il en sortît, un soupir pour répondre à mes larmes! Non, non! je n'irai point dans ce désert, dans ce silence, dans cette nuit du monde, où je ne te verrois plus. La mort, dont l'affreuse idée m'a souvent glacée de terreur, te frapperoit, moi vivante! je me représenterois ton visage défiguré, tes yeux éteints pour toujours, tes restes froids, ensevelis dans la tombe où je t'aurois laissé seul, seul! O mon ami, tu n'y seras pas seul! Léonce, souverain de ma vie, répétoit Delphine, je te vois ému, je sens que ton cœur répond au mien; dis-moi donc que tu m'appelles, que tu ne voudrois pas me laisser vivre, dis que tu ne le veux pas! Ah! j'aimerois cette touchante preuve d'amour, ce dédain d'une pitié vulgaire, cette compassion véritable qui t'inspireroit ces douces paroles : — *Delphine, suis-moi; pauvre Delphine, n'essaie pas de la vie, sans la main qui te conduisoit!* — O Léonce, Léonce! répète ces mots consolateurs, je t'en conjure.... — Les pleurs interrompoient les prières passionnées de Delphine; elle embrassoit les genoux de Léonce; elle vouloit obtenir de lui-même le conseil de mourir; il cherchoit en vain à la calmer, et la conjuroit de s'éloigner avec M. de Serbellane, avant l'heure du supplice. Delphine, pensant alors à la fatale bague, voulut en parler à Léonce, mais sans lui confier d'abord qu'elle la possédoit, de peur qu'il ne la lui ôtât, quand même il seroit résolu à n'en pas faire usage.

— Léonce, lui dit-elle, cette mort, semblable à celle que subiroit un criminel, ce supplice, en présence d'un peuple furieux, ne révolte-t-il point ton âme? Veux-tu te l'épargner? Notre ami, M. de Serbellane, peut nous donner un poison salutaire qui nous affranchiroit du sort qu'on nous prépare. — Léonce, étonné, réfléchit quelques instans, puis il dit : — Mon amie, je crois plus digne de moi de périr aux yeux des François; il me condamnent aujourd'hui, mais peut-être sauront-ils une fois que je ne l'ai pas mérité; et si, dans mes derniers momens, j'ai montré quelque force d'âme, je ne hais pas, je l'avoue, l'espoir que mes ennemis même ne me verront pas tomber sans émotion. Pardonne, mon amie, si cette pensée me force à rejeter le secours inespéré que tu daignes m'offrir; ta main auroit fermé mes yeux, et le même sentiment qui anima mon existence, l'eût conduite doucement jusqu'à sa fin; ah! qu'il m'en coûte pour m'y refuser! — Delphine garda le silence; elle craignoit, en insistant, de faire connoître à Léonce qu'elle possédoit un moyen sûr de ne pas lui survivre.

— Hélas! continua Léonce, il y a, j'en conviens, quelque chose de sombre dans cette prison qui précède le dernier jour ; je voudrois pouvoir regarder le ciel avec toi ; ce sont ces murs qui nous dérobent son aspect, c'est la barbarie des hommes, nos gardiens et nos juges, qui donne à la mort un caractère si terrible; vingt fois je l'avois désirée à tes pieds; mais à présent que j'avois abjuré mes misérables erreurs, à présent que je pouvois être ton époux, ton heureux époux; ah Dieu! — Il s'arrêta, craignant de rappeler des pensées trop amères. Delphine, succombant au désespoir, n'avoit plus la force d'exprimer les tourmens qu'elle souffroit : quelques heures se passèrent encore, pendant lesquelles Léonce se montra le plus sensible et le plus courageux des hommes. Delphine l'admira quelquefois, plus souvent elle l'interrompit par ses gémissemens. Enfin Léonce, accablé par plusieurs nuits d'insomnie, laissa tomber sa tête sur les genoux de Delphine, et s'endormit pendant une heure. Elle le regardoit dans toute sa beauté ; ses cheveux noirs tomboient sur son front, et son visage conservoit encore une expression d'attendrissement dont le sommeil n'altéroit point le charme.

Ah ! qui s'est jamais vu dans une situation si

cruelle? La malheureuse Delphine éprouva pendant cette nuit tout ce que l'âme peut souffrir de plus déchirant. Elle sentoit le temps s'écouler, et regardoit sans cesse à la fenêtre, craignant d'apercevoir les avant-coureurs du jour. Ses yeux se portoient alternativement du visage enchanteur de son amant, à ce ciel dont les premiers rayons devoient le lui ravir; mais bientôt elle aperçut, sur le mur opposé à la fenêtre, la fatale lueur qui annonçoit le jour, et avant que Léonce fût réveillé, le soleil avoit percé dans cette demeure du désespoir. — O Dieu! s'écria-t-elle, pas un nuage, pas un voile de deuil sur ce soleil! Le plus brillant éclat de la nature, pour éclairer le plus horrible des forfaits et les plus infortunés des êtres! — Enfin, le coup de tambour, ce bruit subit et funeste, réveilla Léonce. Il leva les yeux sur Delphine, et, l'embrassant avec transport: — C'est toi, dit-il, c'est encore toi! jusqu'à mon dernier moment ta vue aura le pouvoir de suspendre toutes mes peines! —

Léonce se hâta de rattacher ses cheveux en désordre, pour donner à toute sa contenance l'air du calme et de la fermeté. Delphine alors se tenoit à quelque distance de Léonce, suivoit ses mouvemens, et s'appuyoit de temps en temps contre la muraille, soutenant par la puissance de sa volonté ses forces prêtes à défaillir. Enfin, Léonce s'approcha d'elle;

et, remarquant l'extrême altération de ses traits, il ne put réprimer plus long-temps ce qu'il éprouvoit. — Delphine, s'écria-t-il, dans cet instant sans espoir, un mouvement cruel et doux m'entraîne encore à te le répéter, oui, je regrette la vie ! Quand mes farouches ennemis vont paroître, je saurai leur cacher ce sentiment, mais je te l'avoue, à toi qui me l'inspires, à toi... — Les soldats approchoient de la prison, et l'on ouvrit les verroux pour les recevoir. Alors Delphine, comme hors d'elle-même, se jeta aux genoux de Léonce, et s'écria : — Mon ami, pardonne-moi ta mort, dont je suis la véritable cause. Je n'ai jamais aimé que toi ; jamais ce cœur n'a tressailli qu'en ta présence, jamais une autre voix n'a régné sur mon âme ; nous allons mourir ensemble, quand de longues années d'union et de tendresse pouvoient nous être accordées ; il le faut ! Les barbares avancent, encore un instant ; mais que toute la passion d'une vie entière soit renfermée dans cet instant ! — La porte s'ouvrit, et les soldats remplirent la chambre.

Delphine, se relevant avec dignité, adressa la parole aux soldats : — J'étois aux genoux, leur dit-elle, du plus estimable des hommes, du plus admirable caractère qui ait jamais existé ; je lui devois cet hommage ; vous allez le conduire au supplice. Votre aveugle obéissance ferme vos cœurs à la pitié ; mais, qu'ai-je dit? ne vous offensez pas ; j'ai besoin de vous implorer encore : permettez-moi de suivre mon ami jusqu'à la mort. — Madame, répondit l'officier, on n'accorde d'ordinaire cette permission qu'au prêtre qui exhorte les condamnés avant de mourir. — Eh bien, reprit Delphine, je saurai remplir cet auguste ministère. Léonce, dit-elle en se retournant vers lui, la religion donne aux malheureux qui marchent au supplice un ami pour les consoler, veux-tu que je sois cet ami? Je te parlerai comme lui, au nom d'un Dieu de bonté : un instant, je n'en fus pas digne, un instant j'ai douté; je trouvois le malheur qui m'accabloit plus grand que mes fautes ; mais à présent les espérances religieuses sont revenues dans mon cœur : le ciel me les a rendues, je te les ferai partager. — Ce que tu veux entreprendre, répondit Léonce, est au-dessus de tes forces. — Non, je l'ai résolu, reprit Delphine, tu me verras te suivre d'un pas ferme, avec une âme courageuse; je ne suis plus agitée, pourquoi n'aurois-je pas maintenant le même calme que toi ? — Madame, reprit l'officier, on conduira le condamné sur un char, jusqu'à une demi-lieue de la ville, dans la plaine où il doit être fusillé ; vous ne serez pas en état de le suivre jusque-là. — Je le pourrai, répondit-elle. — Ah! s'écria Léonce, dois-je accepter ce généreux effort? — Tu le dois, interrompit Delphine. — Et M. de Serbellane entrant dans ce moment, il obtint pour lui-même aussi d'accompagner madame d'Albémar. Léonce, incertain encore s'il devoit consentir à ce qu'exigeoit son amie, consulta M. de Serbellane. — Ne vous opposez pas, répondit-il, au vœu que madame d'Albémar exprime avec tant d'instance ; si elle peut vous survivre, ce n'est qu'après avoir épuisé toutes les douleurs ; laissez-la s'y livrer, ne lui refusez rien.

— J'ai besoin, reprit Delphine, d'un moment de recueillement, avant ce grand acte de courage ; accordez-le-moi, dit-elle en s'adressant au chef de la garde, votre char funèbre n'est point encore arrivé. — Le chef de la garde y consentit ; le geôlier murmura qu'il n'avoit point de chambre seule à donner, excepté une dans laquelle étoit mort un prisonnier, cette nuit même. Delphine n'entendit point ce qu'il disoit ; et M. de Serbellane, occupé à recueillir dans un dernier entretien les volontés de Léonce, oublia quel don funeste il avoit fait à madame d'Albémar ; elle suivit le geôlier, et il la quitta, après lui avoir montré la chambre dans laquelle elle pouvoit entrer. En travers de la porte étoit le cercueil du malheureux prisonnier mort pendant la nuit ; et des quatre cierges placés aux coins de ce cercueil, deux brûloient encore, et mêloient leurs tristes clartés à celle du jour. Delphine frémit à cette vue, et recula ; cependant elle voulut avancer, et dit : — Pourquoi donc aurois-je peur de la mort? N'est-ce pas elle que je viens chercher? d'où vient que son image m'effraie déjà? — Il falloit, pour entrer, passer près du cercueil placé devant la porte; la robe de Delphine s'y accrocha, et son effroi redoublant, elle tomba à genoux dans la chambre, en face du lit encore défait d'où l'on avoit enlevé le corps de celui qui venoit de mourir. On voyoit ses habits épars, un livre ouvert, une montre qui alloit encore, tous les détails de la vie de l'homme, excepté l'homme même, que la bière renfermoit! Un tel spectacle auroit frappé l'imagination dans les circonstances les plus calmes, il troubla presque entièrement la tête de Delphine; elle ne savoit plus si son amant vivoit encore; elle l'appela plusieurs fois, et, dans un moment de convulsion et de désespoir, elle ouvrit la bague qui renfermoit le poison, et prit rapidement ce qu'elle contenoit; à peine eut-elle achevé cette action désespérée, qu'elle se prosterna contre terre ; après y être restée quelques instans, elle se releva plus calme, mais absorbée dans une méditation profonde.

— O mon Dieu! dit-elle alors, qu'ai-je fait? me suis-je rendue coupable? ne puis-je plus espérer votre miséricorde? il falloit le suivre jusqu'au supplice, je lui devois cette dernière preuve de l'amour qui l'a perdu; en aurois-je eu la force, sans la certitude de mourir? Je pouvois me fier à la douleur, avec le temps elle m'auroit tuée; mais ce temps redoutable, ô mon Dieu! m'ordonniez-vous de le supporter? ces tourmens étoient-ils nécessaires? et les anges qui vous entourent ne se réjouiront-ils pas de les voir abrégés! S'il me restoit un lien sur cette terre, si j'avois un père dont je pusse consoler la vieillesse, je vivrois, je le crois; un devoir si sacré me l'auroit commandé : mais l'infortuné qui va périr étoit mon unique ami, et vous me l'ôtez! O mon Dieu! s'écriat-elle en se jetant à genoux, le visage tourné vers le ciel; on m'a souvent dit que vous ne pardonniez pas le crime que je viens de commettre, le trouble, l'égarement m'y ont conduite; est-il vrai qu'à présent vous soyez inflexible! suis-je plus criminelle que tous ceux qui ont été durs envers leurs semblables? et cependant il en est tant, que sans doute parmi eux quelques-uns seront pardonnés! vous m'aviez accordé la jeunesse, la beauté, tous les dons de la vie, et je la rejette loin de moi, cette vie; il faut donc que j'aie bien souffert, et je souffrirois éternellement! et vous n'accepteriez pas mon repentir! non, vous l'acceptez, je le sens, une force nouvelle renaît en moi; j'entends le char, j'entends les pieds des chevaux qui vont entraîner ce que j'aime; je vais l'entretenir de vous, mon Dieu! bénissez mes paroles, et, quand ma voix seroit impie, quand vous rejetteriez mes prières pour moi-même, faites que celui qui va m'entendre éprouve en m'écoutant les sentimens religieux qui obtiendront pour lui votre miséricorde! — Elle descendit alors d'un pas ferme, et rejoignit Léonce au moment où il montoit sur le char.

Delphine marcha près de lui, et les soldats, par pitié pour elle, ralentissoient la marche, et faisoient souvent arrêter la voiture, pour lui donner le temps de parler à Léonce. M. de Serbellane, qui la suivoit, répandoit de l'argent pour obtenir que personne ne s'opposât à ces instans de retard. Delphine eut d'abord le désir d'avouer à son ami qu'elle venoit de s'assurer la mort, elle auroit trouvé quelque douceur à lui confier cette funeste et dernière preuve de la tendresse passionnée qu'elle éprouvoit pour lui; mais tout entière à la solennité du devoir dont elle étoit chargée, elle craignit qu'après un tel aveu, Léonce, uniquement occupé d'elle, ne donnât plus un moment aux sentimens religieux dont elle vouloit le pénétrer; et, quoi qu'il pût lui en coûter, elle résolut de taire son secret, pour entretenir Léonce de piété plutôt que d'amour.

En traversant la ville, la multitude qui les environnoit de toutes parts se permit d'indignes injures contre celui qu'elle croyoit criminel, puisqu'il étoit condamné. Léonce rougissoit et pâlissoit tour à tour, d'indignation et de fureur. — Dédaigne, lui disoit Delphine, ces misérables insultes. Bannis de ton âme tous les sentimens amers ; ah ! nous allons entrer dans le séjour de l'indulgence et de l'oubli, dans le séjour où nos ennemis ne seront point écoutés. Vois ce ciel, comme il est pur, comme il est serein ! l'auteur de ces merveilles pourroit-il n'avoir abandonné que nous ? Cet asile vers lequel nos cœurs s'élancent, Léonce, c'est le nôtre ; nous y sommes appelés. L'amour que je sens pour toi ne m'a-t-il pas été inspiré par mon Créateur ? il ne désunira point deux êtres qu'il a rendus nécessaires l'un à l'autre. Léonce, ta conduite a été sans reproches, c'est la mienne seule qu'il faut accuser; mais tu me feras recevoir dans la région du ciel qui t'est destinée. Tu diras, oui, tu diras que tu n'y serois pas bien sans moi. L'Être suprême t'accordera ton amie ; tu la demanderas, n'est-il pas vrai, Léonce ? — Delphine fut prête encore alors à tout révéler, en disant à Léonce quelle étoit l'action coupable dont il devoit implorer le pardon pour elle. Peut-être aussi désiroit-elle qu'il connût la véritable cause du courage extraordinaire qu'elle témoignoit, dans la plus terrible de toutes les situations; mais Léonce leva vers le ciel un regard plein de courage et de confiance; ce regard convainquit Delphine qu'elle avoit enfin inspiré à son ami les pieuses espérances qu'elle lui souhaitoit; et elle craignit de détruire tout l'effet de ses paroles, en lui avouant de quelle faute sa religion même n'avoit pu la préserver.

Réprimant donc encore une fois tout ce qui pouvoit trahir son secret, Delphine rassembla ses forces, pour remplir dignement l'auguste mission dont elle s'étoit chargée. — Ne vois plus en moi, dit-elle à Léonce, celle qui partagea tes fautes, celle qui fut plus coupable encore. J'aimois la vertu, mais je n'avois point la force de l'accomplir, et Dieu, dans sa pitié, retire du monde la femme infortunée dont l'amour et le devoir ont déchiré le foible cœur. J'ai pris auprès de toi la place d'un homme religieux, qui auroit été vraiment digne de te parler au nom du ciel; mais une voix qui t'est chère pouvoit pénétrer plus avant dans ton âme, et cette voix, écoute-la, Léonce, comme si la Divinité l'avoit pour un moment consacrée. Au milieu des terreurs qui nous environnent, lorsque la nature, amie de la vie, se révolte dans notre sein, la Providence éternelle nous voit et nous protège; non, il est impossible que toutes les pensées, tous les sentimens qui nous animent soient anéantis; notre esprit embrasse encore un immense avenir, notre cœur vit encore tout entier dans l'objet qu'il aime, et dans quelques minutes, sur cette plaine, où bientôt les roues de ce char vont nous entraîner, un fer romproit la trame de tant d'idées, de tant de sentimens, et les livreroit au vent qui disperse la poussière! Ceux qui succombent lentement sous le poids des années, peuvent croire à la destruction que d'avance ils ont ressentie; mais nous qui marchons vers le tombeau tout pleins de l'existence, nous proclamons l'immortalité! Il est vrai, ce temps qui s'écoule, ces armes qui se préparent, ce bruit sourd qui annonce déjà le coup mortel, remplissent d'effroi tous les sens, mais c'est un dernier effort de l'imagination trompée; la vérité va nous rassurer, notre âme se retire en elle-même, et dans notre intime pensée, dans ce sanctuaire de l'amour et de la vertu, nous retrouvons un Dieu! Ah! Léonce, gloire et tourment de ma vie, objet de la passion la plus profonde! c'est moi qui t'exhorte à la mort, c'est moi.... la prière m'a donné une force surnaturelle, la prière, cet élan de l'âme qui nous fait échapper à la douleur, à la nature et aux hommes; imite-moi, Léonce, cherche aussi ce refuge....—

La longueur et la fatigue de la route faisoient disparoître la pâleur de Delphine; ses yeux avoient une expression dont rien ne peut donner l'idée; les sentimens les plus passionnés et les plus sombres s'y peignoient à la fois; et, malgré les douleurs cruelles qu'elle commençoit à sentir, et qu'elle tâchoit de surmonter, sa figure étoit encore si ravissante, que les soldats eux-mêmes, frappés de tant d'éclat, s'écrioient:—*Qu'elle est belle!* et baissoient, sans y songer, leurs armes vers la terre en la regardant. Léonce entendit ce concert de louanges, et lui-même, enivré d'amour, il prononça ces mots à voix basse:—Ah Dieu! que vous ai-je fait pour m'ôter la vie, le plus grand des biens avec elle?—Delphine l'entendit.—Mon ami, reprit-elle, ne nous trompons pas sur le prix que nous attacherions maintenant à l'existence; nous ne voyons plus que des biens dans ce que nous perdons, et nous oublions, hélas! combien nous avons souffert! Léonce, je t'aimois avec idolâtrie, et cependant, du jour où l'ingratitude de l'amitié me fut révélée, je reçus une blessure qui ne s'est point fermée. Léonce, des êtres tels que nous auroient toujours été malheureux dans le monde, notre nature sensible et fière ne s'accorde point avec la destinée; depuis que la fatalité empêcha notre mariage, depuis que nous avons été privés du bonheur de la vertu, je n'ai pas passé un jour sans éprouver au cœur je ne sais quelle gêne, je ne sais quelle douleur qui m'oppressoit sans cesse. Ah! n'est-ce rien que de ne pas vieillir, que de ne pas arriver à l'âge où l'on auroit peut-être flétri notre enthousiasme pour ce qui est grand et noble, en nous rendant témoins de la prospérité du vice et du malheur des gens de bien! vois dans quel temps nous étions appelés à vivre, au milieu d'une révolution sanglante, qui va flétrir pour long-temps la vertu, la liberté, la patrie! mon ami, c'est un bienfait du ciel qui marque à ce moment le terme de notre vie. Un obstacle nous séparoit, tu n'y songes plus maintenant, il renaîtroit si nous étions sauvés; tu ne sais pas de combien de manières le bonheur est impossible. Ah! n'accusons pas la Providence, nous ignorons ses secrets; mais ils ne sont pas les plus malheureux de ses enfans, ceux qui s'endorment ensemble sans avoir rien fait de criminel, et vers cette époque de la vie où le cœur encore pur, encore sensible, est un hommage digne du ciel.—

Ces douces paroles avoient attendri Léonce, et pendant quelques momens il parut plongé dans une religieuse méditation.—Tout à coup, en approchant de la plaine, la musique se fit entendre, et joua une marche, hélas! bien connue de Léonce et de Delphine. Léonce frémit en la reconnoissant : — O mon amie! dit-il, cet air, c'est le même qui fut exécuté le jour où j'entrai dans l'église pour me marier avec Matilde. Ce jour ressembloit à celui-ci. Je suis bien aise que cet air annonce ma mort. Mon âme a ressenti dans ces deux situations presque les mêmes peines ; néanmoins je te le jure, je souffre moins aujourd'hui. — Comme il achevoit ces mots, la voiture s'arrêta devant la place où il devoit être fusillé. Il ne voulut plus alors s'abandonner à des sentimens qui pouvoient affoiblir son cœur. Il descendit rapidement du char, et s'avança en faisant signe à M. de Serbellane de veiller sur Delphine. Se retournant alors vers la troupe dont il étoit entouré, il dit, avec ce regard qui avoit toujours commandé le respect : —Soldats, vous ne banderez pas les yeux à un brave homme; indiquez-moi seulement à quelle distance de vous il faut que je me place, et visez-moi au cœur ; il est innocent et fier, ce cœur, et ses battemens ne seront point hâtés par l'effroi de la mort. Allons. —Avant de s'avancer à la place marquée, il se retourna encore une fois vers Delphine; elle étoit tombée dans les bras de M. de Serbellane, il se précipita vers elle, et entendit M. de Serbellane qui s'écrioit : —Malheureuse ! elle a pris le poison qu'elle m'avoit demandé pour Léonce; c'en est fait, elle va mourir !

—Léonce alors jeta des cris de désespoir, qui arrachèrent des larmes à tous ceux qui l'avoient vu si calme, un moment auparavant, quand il marchoit à la mort ; personne n'osoit prononcer un mot, ni faire un mouvement, en contemplant ce cruel spectacle. Delphine revint à elle, à travers les convulsions de la mort, et put encore dire à Léonce, qui tenoit sa main à genoux : —Mon ami, je devois mon courage à la mort que je portois dans mon sein. Et comme Léonce s'accusoit de barbarie, pour avoir consenti qu'elle le suivît jusqu'au supplice : —Ah ! mon ami, lui dit-elle encore, remercie la nature de m'avoir épargné les heures où je t'aurois survécu ; pardonne-moi, Léonce, si j'ai imposé la plus grande douleur à l'âme la plus forte, c'est toi qui d'un instant me survis ; je ne meurs pas sans toi, ma main tient encore la tienne, le dernier souffle de ma vie est recueilli dans ton sein. Ces soldats, je les vois là, prêts à te saisir.... Ah, Dieu! de quel mal me sauve la mort! — Elle expira. Léonce se précipita sur la terre à côté d'elle, en la tenant embrassée. Les soldats eux-mêmes, attendris, restoient à quelque distance, et sembloient ne plus songer à remplir leur cruel emploi ; quelques-uns s'écrioient : — *Non, nous ne tuerons pas ce malheureux homme ; c'est bien assez que sa pauvre maîtresse ait péri de douleur; non, qu'il s'en aille, nous ne tirerons pas sur lui.* —

Léonce les entendit, et, se relevant avec une fureur sans bornes, il s'écria : — Juste ciel! il ne vous restoit plus, barbares, qu'à vouloir m'épargner après l'avoir tuée. Tirez à l'instant, tirez. — Et il vouloit s'approcher d'eux, mais il portoit toujours le corps sans vie de sa maîtresse, et tout à coup il frémit d'horreur à l'idée que cette belle image de son amie pourroit être défigurée par les coups qu'on dirigeroit sur lui; retournant donc vers M. de Serbellane, il remit entre ses bras Delphine, qui sembloit dormir en paix sur le sein de son ami : — Il faut m'en séparer, dit-il, afin que ses nobles restes ne soient point outragés par des barbares. Réunissez-nous tous les deux dans le même tombeau; c'est là que, dans un repos éternel, mon innocente amie me pardonnera mes fautes et ses malheurs. — En achevant ces mots, il s'éloigna : quand il fut en face des soldats, ils balancèrent encore, et leurs gestes exprimoient qu'ils ne vouloient plus obéir à l'ordre qui leur avoit été donné. Un instant de vie de plus faisoit souffrir mille maux à Léonce; tout-à-fait hors de lui, il eut recours à l'insulte, chercha tout ce qui pouvoit allumer la colère des soldats, les menaça de se jeter sur eux, s'ils ne tiroient pas sur lui ; et les appelant enfin des noms qui pouvoient les irriter davantage, l'un d'eux s'indigna, reprit son fusil qu'il avoit jeté à terre, et dit : — *Puisqu'il le veut, qu'il soit satisfait.* — Il tira, Léonce fut atteint, et tomba mort.

M. de Serbellane rendit à ses amis les derniers devoirs. Il les réunit dans un tombeau qu'il fit élever sur le bord d'une rivière, au milieu de peupliers, et partit pour la Suisse, afin de veiller sur la destinée d'Isore, que la perte de Delphine avoit jetée dans la plus profonde douleur ; il écrivit à sa mère, et en obtint la permission de conduire sa fille à mademoiselle d'Albémar, à qui cet intérêt seul pouvoit faire supporter la vie, après la perte de Delphine. M. de Lebensei s'acquit un nom illustre dans les armées françoises. Pourquoi le caractère de Léonce de Mondoville ne lui permit-il pas d'avoir cette glorieuse destinée ?

M. de Serbellane qui, avec une âme naturellement calme, faisoit toujours ce que les sentimens les plus tendres et les plus exaltés peuvent inspirer, revint en France, au péril de sa vie, pour visiter encore une fois le tombeau de ses amis, et s'assurer que l'homme à qui il en avoit confié la garde l'avoit défendu de toute insulte, au milieu de la guerre. Voici l'un des fragmens de la lettre qu'il écrivoit en revenant de ce voyage pieux envers l'amitié.

« Je me sens mieux, disoit-il, depuis que je me suis
» reposé quelque temps près de leurs cendres. Je me
» répétois sans cesse qu'ils n'avoient point mérité leur
» malheur; je ne me dissimulois point leurs torts;
» Léonce auroit dû braver l'opinion dans plusieurs
» circonstances où le bonheur et l'amour lui en fai-
» soient un devoir, et Delphine, au contraire, se fiant
» trop à la pureté de son cœur, n'avoit jamais su res-
» pecter cette puissance de l'opinion, à laquelle les
» femmes doivent se soumettre; mais la nature, mais
» la conscience apprend-elle cette morale instituée
» par la société, qui impose aux hommes et aux fem-
» mes des lois presque opposées ? et mes amis infor-
» tunés devoient-ils tant souffrir pour des erreurs si
» excusables? Telles étoient mes réflexions, et rien
» n'est plus douloureux pour le cœur d'un honnête
» homme, que l'obscurité qui lui cache la justice de
» Dieu sur la terre.

» Mais un soir que j'étois assis près de la tombe où
» reposent Léonce et Delphine, tout à coup un re-
» mords s'éleva dans le fond de mon cœur, et je me
» reprochai d'avoir regardé leur destinée comme la
» plus funeste de toutes. Peut-être dans ce moment,
» mes amis, touchés de mes regrets, vouloient-ils me
» consoler, cherchoient-ils à me faire connoître qu'ils
» étoient heureux, qu'ils s'aimoient, et que l'Être-
» suprême ne les avoit point abandonnés, puisqu'il
» n'avoit pas permis qu'ils survécussent l'un à l'autre.
» Je passai la nuit à rêver sur le sort des hommes;
» ces heures furent les plus délicieuses de ma vie, et
» cependant le sentiment de la mort les a remplies
» tout entières; mais je n'en puis douter, du haut
» du ciel mes amis dirigeoient mes méditations; ils
» écartoient de moi ces fantômes de l'imagination qui
» nous font horreur du terme de la vie; il me sem-
» bloit qu'au clair de la lune, je voyois leurs ombres
» légères passer à travers les feuilles sans les agiter;
» une fois je leur ai demandé si je ne ferois pas mieux
» de les rejoindre, s'il n'étoit pas vrai que sur cette
» terre les âmes fières et sensibles n'avoient rien à
» attendre que des douleurs succédant à des dou-
» leurs; alors il m'a semblé qu'une voix, dont les sons
» se mêloient au souffle du vent, me disoit:—Sup-
» porte la peine, attends la nature, et fais du bien aux
» hommes.—J'ai baissé la tête, et je me suis résigné;

» mais, avant de quitter ces lieux, j'ai écrit, sur un
» arbre voisin de la tombe de mes amis, ce vers,
» la seule consolation des infortunés que la mort a
» privés des objets de leur affection :

» On ne me répond pas, mais peut-être on m'entend. »

FIN.

TABLE DES LETTRES.

TOME PREMIER.

PREMIÈRE PARTIE.

Lettre première. Madame d'Albémar à Matilde de Vernon. *Bellerive*, 12 avril 1790........*Page* 1

Lettre II. Réponse de Matilde de Vernon à madame d'Albémar. *Paris*, 14 avril 1790....... 7

Lettre III. Delphine à Matilde................. 12

Lettre IV. Delphine d'Albémar à madame de Vernon. *Bellerive*, 16 avril 1790.............. 19

Lettre V. Madame de Vernon à Delphine. *Paris*, 17 avril 1790............................. 21

Lettre VI. Delphine à mademoiselle d'Albémar. *Paris*, 19 avril 1790.....................*ibid.*

Lettre VII. Réponse de mademoiselle d'Albémar à Delphine. *Montpellier*, 25 avril 1790......... 35

Lettre VIII. Réponse de Delphine à mademoiselle d'Albémar. *Paris*, 1er mai 1790............. 43

Lettre IX. Madame de Vernon à M. de Clarimin, à sa terre, près de Montpellier. *Paris*, 2 mai 1790. 54

Lettre X. Delphine à mademoiselle d'Albémar. *Paris*, 3 mai 1790....................... 57

Lettre XI. Delphine à mademoiselle d'Albémar. *Paris*, 4 mai 1790....................... 67

Lettre XII. Delphine à mademoiselle d'Albémar. *Paris*, 8 mai 1790....................... 71

LETTRE XIII. Réponse de mademoiselle d'Albémar à Delphine. *Montpellier*, 14 mai 1790..... *Page* 79
LETTRE XIV. Delphine à mademoiselle d'Albémar. 19 mai 1790.................................. 82
LETTRE XV. Delphine à mademoiselle d'Albémar. *Paris*, 22 mai 1790........................... 91
LETTRE XVI. Mademoiselle d'Albémar à Delphine. *Montpellier*, 20 mai 1790................... 96
LETTRE XVII. Delphine à mademoiselle d'Albémar. *Paris*, 25 mai 1790.......................... 97
LETTRE XVIII. Léonce à M. Barton. *Bayonne*, 17 mai 1790.. 98
LETTRE XIX. Delphine à mademoiselle d'Albémar. 27 mai 1790.................................. 106
LETTRE XX. Delphine à mademoiselle d'Albémar. 31 mai 1790.................................. 110
LETTRE XXI. Léonce à M. Barton. 1ᵉʳ juin 1790... 119
LETTRE XXII. Delphine à mademoiselle d'Albémar. 3 juin 1790.................................. 122
LETTRE XXIII. Delphine à mademoiselle d'Albémar. 5 juin 1790.................................. 130
LETTRE XXIV. Léonce à M. Barton, à Mondoville. *Paris*, 6 juin 1790............................. 135
LETTRE XXV. Delphine à mademoiselle d'Albémar. 10 juin 1790................................. 140
LETTRE XXVI. Delphine à mademoiselle d'Albémar. 20 juin 1790................................. 150
LETTRE XXVII. Léonce à M. Barton. *Paris*, 29 juin 1790.................................. 161
LETTRE XXVIII. Madame de Vernon à M. de Clarimin. *Paris*, 30 juin 1790.................. 173

Lettre XXIX. Delphine à mademoiselle d'Albémar. 2 juillet 1790.................. *Page* 175
Lettre XXX. Delphine à mademoiselle d'Albémar. 4 juillet 1790................... 185
Lettre XXXI. Léonce à sa mère. *Mondoville*, 6 juillet 1790........................ 203
Lettre XXXII. Delphine à mademoiselle d'Albémar. *Bellerive*, 6 juillet 1790........... 209
Lettre XXXIII. Delphine à mademoiselle d'Albémar. *Bellerive*, 9 juillet 1790......... 223
Lettre XXXIV. Delphine à mademoiselle d'Albémar. *Bellerive*, 10 juillet 1790........ 224
Lettre XXXV. Léonce à sa mère. *Paris*, 11 juillet 1790........................ 225
Lettre XXXVI. Delphine à mademoiselle d'Albémar. *Bellerive*, dans la nuit du 12 juillet 1790.. 227
Lettre XXXVII. Delphine à mademoiselle d'Albémar. *Paris*, 13 juillet 1790, à minuit......... 231
Lettre XXXVIII. Léonce à M. Barton. *Paris*, 14 juillet 1790........................ 238

SECONDE PARTIE.

Lettre première. Mademoiselle d'Albémar à Delphine. *Montpellier*, 20 juillet 1790............ *Page* 241
Lettre II. Réponse de Delphine à mademoiselle d'Albémar. *Bellerive*, 26 juillet 1790........... 243
Lettre III. Delphine à mademoiselle d'Albémar. 30 juillet 1790........................ 248
Lettre IV. Léonce à M. Barton. *Paris*, 5 août 1790. 255

Lettre V. Delphine à mademoiselle d'Albemar.
Bellerive, 4 août 1790............*Page* 260
Lettre VI. Delphine à mademoiselle d'Albémar.
Bellerive, 6 août 1790.................. 265
Lettre VII. Delphine à mademoiselle d'Albémar.
Bellerive, 8 août 1790................. 274
Lettre VIII. Delphine à mademoiselle d'Albémar.. 300
Lettre IX. Madame de Vernon à Léonce......... 307
Lettre X. Réponse de Léonce à madame de Vernon. *ibid.*
Lettre XI. Léonce à M. Barton. *Paris*, 14 août
1790................................ 308
Lettre XII. Mademoiselle d'Albémar à Delphine.
Montpellier, 23 août 1790................. 315
Lettre XIII. Madame d'Artenas à madame de R.
Paris, 1er septembre 1790............... 319
Lettre XIV. Delphine à mademoiselle d'Albémar.
Paris, 3 septembre 1790.................. 328
Lettre XV. Léonce à M. Barton. 4 septembre 1790. 333
Lettre XVI. Réponse de M. Barton à Léonce. *Mondoville*, 6 septembre 1790................ *ibid.*
Lettre XVII. Madame de R. à madame d'Artenas.
14 septembre 1790....................... 335
Lettre XVIII. Léonce à M. Barton. *Paris*, 15 septembre 1790............................ 343
Lettre XIX. M. de Serbellane à madame d'Albémar.
Lisbonne, 4 septembre 1790................ 347
Lettre XX. Léonce à Delphine. *Paris*, 17 septembre. 352
Lettre XXI. Delphine à Léonce. 17 septembre 1790. 353
Lettre XXII. Delphine à mademoiselle d'Albémar.
17 septembre au soir, 1790................. 354
Lettre XXIII. Delphine à mademoiselle d'Albémar.
18 septembre, à minuit, 1790.............. 357

LETTRE XXIV. Delphine à mademoiselle d'Albémar.
21 septembre 1790.....................*Page* 358
LETTRE XXV. Léonce à M. Barton. *Bordeaux*, 23 septembre 1790............................. 366
LETTRE XXVI. Delphine à mademoiselle d'Albémar. *Bellerive*, 2 octobre 1790.................. 371
LETTRE XXVII. Delphine à mademoiselle d'Albémar. *Bellerive*, 14 octobre 1790............. 384
LETTRE XXVIII Delphine à mademoiselle d'Albémar. *Paris*, 16 octobre 1790................. 390
LETTRE XXIX. Léonce à M. Barton. *Bordeaux*, 20 octobre 1790............................. 394
LETTRE XXX. Léonce à Delphine. *Bordeaux*, 22 octobre 1790............................. 396
LETTRE XXXI. Delphine à mademoiselle d'Albémar. *Paris*, 26 octobre 1790.................. 405
LETTRE XXXII. Delphine à mademoiselle d'Albémar. *Paris*, 2 novembre 1790.................. 419
LETTRE XXXIII. Mademoiselle d'Albémar à Delphine. *Montpellier*, 4 novembre 1790......... 425
LETTRE XXXIV. M. Barton à madame d'Albémar. *Mondoville*, 6 novembre 1790............... 426
LETTRE XXXV. Réponse de Delphine à M. Barton. *Paris*, 8 novembre 1790................... 429
LETTRE XXXVI. Madame d'Artenas à Delphine. *Paris*, 10 novembre 1790.................. 430
LETTRE XXXVII. Delphine à madame d'Artenas. *Paris*, 14 novembre 1790.................. 435
LETTRE XXXVIII. Réponse de madame d'Artenas à Delphine. *Fontainebleau*, 19 novembre 1790.. 439
LETTRE XXXIX. Delphine à mademoiselle d'Albémar. *Fontainebleau*, 25 novembre 1790........... 440

Lettre XL. Delphine à mademoiselle d'Albémar. *Fontainebleau*, 27 novembre 1790...... *Page* 443

Lettre XLI. Delphine à mademoiselle d'Albémar. *Paris*, 29 novembre 1790.................. 446

Lettre XLII. Delphine à mademoiselle d'Albémar. *Paris*, 31 novembre 1790.................. 470

Lettre XLIII. Madame de Lebensei à mademoiselle d'Albémar. *Paris*, 2 décembre 1790.......... 480

TOME SECOND.

TROISIÈME PARTIE.

Lettre première. Léonce à Delphine. *Paris*, 4 décembre 1790..........................*Page*	1
Lettre II. Réponse de Delphine à Léonce.........	7
Lettre III. Léonce à Delphine.................	14
Lettre IV. Réponse de Delphine à Léonce.........	20
Lettre V. Léonce à Delphine...................	26
Lettre VI. Réponse de Delphine à Léonce........	31
Lettre VII. Léonce à Delphine................	36
Lettre VIII. Delphine à mademoiselle d'Albémar. *Paris*, 14 décembre 1790.................	43
Lettre IX. Léonce à Delphine.................	52
Lettre X. Mademoiselle d'Albémar à Delphine. *Montpellier*, 20 décembre 1790.............	57
Lettre XI. Léonce à Delphine. *Paris*, 29 décembre 1790..	62
Lettre XII. Delphine à Léonce. 30 décembre 1790..	69
Lettre XIII. Léonce à Delphine. 2 janvier 1791...	75
Lettre XIV. Delphine à Léonce.................	78
Lettre XV. (1) Réponse de Léonce à Delphine....	87
Lettre XVI. Madame d'Artenas à Delphine. *Paris*, 6 février 1791................................	93
Lettre XVII. Réponse de Delphine à madame d'Artenas. *Bellerive*, 8 février 1791.............	101
Lettre XVIII. Léonce à M. Barton. *Paris*, 10 février 1791......................................	103
Lettre XIX. Delphine à Léonce................	120

---

(1) C'est par erreur de chiffres que le numéro de la Lettre XV ne se trouve pas dans le texte; la Lettre n'y est point omise.

TABLE DES LETTRES.

Lettre XX. Léonce à Delphine............ *Page* 121
Lettre XXI. Delphine à Léonce................ *ibid.*
Lettre XXII. Léonce à Delphine................ 125
Lettre XXIII. Delphine à Léonce.............. 126
Lettre XXIV. Léonce à Delphine............... 127
Lettre XXV. Delphine à Léonce................ 128
Lettre XXVI. Léonce à Delphine............... 129
Lettre XXVII. Delphine à Léonce.............. 132
Lettre XXVIII. Léonce à Delphine............. 136
Lettre XXIX. Delphine à mademoiselle d'Albémar. *Bellerive*, 2 avril 1791.................. 140
Lettre XXX. Léonce à Delphine................ 146
Lettre XXXI. Delphine à Léonce............... 148
Lettre XXXII. Léonce à Delphine. *Mondoville*, 20 avril 1791........................... 152
Lettre XXXIII. Delphine à Léonce. *Bellerive*, 24 avril 1791........................... 156
Lettre XXXIV. Delphine à Léonce. *Bellerive*, 26 avril 1791........................... 159
Lettre XXXV. Léonce à Delphine. *Mondoville*, 29 avril 1791........................... 162
Lettre XXXVI. Madame de Lebensei à madame d'Albémar. *Cernay*, 2 mai 1791............... *ibid.*
Lettre XXXVII. Delphine à mademoiselle d'Albémar. *Bellerive*, 5 mai 1791................. 164
Lettre XXXVIII. Madame d'Artenas à madame d'Albémar. *Paris*, 5 mai 1791................. 167
Lettre XXXIX. Delphine à mademoiselle d'Albémar. *Bellerive*, 6 mai 1791................. 176
Lettre XL. M. de Valorbe à madame d'Albémar. *Paris*, 15 mai 1791....................... 187

Lettre XLI. Delphine à mademoiselle d'Albémar. *Bellerive*, 18 mai 1791..............*Page* 189
Lettre XLII. Delphine à mademoiselle d'Albémar. *Bellerive*, 21 mai 1791.................... 196
Lettre XLIII. Delphine à mademoiselle d'Albémar. *Bellerive*, 26 mai 1791.................... 210
Lettre XLIV. Léonce à Delphine. *Paris*, 28 mai 1791.. 213
Lettre XLV. Léonce à M. Barton. *Paris*, 31 mai 1791.. 215
Lettre XLVI. Delphine à Léonce. *Bellerive*, 1ᵉʳ juin, à dix heures du matin, 1791................ 216
Lettre XLVII. Réponse de Léonce à Delphine. *Paris*, 1ᵉʳ juin à midi, 1791...................... 217
Lettre XLVIII. Delphine à mademoiselle d'Albémar. *Bellerive*, 2 juin 1791...............*ibid*
Lettre XLIX. Madame de Lebensei à mademoiselle d'Albémar. *Paris*, 4 juin 1791.............. 232

QUATRIÈME PARTIE.

Lettre première. Léonce à M. Barton. *Paris*, 10 juin 1791.. 233
Lettre II. Léonce à Delphine. 12 juin 1791....... 235
Lettre III. Mademoiselle d'Albémar à madame de Lebensei. *Dijon*, 14 juin 1791.............. 239
Lettre IV. Madame de Lebensei à M. de Lebensei. *Paris*, 19 juin 1791........................ 240
Lettre V. Delphine à madame de Lebensei. *Paris*, 6 juillet 1791............................ 245

TABLE DES LETTRES.

LETTRE VI. Mademoiselle d'Albémar à Delphine. *Paris*, 8 juillet 1791 .... *Page* 253
LETTRE VII. Delphine à madame de Lebensei. *Paris*, 12 juillet 1791 258
LETTRE VIII. Delphine à madame de Lebensei. *Paris*, 18 juillet 1791 262
LETTRE IX. Delphine à madame de Lebensei. *Paris*, 1er août 1791 266
LETTRE X. Delphine à madame de Lebensei. *Paris*, 7 août, à onze heures du matin, 1791 272
LETTRE XI. Delphine à madame de Lebensei. *Paris*, 8 août 1791 278
LETTRE XII. Mademoiselle d'Albémar à madame de Lebensei. *Paris*, 25 août 1791 299
LETTRE XIII. Réponse de madame de Lebensei à mademoiselle d'Albémar. *Cernay*, 30 août 1791 ... 304
LETTRE XIV. Delphine à M. de Lebensei. 1er septembre 1791 308
LETTRE XV. Léonce à M. de Lebensei. *Paris*, 1er septembre 1791 309
LETTRE XVI. Réponse de M. de Lebensei à Léonce. *Cernay*, 2 septembre 1791 311
LETTRE XVII. M. de Lebensei à Delphine. *Cernay*, 2 septembre 1791 315
LETTRE XVIII. Réponse de Delphine à M. de Lebensei. *Paris*, 3 septembre 1791 331
LETTRE XIX. Delphine à madame de Lebensei. *Paris*, 4 septembre 1791 338
LETTRE XX. Delphine à Léonce 342
LETTRE XXI. Léonce à Delphine 345
LETTRE XXII. Delphine à madame de Lebensei. *Paris*, 25 septembre 1791 351

DELPHINE. Tome III.

Lettre XXIII. Delphine à madame de Lebensei.
Paris, 4 octobre 1791.................... *Page* 356
Lettre XXIV. Léonce à Delphine. *Paris*, 20 octobre
1791... 364
Lettre XXV. Delphine à Léonce................. 366
Lettre XXVI. Delphine à madame de Lebensei.
28 octobre 1791.............................. 372
Lettre XXVII. Delphine à madame de Lebensei.
4 novembre 1791............................. 373
Lettre XXVIII. Delphine à madame de Lebensei.
Paris, 10 novembre 1791..................... 381
Lettre XXIX. Delphine à mademoiselle d'Albémar.
Paris, 16 novembre 1791..................... 383
Lettre XXX. Madame de R. à madame d'Albémar.
Paris, 17 novembre 1791..................... 392
Lettre XXXI. Delphine à madame de R.......... 398
Lettre XXXII. Léonce à Delphine............... 399
Lettre XXXIII. Delphine à madame de Lebensei.
Paris, 26 novembre 1791..................... 404
Lettre XXXIV. Delphine à madame de Lebensei.
Paris, 2 décembre 1791...................... 406
Lettre XXXV. Delphine à Matilde. *Paris*, 4 décembre 1791................................ 414
Lettre XXXVI. Mademoiselle d'Albémar à Delphine.
Lyon, 1er décembre 1791.................... 416
Lettre XXXVII. Delphine à mademoiselle d'Albémar. *Melun*, 6 décembre 1791............. 418
Lettre XXXVIII. Delphine à madame d'Ervins, religieuse au couvent de Sainte-Marie, à Chaillot.
Melun, 6 décembre 1791..................... 433

TOME TROISIÈME.
CINQUIÈME PARTIE.

Fragmens de quelques feuilles écrites par Delphine, pendant son voyage. Premier fragment. 7 décembre 1791 .... Page 1
Fragment II.. 4
Fragment III... 7
Fragment IV... 10
Fragment V.. 12
Fragment VI... 15
Lettre première. Madame d'Ervins à Delphine. *Du couvent de Sainte-Marie, à Chaillot*, 8 décembre 1791... 20
Septième et dernier Fragment des feuilles écrites par Delphine... 23
Lettre II. Mademoiselle d'Albémar à Delphine. *Montpellier*, 17 décembre 1791....................... 25
Lettre III. Delphine à mademoiselle d'Albémar. *Lausanne*, 24 décembre 1791........................ 33
Lettre IV. M. de Valorbe à M. de Montalte. *Lausanne*, 25 décembre 1791........................... 39
Lettre V. Delphine à mademoiselle d'Albémar. *Zurich*, 28 décembre 1791............................ 46
Lettre VI. Delphine à mademoiselle d'Albémar. *Zurich*, 31 décembre 1791............................ 50
Lettre VII. M. de Valorbe à M. de Montalte. *Zurich*, 1er janvier 1792............................ 54
Lettre VIII. Delphine à mademoiselle d'Albémar. *De l'abbaye du Paradis*, 2 janvier 1792............ 55
Lettre IX. Madame de Mondoville, mère de Léonce, à madame de Ternan, sa sœur. *Madrid*, 17 jan-

vier 1792............................*Page* 58

Lettre X. Réponse de madame de Ternan à sa sœur, madame de Mondoville. *De l'abbaye du Paradis*, 30 janvier 1792..................... 60

Lettre XI. Delphine à mademoiselle d'Albémar. *De l'abbaye du Paradis*, 2 février 1792.......... 65

Lettre XII. Delphine à mademoiselle d'Albémar. *De l'abbaye du Paradis*, 6 février 1792......... 77

Lettre XIII. Madame d'Albémar à M. de Lebensei.. 78

Lettre XIV. M. de Lebensei à M. de Mondoville. *Cernay*, 18 février 1792..................... 79

Lettre XV. Delphine à mademoiselle d'Albémar. *De l'abbaye du Paradis*, 4 mars 1792.......... 87

Lettre XVI. Delphine à mademoiselle d'Albémar. 6 mars 1792............................... 90

Lettre XVII. Madame de Cerlebe à madame d'Albémar. 7 mars 1792........................... 95

Lettre XVIII. Réponse de Delphine à madame de Cerlebe. 8 mars 1792....................... 108

Lettre XIX. M. de Valorbe à M. de Montalte. *Zurich*, 10 mars 1792....................... 114

Lettre XX. Delphine à madame de Cerlebe. *De l'abbaye du Paradis*, 14 mars 1792.......... 115

Lettre XXI. Léonce à M. de Lebensei. *Paris*, 14 mars 1792................................ 117

Lettre XXII. Mademoiselle d'Albémar à Delphine. *Montpellier*, 20 mars 1792................... 118

Lettre XXIII. Delphine à mademoiselle d'Albémar. 28 mars 1792............................. 124

Lettre XXIV. Mademoiselle d'Albémar à Delphine. *Montpellier*, 6 avril 1792................*ibid.*

Lettre XXV. Madame de Cerlebe à mademoiselle d'Albémar. *Zurich*, 12 avril 1792.......*Page* 128
Lettre XXVI. Mademoiselle d'Albémar à Delphine. *Montpellier*, 18 avril 1792.................. 156
Lettre XXVII. Delphine à mademoiselle d'Albémar. *De l'abbaye du Paradis*, 1er mai 1792........ 160
Lettre XXVIII. Madame de Mondoville, mère de Léonce, à sa sœur, madame de Ternan. *Madrid*, 15 mai 1792.............................. 161
Lettre XXIX. Madame de Cerlebe à mademoiselle d'Albémar. *De l'abbaye du Paradis*, 20 juin 1792.. 164
Lettre XXX. M. de Valorbe à madame d'Albémar. *Zell*, 24 juin 1792........................ 177
Lettre XXXI. Madame de Cerlebe à mademoiselle d'Albémar. *Zurich*, 28 juin 1792............ 179
Lettre XXXII. Madame de Lebensei à mademoiselle d'Albémar. *Paris*, 30 juin 1792............... 183

SIXIÈME PARTIE.

Lettre première. Delphine à mademoiselle d'Albémar. *De l'abbaye du Paradis*, 1er juillet 1792.. 184
Lettre II. Delphine à mademoiselle d'Albémar. *De l'abbaye du Paradis*, 15 juillet 1792........ 191
Lettre III. Madame de Lebensei à mademoiselle d'Albémar. *Paris*, 15 juillet 1792............ 195
Lettre IV. M. de Lebensei à mademoiselle d'Albémar. *Paris*, 21 juillet 1792................. 197
Lettre V. Mademoiselle d'Albémar à M. de Lebensei. *Montpellier*, 27 juillet 1792.............. 205
Lettre VI. M. de Lebensei à mademoiselle d'Albé-

TABLE DES LETTRES.

mar. *Paris*, 2 août 1792............ *Page* 207
LETTRE VII. Léonce à M. Barton. *Lausanne*, 5 août 1792.................................... 211
LETTRE VIII. Léonce à M. Barton. *Zurich*, 7 août 1792. 213
LETTRE IX. M. de Lebensei à mademoiselle d'Albémar. 7 août 1792........................... 215
LETTRE X. M. de Lebensei à mademoiselle d'Albémar. *Près de l'abbaye du Paradis*, 9 août 1792. 220
LETTRE XI. M. de Lebensei à mademoiselle d'Albémar. *Près l'abbaye du Paradis*, 11 août 1792. 227
LETTRE XII. M. de Lebensei à mademoiselle d'Albémar. *Près de l'abbaye du Paradis*, 13 août 1792. 229
LETTRE XIII et dernière. Delphine à Léonce....... 275

ANCIEN DÉNOUEMENT DE DELPHINE.

LETTRE XIII. Delphine à mademoiselle d'Albémar. *Bade*, 17 août 1792....................... 291
LETTRE XIV. Delphine à mademoiselle d'Albémar. *Bade*, 20 août 1792....................... 293
LETTRE XV. Delphine à mademoiselle d'Albémar. *Bade*, 24 août 1792....................... 295
LETTRE XVI. Delphine à mademoiselle d'Albémar. 30 août 1792............................ 298
LETTRE XVII. Delphine à mademoiselle d'Albémar. 8 septembre 1792........................ 300
LETTRE XVIII. Léonce à Delphine. 8 septembre 1792. 306
LETTRE XIX. Delphine à Léonce. 9 septembre 1792. 310
LETTRE XX. Delphine à mademoiselle d'Albémar. *ibid.*
CONCLUSION............................ 311

FIN DE LA TABLE DES LETTRES.

www.ingramcontent.com/pod-product-compliance
Lightning Source LLC
Chambersburg PA
CBHW070456170426
43201CB00010B/1363